学术名家文丛

云南文库

学术名家文丛

藏族 纳西族
普米族的藏传佛教

杨学政 著

云南人民出版社
云南大学出版社

作者简介

杨学政，研究员，男，藏族，中共党员，1949年8月出生于云南省宁蒗县永宁镇，1975年毕业于云南师范大学（原昆明师范学院）中文系；先后在宁蒗县第一中学、宁蒗县文艺宣传队、宁蒗县志办、云南省社会科学院宗教研究所工作，曾历任宁蒗县文艺宣传队队长、宁蒗县志办主任、云南省社会科学院宗教研究所所长。现任云南省宗教学会会长。

自20世纪80年代以来，作者先后赴日本、韩国以及香港、台湾等国家和地区进行有关大学、研究机构学术交流；出版《原始宗教论》《藏族纳西族普米族的藏传佛教》《生殖崇拜论》等学术专著；在《世界宗教研究》《史前研究》《法音》（学术版）、《教育研究》《云南社会科学》等杂志发表多篇学术文章；主编《中国宗始宗教百科全书》《中国南方民族宗教小辞典》《云南大百科全书·民族宗教卷宗教编》《云南宗教文化研究丛书》（15册）、《中国原始宗教文化图文丛书》（5册）、《云南宗教知识丛书》（6册）、《云南宗教系列专史》（6册）等，获国家辞书二等奖、云南省社会科学优秀成果一等奖。

作者是知名的宗教学者，对中国少数民族宗教、中国区域宗教研究领域有深厚学术造诣，并有突出成就。获得云南省突出贡献的优秀专业人才称号，国务院政府特殊津贴。

总　序

中共云南省委书记　李纪恒

　　"盖文章，经国之大业，不朽之盛事。"一部承载责任与使命的好作品，必将是一部千古不朽的立言典范，也必将是一部历久弥新的传世教科书。千百年来特别是明代以来，许多贤人君子和名人大家在广袤的云岭大地耕耘、思考和写作，留下了闪光的足迹和丰厚的作品，足以飨及后进，启迪晚辈。在搜集、遴选和整理云南明代以来学术大家、学术名家著作的基础上，由云南宣传部门牵头推出了《云南文库》，这一丛书的面世诚为云南学术研究和出版界之盛事。

　　编纂《云南文库》是传承云南地域文明、提高云南文化自觉的有益尝试。"七彩云南"这片神奇的土地孕育了对中国乃至世界文明都有重要影响的古人类，造就了云南文化的丰厚积淀，从而构成了博大精深的云南文化艺术宝库。作为中华文化圈、印度文化圈和东南亚文化圈的交汇地，云南自古以来都不缺乏学贯中西的大师和博古通今的大家，从来都不缺乏魅力四射的光辉著作和壮美奇绝的文化遗存。其中，许多学术作品都凝聚了深邃的思想和超凡的智慧，体现了鲜明的地域特色和民族特色，彰显了有云南自身特点的知识谱系和学术传统。今

云南文库·学术名家文丛

天，我们将历史长河中的明珠拾起，用心记载云南学术史上的灿烂篇章，正是为了守护云南优秀的地域文化，为了汲取进一步繁荣发展云南哲学社会科学的养分和动力，进而筑牢云南文化自信的根基。

编纂《云南文库》是树立云南文化品牌、增强云南文化影响力的重要举措。云南文化是中华文化的有机组成部分，其悠久的历史文化、多彩的民族文化、独特的生态文化、包容的宗教文化，已经成为文化百花园中一枝流光溢彩、香飘四海的奇葩。千百年来，云南学者中英奇瑰伟之士以及众多寓居云南的外省学者念兹在兹，深植于云南沃土，扎根于传统文化，不懈探索、勤奋撰述，留下了一批经得住历史和实践检验的珍贵成果。特别是抗战时期，随着西南联合大学和相关研究机构的到来，昆明一时风云际会，云集了大批我国现代学术史上开宗立派的学术大师和著名专家，云南成为当时中国学术中心之一，诞生了大批学术经典。新中国成立后，云南学术研究取得很大进展，研究队伍空前壮大，学科建设卓有成效，学术成果日益丰硕，推出了一批享誉国内外的学术精品。近年来，《云南史料丛刊》《云南丛书》等一批历史文献和地方文献丛书相继刊印，云南文化的影响力和竞争力不断增强。今天，我们隆重推出《云南文库》，就是要为更多的人了解云南、熟悉云南、研究云南搭建一个平台和载体，为云南的经济社会发展、文化建设、文史学术研究等提供有益的历史借鉴，为在更广领域传播云南文化、打造云南品牌、增强云南软实力创造更好条件。

编纂《云南文库》是保障人民群众的基本文化权益的有效途径。文化建设的根本就是要用健康高雅的艺术、用智慧明辨的思想、用善良温厚的德行启迪人、引导人。编纂《云南文库》一个重要目的是丰富人民群众的精神文化生活、增进人民群众的幸福感。此次收入《云南文库》的著作，涉及哲学、历史、文学、语言、艺术、民族、宗教、政治、军事、外交等诸多方面，包含着丰富的自然、社会和人生哲理知识，体现了高度的人文关怀。阅读这些著作，有助于培育读者自尊自信、理性平和、积极向上的心态，有助于引导人们去发现、享用、珍惜世界和人生之美，能使大众的精神世界得以滋养和美化、人格得以陶冶和熏陶、心灵得以安顿和抚慰、情感得以丰富和升华，从而更好地满足人民群众多层次、多方面、多样性的审美需求。

编纂《云南文库》是推动云南跨越发展的必然要求。云南早在 1996 年就提出了建设"民族文化大省"的目标，是全国最早提出建设民族文化大省的省份之一。2000 年，我省正式确立了"建设绿色经济强省、民族文化大省和中国连接东南亚南亚的国际大通道"的三大目标，把文化事业和文化产业的发展纳入了全省经济社会发展战略的范畴。2009 年召开的中共云南省委八届八次全委会，作出了把云南建设成为"绿色经济强省、民族文化强省、中国面向西南开放的桥头堡"的重大决策，把云南文化建设推向了一个新的阶段。2011 年 11 月，云南省第九次党代会进一步明确了科学发展、和谐发展、跨越发展的发展主题，要求更加自觉、更加主动地推动文化大发展大繁荣。当前，云南人民正豪情满怀地沿着建设民族文化强省的道路阔步前行，具有云南特色的文化模式已经也必将进一步焕发动人而耀眼的光芒。我们将以打造《云南文库》等一批社科品牌和文化精品为契机，继承优良传统，发挥优势，突出特色，以面向现代化、面向世界、面向未来的宏大眼光，锐意进取，积极开展学术研究，努力创造出无愧于时代、无愧于人民、无愧于历史的优秀学术成果和文化产品，更好地弘扬以高远、开放、包容的高原情怀和坚定、担当、务实的大山品质为主要内容的云南精神。

《云南文库》最终得以发行，首先是众位先贤心血和智慧的结晶。在此，我们要对创造了云南学术精品并因此而为中华文化做出杰出贡献的学者们表示崇高的敬意！在《云南文库》的编纂过程中，相关编纂单位、出版单位和参加整理的学者，以高度的责任感和使命感，兢兢业业地做好编校和出版工作，正是有了他们的辛勤劳动和精心工作，才有如今的翰墨流芳。在此，我要诚恳地道一声，大家辛苦了！《云南文库》从构想走向现实，离不开众多读者和社会各界人士的支持，我也一并向你们表示诚挚的谢意！同时，衷心希望同志们一如既往地为云南文化建设献智献策，欢迎更多的同仁志士参与到云南文化建设的伟大事业中来！

谨为序。

云南文库·学术名家文丛

自 序

　　1978年，我在宁蒗县志办工作期间，便对滇、川、藏三省（区）交界地区的藏族、纳西族、摩梭人和普米族的藏传佛教做过初步的调查，积累了一些资料。1983年底，我调入云南省社会科学院宗教研究所后，便把藏族、纳西族、摩梭人和普米族的藏传佛教作为我的一项重要课题来研究。在十余年中，我先后到云南迪庆藏族自治州、丽江地区；四川木里县、盐源县；西藏芒康县、察隅县等地调查，并陆续发表过一些研究成果。1990年，迪庆藏族自治州民族事务委员会聘请云南省社会科学院宗教研究所编撰《迪庆藏族自治州宗教志》，由我担任主编。在编写该志的过程中，我又再次到这带地区调查，搜集有关文献资料，这样，我对这片地区的藏族、纳西族、摩梭人和普米族的藏传佛教有了较深入细致的了解，从而撰成本书。

　　滇、川、藏三省（区）交界地区的藏族、纳西族、摩梭人和普米族的藏传佛教内容丰富、形态独特，在藏学研究中具有重要的意义。但由于各种原因，关于这方面的文献资料极为匮缺，研究成果也属空白。为了填补这项空白成果，对中外藏学研究者有所裨益，我便推出此书，希望有关专家学者及广大读者批评指正。

　　本书的资料大部分是我实地调查获得的，并参用了《迪庆藏族自治州宗教志》的部分资料，特此说明。在此，谨向韩军学、李荣昆、迪庆州志办的同志及为本书提供大部分照片的田正清同志一并致谢。

最后，我还要感谢云南省学术著作出版基金委员会的资助和云南人民出版社的支持，本书才得以面世。

作　者

1993年7月10日

概　述

　　藏传佛教是中国佛教的一支。它以西藏地区为中心，传播于云南迪庆藏族自治州（中甸县、德钦县和维西县）、怒江傈僳族自治州（兰坪县、福贡县和贡山县）、丽江地区（丽江县、宁蒗县），西藏（左贡县、察隅县、芒康县），四川（木里县、盐源县）等地区，为聚居在这片地区的藏族，纳西族（含摩梭人）和普米族所信仰。

　　藏传佛教在这片藏族、纳西族和普米族地区有悠久的传播发展史，远在公元7世纪中叶松赞干布时期的前弘期佛教就已传入这片地区。11世纪以后，西藏佛教各教派次第形成。与此同时，各教派先后传入这片地区，造成藏传佛教欣欣向荣的局面。

　　藏传佛教在这片藏族、纳西族和普米族地区经历了漫长的发展过程，虽然历代的兴衰情况不同，但总的而言，藏传佛教对这片地区的藏族、纳西族和普米族的社会生活和精神文化起着极为深刻的影响。时至现今，藏传佛教仍然对这片地区的藏族、摩梭人和普米族的社会生活、思想意识、文化教育、文学艺术、伦理道德、风俗习惯产生极为深刻和广泛的影响。

　　这片地区地处滇、川、藏三省（区）的交界处，是联结汉、藏、白、纳西、摩梭、普米、傈僳、怒、独龙等民族经济、文化、宗教的纽带。由于特殊的地理位置及众多的民族，使这里的藏传佛教形成教派众多、形态复杂、内容丰富，从而具有显著的地方特色和民族特色。

　　从区域和民族来分，这里的藏传佛教大致可分为三种类型：

一是以云南迪庆藏族自治州为中心，并及毗邻的西藏芒康等地，以藏族为主的藏传佛教。其教派有：格鲁派（黄教）、宁玛派（红教）、噶举派（白教）。此外，还有古老的本教残余"黑本"和"白本"，演变了的迪庆藏族民间宗教，"仓巴教"和"顿巴教"。

二是　以云南丽江县为中心，并及维西等地，以纳西族为主的藏传佛教。其教派有：噶举派（白教），塔布噶举系统中的噶玛噶举系（噶玛巴），分别为"黑帽系"和"红帽系"。噶玛噶举教派在丽江有悠久的传承史，对丽江纳西族的精神文化有深刻的影响。

三是以云南宁蒗县永宁和四川盐源县左所、前所（泸沽湖地区）为中心，以摩梭人和普米族为主的藏传佛教。其教派有：格鲁派（黄教）、萨迦派（花教）、噶举派（白教），其中以格鲁派和萨迦派为主。萨迦派现今在其他藏区已较少，但在永宁摩梭人和普米族地区却有传承。此外，泸沽湖地区的摩梭人和普米族之中尚有古老本教的残余，当地称之为"黑教"。

上述三种类型的藏传佛教传承时间不同，彼此的规模声势也有悬殊。各教派都有各自的寺院僧侣制度和各具特点的教义、教理、戒律、典籍、法会。

藏传佛教在这片地区的藏族、纳西族、摩梭人和普米族社会长期的传播过程中，既影响也融合了纳西族的东巴教、摩梭人的达巴教、普米族的汗归教，使他们的原始宗教逐渐藏传佛教化，并促其进入人为宗教的门槛。如传说中的东巴教祖师"丁巴什罗"、汗归教祖师"益史丁巴"等，其造形、服饰、名称都与藏传佛教和本教有关，这些原始宗教祖师实际是受藏传佛教、本教的深刻影响而演变形成的。另一方面，这里的藏传佛教也吸收了当地藏族、纳西族、摩梭人和普米族的地方自然神祇，使之藏传佛教化，以充实藏传佛教的万神殿。如被人们誉为八大神山之冠的巍巍太子雪山主峰卡格博雪山之神，其周围的神女峰末兹摩、红面神峰争吾归东、五冠神峰加瓦仁宴；中甸白马岗山神、著名的娥媚仙湖、三坝纳西族的白水台神；丽江玉龙雪山；永宁摩梭人的格姆女山、泸沽湖母亲湖等等。这些原始宗教中的地方山神、湖神、泉水神被藏传佛教所吸收，并被藏传佛教化，因而丰富和充实了这里藏传佛教的内容、形态，使之具有浓郁的地方民族特色。

在宗教与政治制度方面，中华人民共和国成立前，这里的藏传佛教与当地的封建领主有密切的联系，封建领主利用藏传佛教为其封建统治服务，藏传佛教也依附封建土司而求生存和发展，寺院上层僧侣有一定的特权，从这个意义上讲，政教是相互依存的。但是，这里的藏传佛教与当地封建土司尚未形成政教合一制度，这里的藏传佛教寺院占有的土地不多，没有农奴，未形成寺院农奴主阶级，寺院上层僧侣的财产及权势也是有限的，寺院上层僧侣只能在当地封建土司的统治下活动，僧侣不担任封建政权组织的官吏，政教分离，教不参政。这里的藏传佛教与封建领主的关系及体制不完全相同于西藏及其他藏区的政教合一制度，具有其自身的特点。

总之，滇、川、藏交界地区的藏族、纳西族和普米族的藏传佛教与西藏及其他藏区的藏传佛教基本形态是相同的，但又有许多不同的内容及特点。宗教是社会意识、社会现象，但又是文化现象。各个民族都经历过那样一个历史时期：宗教意识笼罩着整个社会，其他社会意识都必须依附宗教才能存在和发展。藏族、纳西族和普米族的藏传佛教中蕴含着这些民族丰富的传统文化，所以，调查研究这些民族所在地区的藏传佛教，对深刻认识他们的社会历史、宗教历史、文化艺术、风俗习惯以及民族关系等各方面都有重要作用，从这个意义而言，藏族、纳西族和普米族的藏传佛教是典型的地域民族宗教，它在中国宗教学和中国藏学研究领域中具有重要的研究价值，对民族学和历史学亦有重要的理论意义和现实意义。

雲南文庫·学术名家文丛

目　录
Contents

第一章　本教在滇川边境的传播及影响

第一节　本教的传入及演变

本教，西藏藏语称"本波"，云南藏语称"本木"，汉文史籍写作"钵""笨"，因而亦称"本波教""笨教"，云南汉语还称"黑教"。本教是藏族地区固有的一种古老宗教，它产生于原始公社时期，具有原始宗教的特征。当佛教还没有传播到吐蕃之前，本教就已经在古代藏族社会中传播了。据藏文史料记载，本教最初是在现今阿里地区的南部，古代称作象雄地区发展起来的，后来沿着雅鲁藏布江自西向东广泛地传播到了整个藏族地区。清嘉庆年间藏族土观活佛善慧法日所著《宗教流派镜史》记载："在藏地，佛教法日尚未升起以前，作为黎明使者之辛派，即称为笨教者，首先来到藏地。……其所出圣人则为辛饶，（旧称丹巴喜饶）即现在笨教之始祖，氏生于象雄之魏摩隆仁，名辛饶弥倭。"① 辛饶弥倭，有的写作"先饶米沃且"②，也有写作"贤若米本"③ 等；丹巴喜饶，纳西语读作"丁巴什罗"④，摩梭语读作"丁巴裟喇"⑤，普米语读作"益希丁巴"⑥，尽管各地各

---

① 《宗教流派镜史》，1980年西北民族学院研究室印行。
② 王辅仁《西藏佛教史略》青海人民出版社1982年版，第15页。
③ 格勒《论藏族本教的神》，载《藏族学术讨论会论文集，西藏人民出版社1984年版，第345页。
④ 和志武《纳西东巴文化》吉林教育出版社1989年版，第41页。
⑤ 《摩梭人的宗教》载《宗教调查与研究》1986年，云南省社会科学院宗教研究所印行。
⑥ 《普米族的宗教》载《云南少数民族宗教调查资料》，云南人民出版社1989年版。

云南文库·学术名家文丛

民族对本教祖师的称谓有所差异，但指的都是同一人，即丹巴喜饶。据说"先饶米沃且"或"辛饶弥倭"的意思是最高的巫师，但是关于他的生卒年代和事迹不详。

云南藏族称本教为"本木"①，并把本教分成两种类型，一种称为"本纳"，意为"黑本教"，即原始的本教；另一种称为"本格"，意为"白本教"，即后期与佛教接触后发展演变的本教。本教从内容和属性上看，兼有原始宗教和人为宗教的二重性。它的原始宗教特点是信仰万物有灵，崇拜自然诸神，即包括天、地、日、月、星辰、雷电、冰雹、山川、土石、草木、禽兽等植物、动物和自然物。并崇拜天神与祖先合一，传说吐蕃王朝的第一代赞普系天神之子。本教多用牲畜作牺牲，主要法器是鼓。国外学术界一般都把流行在亚洲腹心地带的古老原始宗教称为萨满教，本教与萨满教或伊朗（古波斯）的古代拜火教（祆教）在形态特征方面较为相似，这几种宗教都特别崇拜天神与火神，法器都以鼓为主，在仪式方面也有许多相同的特点，它们之间的渊源关系还有待于深入研究。本教的人为宗教特点是，它有教祖先饶米沃且或称先饶弥倭，有丰富的经典、教义、教理、教规和寺庙，因而具有人为宗教的特征。特别是前期的本教还参与吐蕃政权，具有相当的权力和势力，并与佛教进行了长期的复杂斗争；后期的本教则与佛教既斗争又融合，吸收了佛教的某些神祇和教义、教理、仪式，逐渐趋于佛本合流，并成为藏传佛教（喇嘛教）的一个派别（俗称黑教），建有众多的寺庙，至清道光年间，西藏尚有本教寺庙十四座，所奉之神均为丹巴喜饶，住寺教徒共有3700余人。②所以说本教的内容和属性是极为复杂的，它兼有原始宗教和藏传佛教的两重特点，并对藏族、纳西族、摩梭人和普米族的原始宗教都产生了极为深刻的影响，并形成了具有显著民族地域特色的本教文化。

据地方志和实地调查材料看，云南迪庆藏区在吐蕃时代就有本教流传，而且占有重要地位。藏文史籍载："没有王前，先有本教，没有王法前，先有本教之法。"又据本教经典《十万白龙》《色尔尼》等记载，藏族人死

----

① 《西藏佛教在云南的传播和影响》载《西藏研究》1988年第1期。
② 《西藏宗教源流考》，西藏人民出版社1982年版，第93～100页。

后要举行一系列丧葬仪式，其中重要的一项是以"石片为棺"。而德钦县永芝、纳古、石底和中甸县尼西乡等地出土石棺墓及其随葬品青铜器、陶器、银饰、绿松石等，可从一个侧面证明迪庆藏区远古流行石棺葬，这与当时流行的原始本教有关。此外，现今迪庆地区的藏族以及纳西族和普米族保持传统的"锅桩"舞，而锅桩舞是一种典型的拜火舞蹈，本教特别重视火崇拜，因而锅桩舞与流行本教或许有密切的关系。此外，公元7世纪，本教盛行于迪庆藏区，与吐蕃军事势力南下有关。迪庆为吐蕃、南诏争相经略之要地，吐蕃曾集结重兵，史载约有十万之众（包括随军家属），而吐蕃军中盛行"军中本教师"制度，为其军事行动服务。这是吐蕃时期迪庆盛行本教的一个佐证。

迪庆藏区本教的兴衰与西藏本教的兴衰有密切的关系。公元7世纪初，佛教刚传入西藏不久，其势微弱，本教与佛教对抗激烈，本教在斗争中占据优势地位。公元8世纪后，由于吐蕃王朝采取了一系列兴佛抑本的措施，本教势力渐衰，特别是赤松德赞采取了严厉的灭本措施，或使本教徒改信佛教，当佛教僧人，或使本教徒放弃宗教职业，做了吐蕃王朝纳税的百姓，或把本教徒流放到边远的地区去。本教徒中的一些人迫于形势改信佛教，另外有些人选择了流放的出路，离开西藏本土到边远的地方去。这些流放的本教徒中有很多来到了藏、滇、川地域犬牙交错的左贡、察隅、芒康、德钦、中甸、维西、丽江、宁蒗、木里、德荣、德格、乡城、稻城、盐源等藏族、纳西族、摩梭人、普米族地区。这些地区是青藏高原的延伸地带，群山连绵，水草丰茂，是自古以来的藏、滇、川"民族走廊"。这片地区的特殊地理环境和民族成分，很适合西藏本教转移到这里传播和发展。现今，西藏的本教濒于绝迹，但这片地区尚有本教的残余及其演变的众多支系。

据民国二十八年的《中甸县志稿》记载，明中叶本教在德钦、中甸、维西等藏族、纳西族和普米族地区还有相当势力，其时虽有宁玛派、噶举派和萨迦派流行，但本教寺庙和本教徒各村皆有，当地群众还很信奉本教。《中甸县志稿》载说："中甸在明中叶，喇嘛教即已盛行，惟其时仅有红教，亦间有奉行黑教或白教者，其后西藏教皇派来举马倾则一员，管理僧民，征送粮税，始有黄教喇嘛。"从而可知，明中叶在中甸有红教（宁玛派）、黑教（本教）、白教（噶举派）流行，各教派之间虽有斗争，但尚未形成某一教派占据中心地位的格局。中甸藏区现今还流行一种民间喜庆集会讲述诵词，名称《吹舍》（颂词），从中可窥见当时教派斗争的一些情况。《吹舍》颂词说："最古之教（本教），专擅杀生。血肉为祭，脏腑为帘，弓箭为栏。上祭天神，下祭水神，中祭厉神。真诚佛教，不皈不闻。……哀我众生，受苦至深。……信仰佛教，弘扬佛法。供奉黑帽春云笃杰，红帽春云旺学，阶旺奴布诸神。噶举真谛，遐迩布闻。多降甘露，岁稔年丰。人畜安康、宁谧乐业。"当时各派虽有斗争，但各有一定的势力，特别是黑教（本教）在中甸藏区仍有传播和发展。

清代至民国时期，藏、川、滇三省交界的澜沧江、金沙江流域，杂居着藏族、纳西族和普米族，他们主要信奉本教，当时虽有藏传佛教传入，但本教是他们传统的宗教。《三省入藏程站纪》记载说："自龙树塘历阿敦子，多木沿江行五十里至桥头……渡桥至澜沧江西岸，为黑喇嘛（本教）所属地。更寒苦，所有惟牛羊、糌粑而已，若米豆菜蔬鱼肉鸡鸭不可得矣。"时至现今，这些边远地区的藏族、纳西族和普米族中仍有本教传承。

迨至清代格鲁派（黄教）受到清皇朝的支持，格鲁派兴盛，清皇朝强迫各教派改宗黄教，归并各教派的寺院为黄教寺院，本教日趋衰落，残余本教退移到更边远的木里、盐源以及宁蒗永宁地区了。所以现今迪庆藏区本教徒已很少，但在偏僻的川滇交界的木里、盐源和宁蒗永宁等摩梭人和普米族地区还有许多本教徒，他们中有藏族，也有摩梭人和普米族，这些本教徒还保留有本教经典，主要职能是为人禳灾驱邪。据实地调查，中甸现今还有极少数的本教徒，他们没有寺庙，居家生活，娶妻生子。多为父子传承。主要职能是为本村寨举行禳灾仪式，如消除雹灾，本教称此仪式为"虽寡"（藏语意为消除雹灾），此外还举行祈雨仪式和为村人主持丧葬仪式。如现今中甸县城附近的达尔角村还有一名叫扎史茨里的本教徒，他为三代家传，有本教经典、法器，主要为村人主持丧葬仪式、占卜、驱邪禳灾等活动。

本教在云南藏族、纳西族和普米族地区长期的传播过程中，逐渐形成了具有云南地方特点民族特点的本教，它无论在经典、教义、祭仪以及神鬼体系方面都有自己的鲜明特征。

据实地调查，云南藏族、纳西族和普米族的本教崇奉"三宝"，即"本喇"（本教祖师"先饶米沃且"）、"喇玛"（僧侣）、"吹"（本教经典），这与佛教的三宝（佛、法、僧）不同。云南本教徒很注重自身修持，习惯到僻静的岩穴内独坐修炼，并经常转本教经堂念经。本教徒转经堂的方向正好与藏传佛教僧侣转经堂的方向相反。本教徒按逆时针方向转经，即从右到左转，而佛教徒则是顺时针方向转经，即从左到右转。据说这种转经方式的差异是因为本教徒在转经筒中装经书的方法与佛教徒相反，佛教徒的转经筒里的经文朝外，转动经筒时经文的顺序按顺时针方向才算"正读"，而本教徒的转经筒里的经文朝内，转动经筒时经文的顺序按逆时针方向才算"正读"。这是本教与佛教不同的转经方式。

云南藏族、纳西族和普米族的本教把世界分为三个部分，即天、地、地下。天上的神名叫"诺喇"，地上的神名叫"先"，地下的神名叫"鲁"。天神在本教中有重要的地位，祭天仪式是他们重要的祭仪。新中国成立前，当地若发生冰雹虫灾或旱灾时，本教徒常举行各种祭天仪式，以驱灾祈丰。现今中甸藏区有许多老人都见过本教徒举行的各种祭天仪式。祭天仪式中的"虽寡"（藏语意为"封雹"）法术最为当地藏民知晓，建国初期，仍经常举行"虽寡"法术。此外，本教很崇拜火神，特别是火塘神。他们认为火塘神与人们的生活有密切的关系，火塘里的火焰旺盛会给家庭带来兴旺发达，反之会有灾难降临，因而很忌讳把脏物失落在火塘里，或烧溢锅外，倘若触犯了火神，就要请本教徒进行消灾仪式。

云南本教还认为每个人身上都附有阳神和战神两种保护神，如果走失了这两种神，恶魔就会乘虚而入，灾难疾病就会降临，甚至会丧失生命。中华人民共和国建立前，迪庆藏族成年人外出作战，胸前都挂有一个银制小盒，内藏祭祀阳神和战神的经典，若途中患病或负伤，就取出经典烧焚，用净水冲其灰烬饮之，认为伤病就会痊愈。藏族人患病亦多认为是阳神和战神离体，必须请本教巫师进行招魂仪式。

云南本教的祭神驱鬼仪式很繁杂，比较常用的有：《安杂》（诅咒仇敌经，咒语须念十四遍）、《含波》（为伤病人招回阳神和战神经）、《诺桑》（祭天神经）、《赤浓》（祈雨经）、《虽寡》（封雹经）、《纳堆安都》（为产妇除秽经）、《入整》（安灵超度经）、《茨贴》（放赎物经，即为患者忏罪替死的牲畜和财物)、《虽倒》(投灵品、禳解不祥的仪式)、《木倒》(卜卦)等等经典和仪式。

本教的所有仪式都要杀牲畜，取其血、肉、肚、肠、头、蹄、肝、肾脏分别祭供，牺牲多为牛、羊、驴、马、猪、狗等。当地汉族有"黑教杀狗祭神"之说。此外，其他祭物也多用有毒的植物，如草乌、三分三、玛桑果、白泡树花等，用意为以毒克毒。祭祀时一般都要搭一个简单的祭坛，坛上插满五色幡旗，周围悬挂血淋淋的头蹄肠肚，一派血腥恐怖景象。本教巫师口抹鲜血，头戴黑僧帽，身穿蓝僧衣，击鼓吹螺，诵经祭祀，并伴以舞刀张弓，跳驱邪舞蹈。

迪庆藏区本教的社会作用主要是为人祈福禳灾、祈求人财两旺、治病卜卦。施授送鬼用品、克服违缘、主持葬仪等。当地本教徒不担任封建农奴主政权的职务，不参与政治经济事务，无大的本教寺庙，无严密组织，只散居民间，家庭父子传承，类似巫师。这些都是与西藏及其他藏区的本教不同的特点。云南本教的法器主要是鼓，此外，有铃、铁刀、弓等，这与西藏本教的法器相同。

第二节　本教对纳西族东巴教的影响

本教是西藏境内产生并发展起来的，在其漫长的历史发展过程中逐渐融合吸收了佛教的许多内容。随着社会的发展，阶级的出现，本教由祈神禳鬼、崇拜自然的原始宗教逐渐演变为阶级的宗教，并出现了派别。本教不仅是藏族原始社会的精神支柱和藏族传统文化的重要组成部分，而且对藏、川、滇边缘地区的纳西族宗教文化亦产生了深远的影响。

纳西族主要分布在云南、四川和西藏交界的金沙江流域，居住地区从北向南，自然形成东西两个居住区域。西部区域的纳西族分布于云南省丽江、中甸、维西等县，自称"纳西"；东部区域的分布于云南省宁蒗县和四川省盐源、盐边等县，自称"纳日""纳汝"等。纳西族渊源于我国远古的氐羌族群，他们与藏族、彝族、白族都同属于古羌人的后裔。古羌人是一个大族群，其向东迁徙者，分别融合于古代夏、商、周各部族中，成为后来形成的汉族的成员。其向西迁徙者，形成藏语支各族的先民。其向南迁徙者，形成西南各族之先民。《后汉书·西羌传》记载说："其后子孙分别，各自为种，任随所之，或为牦牛种，越隽羌是也，或为白马种，广汉羌是也，或为参狼种，武都羌是也。"① 根据《后汉书》《三国志》《华阳国志》等史书记载，纳西族先民在汉代越隽郡的称为"牦牛种"，蜀汉汉嘉郡的称为"牦牛夷"，晋代定筰县的称为"摩沙夷"。唐代以后的文献又分别称之为"么些蛮""摩荻""摩娑""摩梭"等。新中国成立后，统一定名为纳西族，但东部区域的仍自称"摩梭人"。在漫长的历史发展过程中，藏族、纳西族经过不断的分化和融合，使他们的政治、经济、文化、宗教有着历史的同源亲属关系，又形成各自的特色。

本教对纳西族宗教文化的影响，始于公元7世纪。唐调露二年（公元680年），吐蕃向南扩张势力，置神川都督于铁桥城，么些首当其冲，南诏也一度臣服于吐蕃，经历了吐蕃奴隶主114年的统治。② 其中还发生过吐蕃赞普亲征纳西地区的历史事件："703年，器弩悉弄赞普亲征今云南丽江一带的乌蛮。次年，在军中死去。"③

隋末唐初，吐蕃盛行本教，对其政治文化影响很大，因此，随着统治势力的扩张，本教也很自然地传入滇西纳西族地区。其次，又因西藏赤松德赞赞普执政而采取兴佛灭本措施，而使许多本教徒离开吐蕃本部到边远偏僻的云南省丽江、宁蒗永宁和四川省木里、盐源等纳西族和摩梭人地区来了。

西部区域的纳西族在本民族固有的原始宗教基础上，吸收本教文化，创制和使用原始象形文字，把原始部落宗教发展为民族宗教——东巴教，使本教纳西化，以中甸白地乡为中心，形成古老独特的东巴文化。

西部区域纳西族东巴教受本教的深刻影响表现在很多方面。首先，东巴教的教祖称名"丁巴什罗"，而"丁巴什罗"是本教祖师"丹巴喜饶"的音译转读。关于东巴教和本教的共同祖师丁巴什罗（丹巴喜饶），在东

---

① 《后汉书·西羌传》。
② 《新唐书》吐蕃传、南诏传。
③ 范文澜：《中国通志简编》，修订本第三编第二册，第464页，人民出版社1965年版。

巴教的十大类经书中，有一类"祖师什罗超荐经"，是专门为东巴死后念诵之用的，内有两本《什罗统本》（什罗历史）和《什罗辟署》（寻找什罗），"祭风经"大类中还有《什罗飒》（什罗除魔记）等经书的记述。

东巴经《什罗历史》一书中，记载有东巴教祖师丁巴什罗的母系祖先七代和父系祖先九代。这本经书还记述丁巴什罗从母亲的左腋下出世，生下不满三天，被世上的妖魔鬼怪抓去，被丢进一个有八对提耳的大铁锅中，煮了三天三夜后，鬼怪们打开锅盖一看，什罗汗水如玉露，雄赳赳地走出大铁锅，鬼怪们都吓呆了。什罗回到天宫十八国的锦缎帐房中修行。他同三个"丁本"喇嘛一起学经修行，喇嘛用餐不请什罗，什罗作法吹乱经书，喇嘛求什罗整理经书，因此将"呷哩"袖子和白绸送给什罗，东巴穿红袖法衣和白裤即源于此。[1] 上述东巴经资料记述东巴教祖师丁巴什罗的主要事迹，充分表明东巴教接受本教祖师丹巴喜饶为自己的祖师，即丁巴什罗，东巴教是在本教的影响下发展起来的。

其次，东巴教的名称含义和本教的名称含义有密切的联系，从中可以探索出二者历史上的同源关系和演变轨迹。

东巴教的东巴有多种称谓，其中古称 biubbiug 一词，是本教"本波"之音译（借词）。东巴一词，纳西象形文写作⿱，读"本"，又意为"祭"和"念经"；字形象人坐形，如同巫师念经，故而"东巴"便是巫师或祭司、经师的名称，以后才逐渐统一为一种地方民族宗教的名称。还有东部区域的摩梭人的达巴教之"达巴"一词，其含义亦是指"念经的人"，意同"巫师或祭司、经师"，以后才统一为摩梭人宗教的名称。

本教也有多种称谓，藏语称本教为"本曲"（bonchos）、"本波"（bonpo），简称"本"（bon）。关于"本"的含义，研究者有两种说法：一是认为"本"是出于巫术咒符中对鬼神的祈禳[2]，二是认为"古藏文写本中仅有一汉藏对译字出之bonpo，作'师公'解释"[3]。一般认为，"本"的最初含义不是指一种宗教的教名，而是一种在远古时代流行于藏区的原始宗教

---

① 参见和志武《纳西东巴文化》吉林教育出版社，1989年版。

② 霍夫曼《西藏的宗教》。

③ 王忠《新唐书吐蕃传笺证》。

巫师的称谓。

据汉藏两种文字史料记载，广大的藏区在古代社会，人们以部落为单位活动，信奉原始宗教。《新唐书·吐蕃传》记载说："重鬼右巫，事羱羝为大神"。《西藏王统记》也记述说，本、仲、嫡巫为人们"纳祥求福、祈神乞药、增益吉祥、兴旺人财之事"，或卜凶化吉、消灾息难，或为"死者安葬、幼者驱鬼"，或"上观天相、下降地魔"。藏族进入阶级社会后，原始宗教演变为阶级宗教，巫师依附于统治阶级，为统治阶级巩固政权服务，巫师便统称为"本"。

研究者还认为，"本"字的本意是指盛物的器皿，即汉语"瓶"或"坛子"之意，可能指的是神坛。[①] 因据史料记载，早期的本教巫师进行宗教活动时，没有寺院庙宇等宗教活动场所，只是以简单的神坛举行宗教仪式。《旧唐书·吐蕃传》说："（赞普）与其臣下一年一小盟，刑羊、狗、猕猴，先折其足而杀之，继裂其肠而屠之，今巫者告于天地、山川、日月星辰之神云：'若心迁变，怀奸反复，神明鉴之，同于羊狗'。三年一大盟，夜于神坛之上与众陈设肴馔，杀犬马牛驴以为牲，咒曰：'尔等咸须同心戮力共保我家，惟天地神祇共知尔志，有负此盟，使尔身体屠裂，同于此牲'"。由此可见，本教巫师施行法术是依助神坛来完成的。直到现今，康区以及川、滇交界的边缘地区的本教徒仍是隐居山洞，设立一个小小的神坛为道场。此外，"本"可能与宗教器皿亦有关，因史载止贡赞普等几代国王的尸骨都装在瓶中埋葬：《隋书》卷83在谈到女国的葬礼时亦云："贵人死，剥取皮，以金屑和骨肉置于瓶内而埋之。"可见在古代藏区盛行原始宗教时，人们是把依助神坛和宗教器皿来从事原始宗教活动的巫师通称作"本"，尔后，"本"逐渐演变为人们所信仰的宗教名称。

至于纳西语的"东巴"和摩梭语中的"达巴"的本义是否与祭坛和宗教器皿有关，目前尚不能确定，但是纳西族和摩梭人把骨灰装殓于陶罐中埋葬的葬俗与上述本教的葬俗一般无二，现今仍保持这种葬俗。他们把骨灰罐按氏族或宗教的固定墓地埋葬，并称这类埋葬骨灰罐的山为"罐罐山"。

---

① 格勒祝启源《藏族本教的起源与发展问题探讨》载《世界宗教研究》1986年第2期。

　　值得注意的是，东巴教和达巴教的巫师施行法术亦要建造一个简单的祭坛（神坛）来完成。新中国成立前，藏、滇、川边缘地区的东巴和达巴巫师习惯在山洞修炼，把某些形状奇特的山洞作为修习圣地。例如现今云南中甸县三坝乡白地村的摩岩白水塘祭祀烧天香处和灵洞就是著名的东巴教圣地，传说白地曾有一个神明东巴大师名叫"阿明什罗"，他曾到西藏学经，精通藏语文，回来后用象形文编写东巴经书传教，著书立说，晚年在"阿明灵洞"（白地岩洞）修行成正果，故被当成神明人物。阿明仅次于东巴教祖师"丁巴什罗"，故尊称他为"阿明什罗"。东巴经中有他命名的经书，如《阿明祭羊卜经》《求阿明威灵经》和《阿明依多飒经》等。纳西族民间把白地当成东巴教之圣地，各地东巴都要到阿明灵洞朝圣，举行烧天香和求威灵的祭祀仪式。民间有"没到过白地修行，不算好东巴"之说。明代纳西族丽江土知府木高，于嘉靖甲寅（1554）年巡视白地时在摩岩上题一律诗："五百年前一行僧，曾居佛地守弘能……"落款为："释哩达多禅定处。"研究纳西东巴文化的学者据此认为，白地纳西族东巴大师阿明什罗为11世纪北宋时人。[①]

　　从上述历史事迹中，我们可以确知东巴教跟本教一样崇尚灵洞修炼，这是东巴教受本教影响的例证之一。这从另一方面反映出本教的名称含意与东巴教的名称含意有千丝万缕的联系，本教的名称由来可以帮助东巴教，乃至达巴教的名称含意作出正确的解释。

　　纳西族的东巴教受本教的影响还反映在神系和仪式方面。东巴教信奉的三尊大神，即萨英威登、英古阿洛、恒丁窝盘，前两尊神的名称是本教和藏传佛教的音读，英古阿洛还直接借用藏文字母 ﾁ 代表，恒丁窝盘为纳西语"白骨大神"之意。东巴教传统的神、人排列次序的首位是藏族的"盘"神，即"古孜盘本波"，"盘"为神，"本波"为本教派别的名称[②]。

　　东巴教的护法神有不少来自本教，如"鹏、龙、狮"三尊护法神，读作"高老邦曲星松"，是藏语音读，四头护法神"卡冉"，九头护法神"根空"等，也是本教的藏语音读。

---

　① 参见和志武《纳西东巴文化》，吉林教育出版社1989年版。
　② 参见和志武《纳西东巴文化》，吉林教育出版社1989年版。

东巴教借用了本教和藏传佛教的许多宗教用语：高老（神）、老姆（女神）、东玛（面偶）、可兽（神座）、巴当（如意结）、丁商（碰铃）……

东巴文中借用了藏文字母ㄅ、ㄡ、ㄇ，第一字代表"依古阿格"之神名，第二字代表"依古丁那"之神名，以后逐渐扩大为可记东巴经（纳西语）中的 a、na、gu 三个音节。[①]

纳西象形文东巴经中经常有一个特别的字，即卐字，读为"额"，意为"善""吉祥"。这个字与本教和佛教有密切关系，据研究者解说，本教徒自称为"拥宗吉本"，而卍字代表的就是"拥宗"。卍字在本教中的地位相当于佛教中的金刚。本教徒之所以崇信"拥宗"卍字，据说"拥宗"最早含意是光明，卍字的形状是仿太阳之光芒四射的光彩画出来的。[②] 卍字作为宗教标志，在古代印度、波斯、希腊等国家都出现过，认为是太阳与火的象征，佛教徒也认之为"吉祥之所吉"，不过本教徒是把卐反写，变成卍字，以示与佛门有别。这从侧面说明本教早先是崇信光明，并以此作为本教标志。在东巴经中，既有正写的卐字，也有反写的卍字，表明东巴教前期受本教的影响，后期受藏传佛教的影响。

东巴教的东巴经中，有专门用藏语音读的经书，已知的有8部之多，是本教经典的直接借用。如《星根统昌》——什罗忏悔经；《窝姆达根》——什罗燃灯经；《什罗张此》——什罗咒语；《全中次》——建木幡经；《当使都》——念喇嘛经；《喇嘛茨布》——念喇嘛经；《阿明依多飒》——阿明请神经；《许冉老姆飒·报巴舞》——迎五方东巴夫人（女神）跳花舞。东巴经典内容极为丰富，其中杂揉有大量的本教经咒和神系，这是显而易见的。由于东巴教吸收了本教的大量内容和形式，因而东巴教也就具有不同于一般原始宗教的许多特征。东巴教的主要特征是，它不仅进入了人为宗教的门槛，而且形成了一种丰富的民族宗教文化，即东巴文化，而从东巴文化中又映现出本教文化的灵光瑞环，因而东巴文化就有极为重要的研究价值。

东巴教吸收了本教的许多仪式，其中祭天仪式和祭祖仪式尤具本教仪

---

① 参见和志武《纳西东巴文化》，吉林教育出版社1989年版。

② 格勒祝启源《藏族本教的起源与发展问题探讨》，载《世界宗教研究》1986年第2期。

式的特色。祭天是纳西族最隆重的民族节日，称为"纳西美布若"（纳西祭天人），是天神崇拜和祖先崇拜的结合。据东巴经《崇邦统》（创世纪）记载，纳西始祖崇仁丽恩之岳父母，就是天神祖老阿普和其妻择恒阿主达，简称为"美"和"达"，祭祀时用黄栗木代表天神和天妻，竖立在祭坛左右两方。"美布"祭天仪式包含了纳西族对天神和祖先的双重崇拜，其活动一般以传统的"普都""古许""古展""阿余""古商"等古氏族的祭天群体共同祭祀，要请一位固定的东巴祭司来主持，所崇拜的偶像就是人类之岳祖天神，即先祖崇仁丽恩之岳父母。这是天神与祖先合一的崇拜。

据有关资料记载，藏族古代也盛行天神与祖先合一崇拜，与纳西族的天神与祖先合一崇拜如出一辙，而这种崇拜观念显然是来自本教。本教崇拜的第一个自然物就是天。天，在古代藏族的概念中不仅仅是一个自然的天，而是一个有形的、有灵气的、并与自己有密切关系的神，即天神。《敦煌本吐蕃历史文书》记载说，统治吐蕃大地的吐蕃赞普是作为天神的儿子来到人间的，天神自空降世，在天空降神之处上面，有天父六君子，三兄三弟，连同顿祉为七人。

墀顿祉之子即为聂墀赞普也。

来作雅砻大地之主，降临雅砻地方。

《红史》也说："本教则谓此人（指聂墀赞普）为从十三层天天梯而来者。从雅隆拉日瑞布山顶的天梯降落在赞塘郭洗（btsan thang Sgo bzhi），为居人所见，视为自天而降之赞普，遂将座椅支于颈上昇之而归，尊以为王，此即有名之聂墀赞普。"又说："天尺七王（即指聂墀赞普、牟墀赞普、丁墀赞普、索墀赞普、梅墀赞普、德墀赞普、塞墀赞普）的陵墓建于天上，因系天神之体，化为虹彩，无有尸骸。"藏族民间也传颂"天尺七王"赞普死后，都沿着下来的天梯回到天界。由此可见，古代藏族的观念，是把天神与赞普融为一体，赞普就是如同主宰世间万物命运的天神一样的主宰人间的天神，换言之，天神与赞普融为一体，就是反映了神权与王权的统一，天神崇拜与祖先崇拜的统一。

纳西族的东巴教受本教的影响还表现在东巴巫师可以神灵化，即可取代各种山神、龙王及鬼怪之类，这与本教巫师的神灵化也是颇为相似的。东巴巫师为人禳灾祈福时为了使自己的法术灵验或增添威灵，便求助于抽象的神明东巴暗中相助。这类所谓神明东巴名称繁多，功能各异，如有天之东巴——那布星果；地之东巴——萨布萨拉；日之东巴——多麻多知；月之东巴——吉塔吉尤；星之东巴——洛巴汝热；慧星东巴——热塔固苏；云之东巴——金洛巴弟；风之东巴——海达洛许。五方东巴，即东方——格泽泽布；南方——色日明公；西方——纳色从路；北方——古色喀巴；中央——索羽净古。纳西三代神主和古代四大氏族之东巴，东之东巴——依什窝左；丽恩东巴——久布士赤；秋之东巴——精恩什罗；灵本东巴——古拉；何本东巴——精如；束本东巴——窝布；叶本东巴——拉拓。还有各种山神龙王及鬼怪之类的东巴。①

东巴巫师的神灵化与本教徒的神灵化是一脉相承的，其特点是神化巫师，崇尚法术，驱役鬼神。土观《宗教源流》记述说："当藏王止贡赞普时期，有凶煞，祝夏（brusha 即勃律）、象雄等地请来三位本教徒为之消除凶煞。其一人能行使巫觋之术，修火神法，骑于鼓上游行虚空，开取密藏，鸟羽截铁，示现诸神法力。其一人则以色线、神旨、牲血等而为占卜，以决祸福休咎。其一人则善为死者除煞、镇压严厉，精通各种巫觋之术。"

东巴教的特点也是崇尚巫觋之术。东巴原先有卜师（杷）和祭司（本）之分，最初可能有所分工，但不严格，卜巫会祭，祭司也兼卜巫，后来又出现不懂经书的"商尼"巫者。据东巴经《布杷过书》（求取卜书记）载，最初卜书求取于上天女神"盘祖萨美"处，所以"卜师"一字才写女人坐形。东巴教的卜法卜书约数十种，如左拉卜、灸胛卜、贝虺卜、寻人卜、合婚测吉卜、推算凶吉卜、推算凶星卜、推算年灾病厄卜等。从上述本教和东巴教的崇巫材料中可以看出，它们在其形成初期，其宗教活动主要是占卜凶吉，祈福禳灾，驱役鬼神。现今残存的东巴巫师和本教徒仍旧保持着行使巫觋之术的传统。

据考古资料报道，古代藏族行石棺葬，羌族也有石棺葬俗，这与信奉本教有关。东巴教亦有木、石崇拜的特点，这或许也是受本教的影响。据东巴文化论著记述，东巴教和纳西族民间对"木"（森）、"石"（鲁）特别崇拜，并奉之为图腾物。据东巴经《动丁》（开坛迎动神经）记载，东巴

---

①　参见和志武《纳西东巴文化》吉林教育出版社1989年版。

教的最初造物之神是"动"神和"生"神，二神结为两兄妹，因此是男神和女神，又代表阳神和阴神，故用石象征为动神，用木象征为生神。东巴作各种道场时，必须用一块小神石"动鲁"和一些木偶"木森"，用米、面祭石，用牲血祭木偶。这是东巴教中反映的本教形态特征。

最后要提及的是东巴教的宇宙万物起源说与本教颇为相似，明显反映出东巴教在宗教哲学方面亦受本教的影响。例如一类本教书中说："最初是本无空，由空稍起本有，由有略生洁白之霜，由霜略生似乳之露……最后一切外器世间与有情世间，由卵而生"①。许多东巴经中都有类似的内容，如《人类迁徙记》中说："太古时候，天体（宇宙）是颤动的。"整个世界为"阴阳混杂未分"。又说：混沌世界之初，"在上方发出了佳声，在下方发出了佳气。佳声佳气结合变化，有了木、火、水、土、铁；这五样变化，出现了白风、黑风、绿风、黄风、红风五股风；五股风变化，有了白云、黑云、绿云、黄云、红云五种云；五种云变化，出现了白蛋、绿蛋、黑蛋、黄蛋、红蛋五个蛋。"②"它们的变化，分别变出不同颜色的天地万物。"③《崇邦统》（创世纪）中亦说："最初上面出响声，下面出气息；声气相变化，出三滴白露；白露作变化，出三个大海；大海做变化，生出人类的祖先。"④东巴经还有蛋生神之说，也有蛋生人之说，即"人类之蛋由天下，人类之蛋由地抱"⑤。东巴经的"蛋生说"与本教的"卵生说"基本相同，可见本教对东巴教的影响是多么深刻而广泛。

总之，纳西族的东巴教中包含着极为丰富的本教内容，是本教文化的一个重要组成部分，必须进行深入细致的比较研究，其研究成果不仅可以丰富本教文化，而且有助于东巴文化的深入研究，对东巴教的起源、发展以及所蕴含的丰富文化内容都可以作出科学的解释。

东巴教的性质虽然仍属于原始宗教的范畴，但是东巴教经历了纳西族的原始社会、奴隶社会和封建社会，它除了深受藏族本教的影响之外，还

---

① 《宗教流派镜史》第149页。

② 纳西象形文字东巴经翻译资料：《懂述战争》，丽江县文化馆1963年印。

③ 《纳西东巴经选》第1、3、33页。

④ 《纳西东巴经选》第1、3、33页。

⑤ 《么些象形文字字典》引言第2页。

受到佛教和道教的影响，到本世纪中期为止，它已具有和其他少数民族原始宗教不同的显著特点，开始处于从自发宗教向人为宗教的发展过程之中，正式进入人为宗教的门槛已不远。所以东巴教又是研究原始宗教起源和发展的活化石，对我们认识人类宗教发展史具有极为重要的意义。

第三节　本教对摩梭人达巴教的影响

摩梭人属纳西族，主要居住在金沙江东部的云南省宁蒗县以及四川盐源、木里等县，人口约四万余人。摩梭人自称"纳日"或"纳""纳汝"，他们的语言、服饰、婚姻习俗跟金沙江西部的纳西族有差异。

摩梭人的原始宗教称为"达巴教"，与丽江纳西族的东巴教有密切联系，传说达巴先贤曾到中甸县的白地取经。达巴教的祖师称为"丁巴沙拉"，实际为本教祖师"丹巴喜饶"的转音。摩梭人的达巴教与纳西族的东巴教一样属于原始宗教，只不过达巴教的发展比东巴教缓慢，其形态亦比东巴教原始，基本上保持着原始部落宗教的特征。达巴教虽未进入人为宗教的门槛，但其神系、仪式、经咒方面都表现出受本教影响的痕迹。为便于比较研究，现把达巴教的形态内容简述于下：

在摩梭人地区，最初达巴分为三种：一种名"哈达巴"，其职能是为人主持祭仪和祈祷，祭祀天、地、山、川等自然诸神，祭祀祖先，为死者亡灵指路，讲述氏族祖先迁徙的路线等。"哈"在摩梭语中含有"祈祷或歌颂"之意，哈达巴意即祭司或祭祀、祈祷的巫师。另一种名"补达巴"，其职能是为人驱邪撵鬼，施行各种巫术，诵经念咒，为患者和村落镇邪驱鬼等。"补"在摩梭语中含有"诵经和诅咒"的意思，补达巴意即为驱邪撵鬼巫师或诵经诅咒的巫师。再一种名"盘达巴"，其职能是为人占卜打卦，占卜凶吉日、生子命名等。"盘"在摩梭语中含有占卜打卦的意思，盘达巴意即占卦的巫师。现在三种达巴都已归为一体了，统称为"达巴"，其职能都兼施并行，祭祀、祈祷、诵经诅咒、驱邪祛鬼、占卜打卦都混合施行。

在达巴巫师之下，有两种小巫，名"哈司毕"和"毕扎"。摩梭语"哈"

意为食物，"司"意为拾取，"毕"意为走，"扎"意为使唤，"毕扎"和"哈司毕"的含义是："鬼使神差"。毕扎和哈司毕不懂系统的经典，不能主持重大和复杂的祭仪和法事，没有法衣和主要法具，不能单独主持宗教活动，只能配合达巴进行活动，其职能主要是在丧葬和驱鬼仪式中跳鬼装神，作"开路先锋"。

达巴教因巫师达巴而得名。达巴教没有系统的教义，也无宗教组织和寺庙，没有系统的经书，只有口诵经和一种占卜经书。达巴多由劳动者家庭的男子担任，不脱离生产劳动，为人作法事时只收取少量报酬。达巴一般是舅传侄，少数是父传子，拜师收徒者极少。达巴教的主要形态和内容是：自然崇拜、鬼魂崇拜、性器官崇拜和祖先崇拜。举凡摩梭人的祭祖、丧葬、娶嫁、出行、生子、命名、修房造屋、穿裙子、穿裤子礼等，都是通过达巴来进行的。从某种意义上来说，达巴起着人与神、鬼、祖先之间相互沟通的媒介作用。达巴教对于摩梭人的社会生活和精神生活有深刻的影响。

达巴使用的法具，主要有巴浪鼓、铜钵、巫棒和头上戴的五佛冠。（五佛，实际为五位本教护法神。）巫棒上刻有男人、妇女、牛、马、羊、猪、狗、虎、豹、狮、鹿、鱼等人和动物形象，还刻有花、草、树等植物的图像。根据仪式的不同，有时只由一个达巴念经，有时由几个达巴协作。

达巴教的经典主要是口诵经，但有一种占卜经（俗称算日子书），是用原始符号书写的。

口诵经名目：

（1）"忽西瓜洪汝"（"创世纪"，宇宙万物起源经）

（2）"布柱"（"布柱"摩梭语义为"稀糊"，即认为万物原初是稀糊状，别译为"万物之胎经"）

（3）"普布库库则"（祭光明神经）

（4）"衣衣"（祭猴经）

（5）"衣木垮"（除噩梦经）

（6）"衣孜"（建新屋经）

（7）"哈娜刮"（庆谷物丰收经）

（8）"木基吐尼慢"（不详）

（9）"呷依露布措"（庆水草丰茂经）

（10）"阿几夺洛咪"（祭母系始祖经）

（11）"泽洪几几咪"（祭氏族女始祖经）

（12）"曹都努依"（祭氏族男始祖经）

（13）"几夸咕玛角"（从高山迁居平坝经）

（14）"衣衣孜尔"（祭部落保护神经。"衣衣孜尔"系一种鸟名，被奉为部落保护神）

（15）"咪努几布汝"（颂安居乐业经）

（16）"竖夸社玛支"（祭战神经）

（17）"斯斯打打"（祭战争中遇难鬼经）

（18）"汗木折梭汗"（祭风经）

（19）"松基顶巴沙拉"（祭达巴教祖经）

（20）"木娘孜咪"（结婚经）

（21）"喇亚翁顶"（祭山神经）

（22）"直茨夸"（祭凶死鬼经）

（23）"呷布咪纳"（祭不孕鬼经）

（24）"阿依藏巴拉"（祭火神、灶神经）

（25）"木戛拉维"（祭天神经）

（26）"底戛拉维"（祭地神经，指耕地）

（27）"吉尔慢"（祭财神经）

（28）"娜提"（祭肺病、月经病、中风瘫痪病鬼经）

（29）"喇木戛拉维"（祭女神经）

（30）"格姆戛拉维"（祭女山神经）

（31）"潘咪尼直"（祭生殖神经）

（32）"洪哩刮福汝"（不详）

（33）"扎尼玛"（祭日蚀经）

（34）"扎达瓦"（祭月蚀经）

（35）"喳扎"（达巴毕业经）

（36）"底西波色"（不详）

（37）"尼西吐司"（不详）

（38）"依喳雏"（祭牛、马、猪、鸡病鬼经）

（39）"尼咪咕"（祭西方神经）

（40）"宏咕落"（祭北方神经）

（41）"郁青咪"（祭南方神经）

（42）"尼咪吐"（祭东方神经）

（43）"扎普抓"（不详）

（44）"扎入提"（不详）

（45）"喇翁雏"（祭虎经）

（46）"扎"（祭天鬼经）

（47）"撒"（祭山鬼经）

（48）"基茨布"（祭水鬼经）

（49）"扎碰布"（不详）

（50）"茨拉巴布"（祭鬼爪经）

（51）"茨俄布"（祭鬼差经）

（52）"撒达罗依呷楚"（不详）

（53）"措娜儿车"（不详）

（54）"瓦布"（祭有毒树经）

（55）"波俄夸布"（祭猪头经）

（56）"尼俄哩布"（祭鱼经）

（57）"安俄哩布"（祭鸡头经）

（58）"撒达赤哩"（不详）

（59）"抓岔"（丧葬仪式中的洗马经）

（60）"鲁布龙布"（祭富鬼经）

（61）"柱俄布"（除穷鬼经）

（62）"基可巴咪布"（祭蟾蜍经）

（63）"布入布"（祭蛇经）

（64）"安史波剌布"（祭蝉经）

（65）"摆摆布"（祭花经）

（66）"呷泽布"（不详）

（67）"古布汝木"（祭聋哑男女鬼经）

（68）"基可布"（祭皮肤、牙、肚等疾病鬼经）

（69）"布瓦高土玛"（祭乌鸦头、即瘟疫鬼经）

（70）"娜提滨咕慢"（祭头晕、眼昏病鬼经）

（71）"娜提给尼慢"（祭妇女难产鬼经）

（72）"娜提楚司慢"（祭阴部发痒鬼经）

（73）"娜咪木吐"（除火灾经）

（74）"娜木吐"（祭畸形儿鬼经）

（75）"扎娜木吐"（不详）

（76）"牙娜木吐"（不详）

（77）"喳扎抓普扎"（祭奇异动物经）

（78）"依咪巴布扎"（祭家禽发生奇异现象经，如公鸡叫、老鼠成群等现象）

（79）"宏咕儿"（祭野鸡经）

（80）"尼汝喳"（不详）

（81）"布处"（祭牦牛经）

（82）"郁处"（祭岩羊经）

（83）"抓处"（祭马经）

（84）"安普处"（祭白公鸡经）

（85）"泡斯吐拉达"（庆男儿成丁经。在男童13岁举行穿裤子的成丁礼时念）

（86）"泡斯吐木咪"（庆女儿成丁经。在女儿13岁举行穿裙子的成丁礼时念）

（87）"布乌土秃抵"（除秽经）

（88）"茨夸咪抵"（祭家族亲属鬼经）

（89）"波撒咪抵"（祭本族凶死鬼经）

（90）"斯布咪抵"（祭外夷鬼经）

（91）"母支"（招魂经）

达巴口诵经一共有多少部（回），目前尚未调查清楚，据当地达巴说共约有150多部（回），但现在活着的达巴最多只能背诵60部。这里公布的91部是笔者从各地达巴中调查汇总的数字。上述91部（回）口诵经的语句多少不一，有的很长，须背诵2小时左右，有的较短，只须念10多分钟，最短的才七八句经词。这91部（回）口诵经的内容可分为三大类：第一类是对自然诸神和动、植物诸神的颂歌和祷词；第二类是对病魔、恶神、自然灾害、兽害和仇敌的咒语；第三类是对祖先恩德的颂歌以及祈求部落繁荣、事业发达、家庭幸福、健康长寿等的祷词。

达巴经除上述91部（回）口诵经外，尚有极少量用原始图画文字书写的占卜经。据此可知，过去认为达巴教没有文字经典的传统说法不确切。达巴教虽然没有形成东巴教那样丰富浩瀚的象形文经典，但老一辈达巴事实上使用着一种用图画表示意义的语言符号（或称记事符号）书写的卜书，俗称"算日子书"或"天书"。全书有12篇，一篇记载一个月的凶吉日，12篇记载一年的凶吉日。全书有32个不同形体的图画文字，有的月用32个图画文字表示这个月的凶吉日，有的月用30个图画文字表示凶吉日，有的月用28个图画文字表示凶吉日，意为该月28天。这里照原样引录其第一篇，供参考。

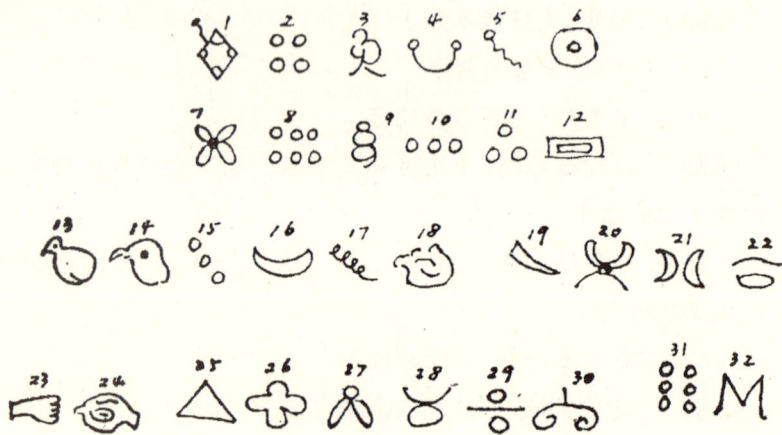

1：表示初一，读音："潘咪尼直"，字义：女性生殖器，表意为大吉日。

2：表示初二，读音："抓给"，字义：马臀部，表意为吉日。

3：表示初三，读音："包夸"，字义：女性阴道，表意为大吉日。

4：表示初四，读音："包几"，字义：女性乳房，表意为大
吉日。

5：表示初五，读音："几给"，字义：男性生殖器，表意为吉日。

6：表示初六，读音："包给普"，字义：（1）财物兴旺；（2）
修房造屋，表意为吉日。

7：表示初七，读音："苛扎"，字义：咽喉，表意为吉日。

8：表示初八，读音："咕咪"，字义：腹泻呕吐，表意为凶日。

9：表示初九，读音："娘哄"，字义：螺，表意为凶日。

10：表示初十，读音："梭蹋乔"，字义：横三星，表意为平
常日，无凶无吉。

11：表示十一日，读音："梭蹋撮咪"，字义：三盘星，表意
为吉日。

12：表示十二日，读音："给普"，字义：北斗星，表意为大
吉日。

13：表示十三日，读音："喝给"，字义：鸠，表意为大凶日。

14：表示十四日，读音："戛给"，字义：鹰，表意为凶日。

15：表示十五日，读音："梭蹋落"，字义：斜三星，表意为
凶日。

16：表示十六日，读音："波夸"，字义：猪嘴，表意为平常日。

17：表示十七日，读音："波基"，字义：公猪生殖器，表意
为吉日。

18：表示十八日，读音："波玛"，字义：猪油，表意为平常日。

19：表示十九日，读音："波慢孜入"，字义：猪尾巴，表意
为凶日。

20：表示二十日，读音："孜夸"，字义：兽角，表意为凶日。

21：表示二十一日，读音："孜哩"，字义：耳朵，表意为凶日。

22：表示二十二日，读音："孜娘"，字义：眼睛，表意为吉日。

23：表示二十三日，读音："孜咕"，字义：手掌，表意为吉日。

24：表示二十四日，读音："喇夸"，字义：虎头，表意为：

（1）作战为吉日；（2）平常为凶日。

25：表示二十五日，读音："社子都"，字义：毒食，表意为大凶日。

26：表示二十六日，读音："耍瓜"，字义：男性生殖器，表意为吉日。

27：表示二十七日，读音："慢夸"，字义：畸形儿，表意为凶日。

28：表示二十八日，读音："比给"，字义：不详，表意为吉日。

29：表示二十九日，读音："潘咪"，字义：男女性交，表意为大吉日。

30：表示三十日，读音："尼咕"，字义：不详，表意为吉日。

31：表示三十一日，读音："克赤"，字义：不详，表意为平常日。

32：表示三十二日，读音："梭蹋窝露"，字义：不详，表意为双日、大吉日。

　　达巴卜书的图画文字为上述32个符号，全年的凶吉日都用这32个符号表示，但是，全年12个月，每个月的天数不同，凶、吉日也不同。另外，这32个图画文字不代表时间，即不固定代表何月何日，如"ᢒ"写在一月第一天，即代表初一，写在二月第七天，即代表二月初七，但读音和字义、表示的凶吉日却是固定不变的。此外，这32个图画文字读音多为摩梭古代语音，今人多难以认出其含义，只有少部分保持现代摩梭语音。这种用原始图画文字（或称原始记事符号）书写的占卜经书只通行在少数高龄达巴巫师中，在民间不流行。这是一种濒于绝灭的也是极其珍贵的原始图画文字经书，可供古文字学、宗教学、民族学的同志分析研究。[①]

　　上述达巴教的巫师名称、职能以及口诵经的神系名目中充分反映出受

　　① 达巴教占卜经系笔者于1978年从云南宁蒗县永宁乡温泉村阿乌达巴（当年76岁）和四川盐源县前所乡豆罗河村瓦布达巴（当年72岁）二位高龄达巴家中调查所获。另外，达巴口诵经有录音带。

本教的深刻影响。首先，达巴教的巫师职能与本教的巫师职能大同小异，据汉藏文史料记载，本教主持宗教仪式和盟誓的巫师有"天本波"（gam bon po）、"地本波"（sa bon po）、"大本波"（bon chen）、"神本波"（lha bon po）。天本波主要主持祭天仪式，地本波主要主持丧葬仪式，大本波和神本波主要主持盟誓。达巴教亦有"哈达巴"，主要主持祭祀和祈祷，"补达巴"主要主持驱邪撵鬼，"盘达巴"主要主持占卜凶吉。显而易见，摩梭人的达巴教是受藏族本教的影响而发展起来的。

此外，值得注意的是达巴教的口诵经中有许多古藏语的本教神名和仪式名称。如"扎尼玛"（祭日蚀经）、"扎达瓦"（祭月蚀经）、"阿依藏巴经"（祭火塘神经）、"娜提"（祭肺病、月经病、中风瘫痪病经）、"呷布咪纳"（祭不孕经）、"恰纳岁纳"（驱邪经）、"虽寡"（消除雹灾经）等等。这些名称都是藏语音读，不是摩梭语，达巴只会读，不懂其意思，达巴巫师亦说他们的许多经咒、仪式、神名是从本教直接借用来的。

据有关资料记载，古老的本教还崇拜"光明"。所以，有人也称早期本教为"光明教"。据本教经典《十万龙经》称其祖师登巴贤若（sfon pa gshan rab）降世时，天空先出现"拥宗"（gy ung drung）光明，照亮万里虚空，尔后才出现明亮的太阳和月亮。又说登巴贤若是顺着一条白光从天而降。显然，该经典把本教祖师描写为光明的化身。

《新唐书·吐蕃传》载，吐蕃的祖先"白鹘提勃悉野"。《通典》则谓吐蕃"始祖赞普自言天神所生，号鹘提悉补野，因以为姓"。据杜齐（G. Tucci）考证，"鹘提"为光明，本教认为天上有一充满光明之处，其下有一小孔，日、月、星即自此处受光明，此充满光明之天界，即称"悉补"，为至贵的天神所居。本教是西藏地区古老的宗教，有关藏族起源的许多传说都渊源于本教。吐蕃人自称其祖先来自"光明"即太阳神，看来这种传说和本教的古老信仰有密切的关系。

达巴教与本教一样崇拜光明，只不过达巴教认为光明的象征是火及火塘。达巴教在诸神中祭祀和赞颂最多的是火塘神，火塘神还兼有祖先神和生育神的意义。[1] 达巴教崇拜火为光明、兴旺、吉祥、繁殖的象征，摩梭

---

[1]　参见拙作《达巴教和东巴教比较研究》载《宗教论稿》云南人民出版社1986版。

人家里的火塘之火要昼夜不灭，尤其是清晨，家中火塘里的火焰旺盛，火星迸溅，并发出哔哔的燃烧响声，象征吉祥，预兆当日有远方客人来临，并有财运。若火塘里的火忽燃忽熄，冒烟不燃火，烧柴冒气泡，则预兆当日有晦气，做事必倒霉，出现这种现象，家长会因此懊恼，全家人也心情沉重。摩梭人家庭现今仍保持着一日三餐前例行祭祀"阿依藏巴拉"火塘神的传统习俗。是时，家长放少许当餐食物于火塘三角架上，并诵曰："绰夺！绰夺！"（颂词）达巴教认为鬼邪惧光明，火能除邪驱鬼，达巴巫师为人作法事时，也要借助火神的力量驱逐鬼邪，消灾祛殃。摩梭人村寨若发生重大瘟疫，即请达巴驱瘟疫鬼。这时要念诵《阿依藏巴拉》赞火经，手执火把，舞刀撒炭灰，厉声呵斥瘟疫鬼，然后把代替瘟疫鬼的面偶和木牌抛入火塘中烧焚，表示瘟鬼已被火神吞噬，不再作祟人畜。

摩梭人的葬仪也与拜火有关。达巴教认为火葬是把死者的灵魂送入光明的境界，象征幸福。火葬者必须是正常死亡的成年人，其他吊死、摔死、自杀、溺死、难产死的孕妇及婴儿不能火葬，以免亵渎火神。这类非正常死者必须土葬，深埋地下，使其亡灵永世不能转生。这种拜火的葬仪现今仍保持着。

摩梭人是个拜火的民族，他们在生产生活中的拜火习俗以及与此相联系的禁忌很多。如禁忌任何人用脚跨过火塘，禁忌泼水在火塘里，野外生产时所烧的篝火不能用水扑灭，只能用石块和泥灰掩熄。偏僻山区的摩梭人甚至不敢用口气吹灭灯火和火把，只能用什物把灯火罩灭或将火把插入灰中熄灭。达巴教还信奉火塘有生殖繁衍的力量，赋有生殖神的意义。在婚礼中，达巴为新婚夫妇念《祭火塘经》，祈求火塘烟火旺盛，象征新婚夫妇生育旺盛，人丁兴旺。摩梭人现今仍保持着古老的锅桩舞，即围着篝火舞蹈，这是一种典型的拜火舞蹈。从这些拜火仪式及习俗中可以看出摩梭人是多么崇拜和敬畏火，而这是他们信奉本教和受本教影响的例证。

达巴教与本教一样崇拜天神、地神和龙神。本教《十万龙经》分为宁神（天上）、地神（地下）和龙神（地上有水之处），达巴教称之为"木戛拉"（天神）、"底戛拉"（地下神）、"几戛拉"（龙潭神，即水神）。达巴教崇信天神威力最大，天神控制着人畜的生死和农作物的丰歉，因而天神是达巴教崇拜的第一自然神。达巴教有20余部（回）祭天口诵经。其内容包含两层意思，一是对天神（日、月、风、雨、雷、电、雹、雾）等自然诸神的虔诚祈祷，经辞多是对天神的乞求和赞颂，祈求天神赐福人类风调雨顺，人畜兴旺，谷物丰收；二是对天鬼的诅咒和唬吓，咒语多是对天鬼危害人畜和庄稼的诅咒，用烧、杀、撵等手段来驱鬼杀邪。

达巴教的祭天仪式有大小之分，大的祭天仪式隆重繁缛，小的祭天仪式以自然灾害的大小而定，常见的有驱瘟疫、驱雹、求雨等仪式。祭天仪式设有祭坛，用松树搭成楼阁模式，牺牲为牛、羊、猪的头、肝、心、肠等，祭坛周围焚松枝香，达巴诵经摇巴浪鼓，挥舞刀剑，祭天神，驱鬼邪。

达巴教还重视祭龙神和地神，龙神就是山泉、水塘里的神灵，通常又称为"龙潭神"；摩梭语称之为"几夏拉"或"日母咕夏拉"（龙潭神）。地神就是地下神，包括土地神，摩梭语称之为"底夏拉"。达巴教敬畏龙神，认为龙神既能赐福于人畜，也能危害人畜，认为人们患的常见病，是因为触犯了龙潭神，是因为砍伐了"龙潭"附近的树木，或在"龙潭"附近便溺，使"龙潭"遭受污染。所以患这类疾病的患者要请达巴祭祀"龙潭"神，念诵《除秽经》。达巴为这类患者做法事时，要用柏香熏身，忌食鱼、蒜、辣椒之类食物。笔者思索，一般原始宗教中并无"龙神""龙潭神"的概念及祭祀仪式，而本教、东巴教、达巴教、汗归教中龙神崇拜极为突出，有许多祭龙神经和仪式，这显然是纳西族、摩梭人和普米族受本教影响的特征之一，本教信奉龙神，从而影响东巴教、达巴教和汗归教亦信仰龙神，这是必然的现象。

摩梭人的达巴教还保存有祭土地和五谷杂粮的仪式。摩梭人每年农历初五日至十五日，家家户户都要祭地神，摩梭语称之为"底布"，意为"祭土地"。届时，各家带着米粑、蜂蜜、猪肉和水果等祭品，分别到各家的地里进行祭祀。仪式一般由各家主妇主持，念诵简单的赞颂地神的口诵经，祈求地神赐给来年丰收，把祭品撒在地里，然后取一撮土装在布袋里，供在火塘上方的神龛上。"底布"仪式虽然是祭祀地神，但也有庆丰收之意，现已成为宗教和民俗相结合的传统风俗。在祭地之后，家家还要由主妇主持祭谷物，有的用糌粑面捏成各种祭品放在粮囤里；有的则把粮食炒熟（多为青稞、玉米和豆），抛在房前屋后及田地里，祈求谷物之灵保佑来年人畜足食，谷物丰产。

　　摩梭人的达巴教以及许多风俗习惯都与藏族、纳西族和普米族相同，充分反映了他们的亲缘关系。如崇尚牦牛就是他们共同的宗教风俗之一。自古以来居住在藏、川、滇边缘的高原地带的藏族、纳西族、摩梭人和普米族，特别崇尚耐寒的牦牛。这些民族家若有人患病或孕妇分娩，便把牦牛角悬挂在大门上，认为牦牛角能辟邪，能保佑产妇平安分娩，病人早日康复。外人见有牦牛角悬挂在大门上的人家，则忌讳入内，以免冲犯神灵。在摩梭人的丧葬仪式中，有为死者灵魂引路的先锋队。他们身披甲胄，腰系一截牦牛尾，手舞刀棍，厉声吆喝，意为驱走沿途的鬼魂，使死者灵魂顺利地返回祖先居住的地方。达巴念诵的"送魂开路经"中提到摩梭先民最初的发祥地叫"斯布阿纳瓦"，该地在北方，藏语名"公介哩"，但不知具体地区，只能说大致范围在今青海、甘肃、四川毗邻的"公介哩"山脉。据达巴说，开路先锋队腰缠牦牛尾是为了把死者亡灵准确地引上祖先迁徙的路线，祖先亡灵见有牦牛尾的亡灵才会认其为自己的后裔。这种腰系牦牛尾的葬仪，若明若暗地反映出摩梭人的历史。《史记》《汉书》《后汉书》等汉文献也记载有摩梭先民的名称为"氂（牦）牛种"或"牦牛夷"，可知他们崇尚牦牛有悠久的历史。在日常生活习俗方面，摩梭妇女和普米妇女习惯以牦牛尾掺发，编成粗而长的发辫盘结头上，以示美观。这里要指出，原始宗教中，崇拜某种动物不一定非要禁食，藏族、摩梭人、纳西族和普米族都有崇拜牦牛的礼仪和习俗，但他们是以牦牛肉、奶为主食，这毫无亵渎之意，正如基督教迄今犹以吃耶稣的血与肉为神餐，作为一种崇拜的礼仪。牦牛角和尾在藏族、摩梭人和普米族的宗教观念中是一种神圣之物，表示历史上对牦牛的崇拜，而今蜕变为崇尚牦牛的风俗。

　　摩梭人的达巴教还保存有崇拜植物的遗风。植物崇拜的主要表现是笃信树有神灵，有的村落和母系亲族一般选附近神山中的某一棵树龄长，枝叶茂密的大树为村落的保护神或母系亲族的保护神，祭山仪式中包含着祭树仪式，二者紧密联系。祭树神时，他们树下焚香叩头，往树上缠裹麻线，在树枝上悬挂五色布条。患者则把自己的破衣烂衫挂在树上，祈求树神把疾病除去。永宁和泸沽湖地区的摩梭人特别敬畏含有毒汁和特殊气味的植物，认为这些树附有精灵，因而敬畏之。当地有一种名叫"玛桑"的树，他们认为有鬼魂依附，村里发生瘟疫便去烧香祭之。此外，达巴有一部名叫《瓦布》的口诵经，专门祭祀刺香树，因这种树有特殊的气味，便认为有精灵，因而祭祀它。还有摩梭人在建造木垒房时，一定要选两棵枝叶茂盛的树作为正房的左右两根柱，这两根柱分别代表男性和女性，男左女右。到山中采伐这两棵树以前，要举行祭祀仪式，向树叩头祈求新房平安建成，迁居新房后人畜繁衍，谷物丰产。藏族、纳西族、摩梭人和普米族对青松树怀有特殊的感情，他们视青松树为吉祥树，每逢春节，家家户户都要在屋顶插棵小松树，或在院坝里栽一棵青松树，象征来年吉祥兴旺、财运发达，这已成为民族的传统风俗，一直保持到现在。

摩梭人的达巴教很重视对尸体的处理，即有一套颇具特色的葬仪，而这葬仪又与本教葬仪有千丝万缕的关系。我们知道，葬仪是本教的一项极为重要的宗教活动，并以其仪式的固有形式以别于其他宗教。直至现在，藏族的葬仪活动仍与本教有着密切的关系。关于古代藏族葬仪的出现，藏文史料说，从止贡赞普起，赞普死后再也不能回到天界上了，因为上天的天梯被割断了，只好把尸体留在人间，于是出现了葬仪。《红史》载止贡赞普以后，赞普死后开始兴建陵墓，其陵墓，有的建于荒山及石岩之上，有的建于石岩与草坪交界处，有的建于河水中央，有的建于平地上。《敦煌本吐蕃历史文书》里提到，许多赞普的灵柩都停放几个月甚至年余，举行一定的葬仪后再行安葬。霍夫曼在《西藏宗教》一书中也提到止贡赞普死后，一位具有广博知识的法师（指从象雄等地请来的本教巫师）使用巫术刀举行一次"驯尸"仪式。仪式的目的是为了防止鬼魂回来伤害活人。据说这类仪式，至今在藏区仍然保留着，被称为"破瓦法"（vpho ba），驯尸成功谓之"得破瓦"（vpho ba thob）。①

达巴教的葬仪及尸体处理方法与本教颇为相似，但又具有自己的特点。达巴教的葬仪第一项是洗尸，即人死刚断气，丧家立即向村邻亲友、宗族报丧，然后请达巴主持洗尸仪式，达巴到死者宗族固定饮用的水塘里舀七碗或九碗洗尸水（女用九碗，男用七碗），用松枝和柏枝烧热洗尸水，擦洗尸体。洗尸的目的是洗去死者生前的罪孽和疲惫，使死者亡灵净洁轻松，早日返回祖先居住的地方与祖先团聚。洗尸完毕，将少许碎银、茶叶、

云南文库·学术名家文丛

---

① 格勒祝启源《藏族本教的起源与发展问题探讨》，载《世界宗教研究》1986年第2期。

米、小麦、酥油放入死者口中，在耳鼻等处涂些酥油。此项仪式的目的是使死者亡灵在冥界不缺吃少穿。随后，用白布带把尸体捆扎成蹲踞状，两手合掌于胸前。然后把捆扎好的尸体装入麻布袋，放入正室夹子壁内的土穴中。停尸的时间长短不一，以死者的社会地位高低和丧家的经济富贫而定，新中国成立前摩梭土司死亡要停尸半年，一般平民则停尸一月。停尸期间，要请达巴念经超度，然后择日出殡焚尸。

出殡仪式为：出殡前从土穴内取出尸体，放入立式灵柩中，然后由达巴举行为死者灵魂开路仪式。达巴念送魂引路经，大意是：

> ××啊，
>
> 你放心地去吧，
>
> 沿途要翻三十三座山，九十九条河；
>
> 虽然山高水险，困难重重，
>
> 但是祖先在召唤你，伴侣在陪伴你。
>
> 你别留恋家乡和亲人，
>
> 你要赶到大雁栖息的地方，
>
> 那就是你祖先居住的地方——斯布阿纳瓦，
>
> 你要安心住在那里，不要随便回家，
>
> 待到收谷子的时候，宰年猪的时候，
>
> 我们烧香吹海螺，接你回家过年。
>
> ……

开路送魂仪式结束，再举行"洗马"仪式。"洗马"仪式的意义是：摩梭人的祖先是从遥远的北方迁来的，途中跋山涉水，历尽千辛万苦。人死后灵魂要回到祖先居住的地方，路途遥远艰难，需要良马驮负死者的灵魂。仪式过程是，达巴选一匹良马，象征性地洗刷马，并赞颂说："你是百里挑一的良马，你跑得比雷声快，比燕子快，虎、豹也比不上你，你要驮着××跑到斯布阿纳瓦。……"

"洗马"仪式结束，再举行"鸡陪祭"仪式。其意义是：死者亡灵返回祖先居住的地方路途遥远而艰险，需要一个伴侣同行，死者为男子，用母鸡陪伴；死者为女子，则用公鸡陪伴。把鸡拴在灵柩上，达巴念颂词："××啊，这不是鸡，而是你的妻（或夫）。它跟你一道去，无论做什么事情，它都同你在一起。它在途中会照顾你的，你放心地去吧!……"

最后出殡烧尸。由四人抬着灵柩，一人牵马，马上驮着死者生前的一些用具，还有一人抱着鸡，表示陪葬。沿途敲锣打鼓，击钵奏哀乐。还有十余个青壮年男人身披甲胄，腰系牦牛尾，头戴尖顶帽，挥舞长刀，厉声吆喝，并作厮杀砍伐状，表示为死者开路，驱杀虎、豹，砍伐树木，披荆斩棘，开辟道路。家属跟在开路队伍后边，边走边哭，诉说死者生前对他们的恩情。到达火化场，把灵柩置于柴堆上，家属向死者灵柩叩头告别，达巴点火焚尸。

尸体火化毕，由两个男子捡一些遗骨放在布袋内拿回家，再请达巴主持一次祭奠活动。祭奠结束后，由达巴陪同，把骨灰袋放置到死者同宗族的公共墓地里。葬骨灰袋时，抽去袋底的线，表示死者的灵魂能够活动自由。骨灰多葬在山中大树下，或岩洞、树洞中；有的则把骨灰装入陶罐，埋入坑内，四周垒上石块，形状如小屋。

上述达巴教的丧葬仪式与本教的丧葬仪式有许多相似之处，明显反映出达巴教受本教的深刻影响。摩梭人的丧葬仪式中用异性鸡陪葬，还有普米族的丧葬仪式中用羊陪葬，笔者思索这或许是受古代吐蕃赞普死后用人殉葬仪式的影响。《旧唐书·吐蕃传》说："其赞普死，以人殉葬，衣服珍玩及尝所乘马、弓箭之类，皆悉埋之，仍于墓上起大室、立土堆、插杂木为祠祭之所。"《通典》亦谓："人死杀牛马以殉，取牛马（头）积累于墓上。其墓正方，累石为之，状若平头屋。其臣与君自为友，号曰共命人，其数不过五人，其君死之日，共命人皆日夜纵酒，葬日于脚下针，血尽乃死，便以殉葬。又有亲信人，用刀当脑缝裙，亦有将四尺木大如措，刺两肋下，死者十有四五，亦殉葬焉。"藏文史料也有类似的记载，本教经典《色尔义》记述有残酷的人祭仪式。为了救一位病王子必须以他的属民举行人祭。经上说："咒师抓住人的脚，本波执住他的手。然后'黑汉达'（black han-dna）切开他的胸膛把心掏出来。咒师和本波把人血和肉分洒四方。"[①] 摩梭

---

① 转引自霍夫曼《西藏的宗教》，李有义译。

人约明代进入封建农奴制社会，其社会政治、经济、宗教、风俗习惯与藏族颇多相似，摩梭土司虽无死而以人殉葬的史料记载，但有杀牛马以殉的习俗，民间亦保持用异性动物殉葬的习俗。另外，明代，摩梭土司死后亦建墓，其墓正方，累石为之，状若平头屋。清代，藏传佛教盛行，土葬建墓才改变为火化骨灰葬。还有摩梭人的达巴教中还保持着占卜、祈福禳祓、崇拜多神、杀牲、用血祭祀等古老的本教仪式。所有这些都说明本教对摩梭人的达巴教及其风俗习惯等许多方面都起着极为深刻而广泛的影响。

还有，达巴教的宇宙万物起源说比东巴教更为接近本教的宇宙万物起源说。关于宇宙万物的起源，达巴教的《布柱》口诵经中说："远古时代，没有天和地，全是茫茫的洪水世界。洪水慢慢消失，才出现天和地，天地是自生的。天地出现后才有白天和黑夜。世间万物也有胎，万物之胎为布柱（"布柱"摩梭语，意为有生命的稀糊），布柱中孕育万物，生长万物，这就是天地的开始，万物的起源。"

本教也有类似的宇宙万物起源说："一类笨教书中说：最初是本无空，由空稍起本有，由有略生洁白之霜，由霜略生似乳之露，……最后一切外器世间与有情世间，由卵而生。"[①]显而易见，达巴教的"稀糊孕育万物"说与本教的"由霜略生似乳之露"说是多么相似，达巴教的创世观无疑是受本教的深刻影响。

金沙江东部的摩梭人不仅其达巴教受本教的影响，而且还有摩梭人的本教徒和本教寺庙。据实地调查，清末至民国年间，川滇交界的云南宁蒗、永宁、四川盐源、盐边、木里等县的摩梭人中还盛行本教，这些地区的摩梭村寨中建有许多本教小庙，有不少摩梭本教徒。他们常为当地群众进行禳灾祈福，杀牲祭神驱鬼，驱瘟疫，禳雹灾，拥有广泛的信教群众。这时虽然藏传佛教占统治地位，但这些边远地区的摩梭封建土司并不采取严厉手段灭本，而是任其活动，并信奉藏传佛教，亦信奉本教，佛本两教并行不悖，这与西藏佛本两教势不两立的情况大不相同，这是摩梭人地区佛本相容的特殊现象。此外，摩梭人的本教徒没有本教组织，不参与封建土司政治。摩梭人的本教一般是家庭舅甥传承和师徒传承，注重仪式水平，不

---

① 《宗教流派镜史》第199页。

重研习经典。摩梭人的本教徒有自己的家庭经堂，平时在家庭经堂修习。村寨的本教小庙设施简陋，只供本村寨的本教徒烧香念经和举行禳灾祈福仪式。

最后要指出，本教传入金沙江东部的摩梭人中的年代大致与金沙江西部的纳西族相同，约在公元7世纪的初唐。据汉文献记载，初唐，吐蕃统治势力曾达到金沙江东部的摩梭人地区，摩梭先民曾一度受吐蕃统治。《元史·地理志》载说："永宁州，昔名楼头赕，接吐蕃东徼，地名答篮，么些蛮祖泥月乌逐出吐蕃，遂居此赕，世属大理。宪宗三年（公元1253年），其三十一世孙和字内附。""永宁州"，即今云南省宁蒗县永宁（含泸沽湖地区），唐代称"答篮"，"答篮"乃藏语"探览"之译音，含意为"通向涅槃的道路"。永宁地区唐代以前属吐蕃居住的地区，唐初么些蛮部落从金沙江和雅砻江流域迁徙至永宁，么些泥月乌部落逐出吐蕃，遂定居此地。永宁地接四川盐源、盐边、木里等地，这片地区是摩梭人的聚居区，从唐代至现今，这片地区的摩梭人就与藏族杂居，生息繁衍。因而，金沙江东部的摩梭人受本教及藏传佛教的影响很深，现今仍保持着藏族和摩梭人宗教文化相融合的特色。总之，摩梭人信奉本教和藏传佛教的原因，首先是藏族和摩梭人有着古羌文化的共同渊源，有共同居住地域，自然形成两种民族宗教文化的交融；其次摩梭人受到吐蕃奴隶主的百多年统治，使摩梭人的社会政治经济等方面都受到影响；再则摩梭人的原始宗教已不能适应阶级社会的需要，必须与本教和藏传佛教相融合，以丰富和发展自身的经典、教义、神系、仪式，这是宗教内部需要发展和改革的原因。

第四节　本教对普米族汗归教的影响

普米族约2.5万人，多数分布在云南省西北部的维西、宁蒗、兰坪、丽江等县区，少数分布在四川省木里县和盐源县。语言属汉藏语系，藏缅语族，羌语支。

普米族与藏族、纳西族、彝族都同源于我国远古的氐羌族群。据民族学者研究认为，我国汉代称为"笮都夷"的便是现今普米族的先民，并包含现今部分藏族的先民。方国瑜在《彝族史稿》中说："邛都为彝族先民，徒筰为西番人（今称普米族或藏族）先民，冉駹为羌族先民，各族在很长时期是有区别的。"此外，任乃强在《羌族源流探索》中说："所谓筰都夷，自称为'白狼'。他们创造的斜张两岸溜索，往来渡江的办法，汉人称之为筰。……今称普米族的便是。"唐代，普米族先后归属吐蕃和南诏，唐皇朝也曾管辖过一段时期。在我国汉文献中，通常称普米族为"西蕃"，《宋史》中有"入西蕃求马以中市"的记载。这些"西蕃"是指分布在今四川越西、冕宁、汉源、石棉及九龙等广大地区的西番族，其中也包含有藏族的先民"吐蕃"，因为"西番"与"吐蕃"在同一地域内参错杂居，所以常将"西番"与"吐蕃"混称为"诸藩"或"蕃族"。这种情况一直沿袭到新中国建立时为止。现今，在川滇交界的木里、宁蒗、中甸等地的藏族中仍有不少是普米族。

　　在漫长的历史过程中，藏族与普米族经过不断的分化和融合，造成他们两族的物质文化和精神文化有着历史的同源亲属关系，又具有各自的民族特色。

　　普米族有本民族固有的原始宗教，但深受本教和藏传佛教的影响，他们的原始宗教中含有丰富的本教和藏传佛教内容，换言之，他们的原始宗教是在本教的影响下发展形成的，具有本教普米化的显著特点。

　　普米族原始宗教的巫师名"汗归"或"汗几"，普米语"汗"指鹦鹉，"几"意能说会道，用鹦鹉指代巫师，其意思大约与巫师的巧于辞令和善于说唱有关。①

　　云南宁蒗、中甸、维西等地的普米族巫师称他们的祖师为"益史顿巴"，这是本教祖师"丹巴喜饶"的转音。关于益史顿巴的传说与丽江纳西族丁巴什罗的传说大致相同。传说益史顿巴是一个精通法术的大师，他法力无边，能呼风唤雨，禳解自然灾害，咒杀仇敌等。

　　普米族的巫师"汗归"，使用的法器有大鼓、摇铃、海螺、长刀、弓箭等，与本教徒的法器相同。汗归的法帽为"五佛冠"（五佛实际是本教的五位护法神），法衣为蓝布长袍。

----

① 详见拙作《普米族的汗归教》载《世界宗教研究》1983年第2期。

普米族巫师使用藏文，在祭祀活动中多用普米语转读藏文经典，因而称之为"汗归文"。据笔者实地调查，宁蒗、木里一带普米族的汗归教兼有原始宗教和本教的两种形态特征。原始宗教的特征是汗归教信奉万物有灵和多神崇拜，主要形态是自然崇拜，崇拜天神、山神和龙潭神，这类祭祀活动最普遍。此外，有图腾崇拜遗迹、动植物崇拜、鬼魂崇拜和祖先崇拜等内容。汗归教的巫师汗归没有宗教组织，没有固定的宗教活动场所，或寺庙等，没有等级之分，不脱离生产劳动，没有戒律和宗教生活。传承方式为舅甥传承和师徒传承。根据这些形态特征，汗归教属于原始宗教。

但是，汗归教又有本教的特征，汗归教奉"益史顿巴"（即本教祖师丹巴喜饶）为祖师，汗归主持丧葬仪式时，念诵的是本教的《开路图经》。汗归教的许多仪式实际是本教的仪式，许多经典是本教经典。

据笔者对宁蒗、盐源、木里三县的普米族汗归中调查，普米族的汗归应分为三种，传说这是渊源于第一代汗归为三兄弟，他们拜师于益史顿巴，即本教祖师"丹巴喜饶"的弟子达汝给赤学习本教，地点在"木抖石乌"（据说是现今青海的某个地方）。三兄弟中的长兄名给木，二弟名跨巴，三弟名印曲。他们学成后，分别到各地普米族中传教，并自成一派。长兄给木专行善业法事，即只在年节、婚娶、生育、破土、收割新粮、建造新居时主持喜庆仪式，或祭山神、水神、寨神、氏族保护神，为族人祈福，给木只懂禳福经，不懂禳灾驱邪咒语及咒杀巫术，所用法器只是一根柏香棍。

二弟跨巴专事恶业法事，即专事驱邪禳灾活动，如为村寨举行禳除雹灾、虫灾、瘟疫疾病，为摔死、溺死、吊死、毒死的成年人死者和孕妇难产死、婴幼儿死等非正常死者举行超度仪式。跨巴娴熟咒杀咒术，有大量咒语，能舌舐烧红的镰刀、斧头、铧口，沸水捞石、赤足踩刀刃等等，并协助氏族首领和村寨头人举行神明裁判，维持本族的社会秩序。跨巴所用的法器有大鼓、板铃、长刀，弓箭等。

三弟印曲兼行善业法事和恶业法事，即既从事祭神祈福活动，又从事禳灾驱邪活动。印曲熟悉年节、喜庆活动中念诵的对诸神歌功颂德的经典和为人驱邪禳灾的咒语。印曲所用的法器有神鬼棒（一根刻有神鬼模型的短木棒）、大鼓、板铃、长刀、弓箭等。

现今宁蒗、盐源、木里等地的普米族汗归分别属于给木、跨巴、印曲三兄弟传授的三支派系。笔者于1976年在宁蒗县叭尔桥乡喇夸村调查普米族的汗归教，本村普米族汗归曹诺汝和曹二千背诵的普米族汗归谱系如下（含三支谱系）：

角鲁哈刺沽（第1代师）

咕瓦达戛（第2代师）

抓瓦达戛（第3代师）

戛达抓丫（第4代师）

达丫达汝（第5代师）

达汝给赤（第6代师）

达汝给木（第7代师）

给木给冬（第8代师）

给木恰巴（第9代师）

给木跨巴（第10代师）

跨巴木给（第11代师）

给巴丁巴（第12代师）

丁巴给龙（第13代师）

给龙儿迁（第14代师）

儿迁波底（第15代师）

波底印曲（第16代师）

印曲茨汝（第17代师）

波底戛波（第18代师）

喳咀（第19代师）

喳咀斯给塔（第20代师）

斯给塔诺尔波（第21代师）

塔诺尔（第22代师）

尔诺（第23代师）

崩戛（第24代师）

茨汝（第25代师）

撞汝（第26代师）

底戛（第27代师）

色尼（第28代师）

木抖（第29代师）

湿乌（第30代师）

给木汝（第31代师）

跨巴汝（第32代师）

印曲汝（第33代师）

巴拉雅（第34代师）

色祖（第35代师）

波咪（第36代师）

泽阶（第37代师）

安苴（第38代师）

给米（第39代师）

喃结答（第40代师）

热措匹（第41代师）

诺汝赤哩（第42代师）

　　据曹诺汝和曹二千二位汗归说，这42代汗归祖师中，有的是藏族，有的是摩梭人，有的是普米族；历代祖师的居住地很复杂，某几代在青海，某几代在西藏，某几代在四川或云南。宁蒗县叭尔桥喇夸村普米族是从四川木里县迁来的，据说已有十代的历史，以一代25年计，已有250年的历史；而汗归教的总谱系则有42代，约有千余年的传承历史。由于普米族汗归教无文字历史记载，只能以调查资料记述，以供研究者参考。

　　普米族的汗归教受藏族本教的影响极为深刻和广泛，表现在多方面。首先，汗归教奉本教祖师益史顿巴，即丹巴喜饶为祖师，并说汗归教的第一代祖师学教于丹巴喜饶的弟子角鲁哈刺咕，传承现今有42代，说明汗归教同本教是一脉相承的。此外，本教巫师也有不同的职能，他们以祭祀职能的不同而分为天本波、地本波等，而汗归也以从事的活动不同而分为给木派汗归（善业法事）、跨巴派汗归（恶业法事）、印曲派汗归（善恶两法事兼行），这是源于本教的佐证。

普米族的汗归教特别注重祭天仪式，其次是祭山神和祭龙潭神，这也是受本教的影响。本教有专门的祭天仪式，故而有"天本波"之称，吐蕃王朝时期，凡举行会盟大典必须举行祭祀天地山川仪式。《旧唐书·吐蕃传》说："（赞普）与其臣下一年一小盟，刑羊、狗、猕猴，先折其足而杀之，继裂其肠而屠之，令巫者告于天地、山川、日月星辰之神云：'若心迁变，怀奸反复，神明鉴之，同于羊狗。'三年一大盟，夜于坛埠之上与众陈设肴馔，杀犬马牛驴以为牲，咒曰：'尔等咸须同心戮力共保我家，惟天地神祇共知尔志，有负此盟，使尔身体屠裂，同于此牲。'"有的史料提到，祭祀天地山川时，便以松柏枝叶燃浓烟，以为烟雾把天和地连在一起，对一切人都有利。汗归教称祭天为"诺提"，而"诺"则是藏语的天，"诺提"意为祭天，此词便是藏语，也是本教的祭天名词。

普米族的祭天仪式有大小之分，大的祭天仪式每三年举行一次，由几个相邻的村寨共同举行，具有部落或社区祭典的特点。牺牲和供品由各家分摊。日期一般在农历三月或十月的初五日或十五日，祭祀仪式由经历丰富的大汗归主持。举行仪式前，在数个村寨的中心地点，建造一座祭天坛，用木料搭成的三层楼阁，第三层内供绘有日月星辰，风雨雷电的木牌，奉为天神；第二层内供花草、鸟兽和人的面偶；第一层内供宰杀的牛羊头蹄心肝肚肠。祭坛周围烧四十九堆松柏香。届时众汗归围坐祭台周围，在大汗归的主持下念诵《诺提》经。《诺提》祭天经的内容是赞颂自然诸神抚育万物的恩德，其余是诅咒自然鬼邪作祟人畜的咒语。在汗归念诵《诺提》经时，其助手"哈司毕"和"毕扎"两种小巫，在鼓、铃、铙声中，手持刀、弓舞蹈。哈司毕和毕扎按祭仪和经文的要求起舞，突出表现诸神威风，时而腾空跳跃，时而咆哮怒吼。村人在祭坛下叩头，祈祷自然诸神保佑村寨人畜平安，风调雨顺，谷物丰产。祭仪结束，便把祭坛上的神牌、面偶和祭品送入深山岩穴里，并用石块砌成堡状。

普米族的汗归教除了祭天外，还重视祭山神和龙潭神，这与本教亦相似。普米语称祭山神为"日则崩"，祭祀仪式有大小之分，日期亦不统一，村社性的公祭山神，必须在祭祀前一年就选定一头花牛或白牛作牺牲，并在这头牛上标以记号，或截去尾巴，或割去一只耳朵。届时全寨人携带酒、粑粑等祭品，进入本寨公有山中祭祀。由汗归主持祭祀，毕扎事前用竹篾编制一具马鹿，另削十二块木牌，每个木牌代表一个月，在木牌上用彩色绘画自然物图形，如代表正月的木牌上，绘一太阳，太阳下有数人在放牧或耕地，代表二、三月的木牌上绘草木抽芽，代表四、五月的木牌上绘刮风下雨，代表七、八月的木牌上绘果树，谷物长满果实等。宁蒗普米族在其认定的神山神树下供奉石块雕刻的山神像、泥塑的山神像，有的神山上还建有山神庙。石雕山神像多为虎、豹、鹿等野兽；泥塑的山神像多为一男一女，亦代表祖先神。山神偶像化显然是受本教和后期藏传佛教的影响，一般的原始宗教山崇拜和水崇拜都无偶像，只以自然物为其象征。祭祀时，毕扎宰杀神牛作牺牲，并献上各家的祭品，汗归念诵《直嗏几几》祭山神经，众人向山神磕头祈祷，祈求山神赐给风调雨顺、水草丰茂、谷物丰产、人畜安康。汗归念毕祭山神经，由几名哈司毕和毕扎假扮猎狗，叼着神牛的肚、肠、心、肝各一块，往神林中跑去，几名猎人假装发现猎物急忙去追赶。继而，由几名毕扎取出神牛的膀胱，注入神牛血，捆在竹编制的鹿背上，由两名哈司毕抬着竹鹿绕着神树跑，汗归手执弓箭随后追赶。追逐三圈后，汗归手起一箭，射中竹鹿背上装满鲜血的牛膀胱，使之鲜血迸溅，两名哈司毕佯作山鬼应声倒下。此仪式表示山鬼已被巫师射杀，当年山鬼不能再危害人畜。这时，汗归便念诵口诵经，经云："你是从山神管制下逃跑的山鬼，你伤害人畜，违犯山神的戒规，我追了你九十九座山，九十九道河，今天才追着你这山鬼。你今天中箭而亡，是罪有应得。我是奉山神的命令来射杀你的，使你再也不能出逃危害人畜。"念毕口诵经，汗归便把十二块代表月份的神牌插在竹编的鹿背上，象征山神和巫师战胜了山鬼，来年将会水草丰茂、人畜安康。最后，全寨人在神树下共餐"神牛"肉，并留些神牛肉分给在家的老幼，以示得到山神的保佑，来年身体健康。

普米族的汗归教还盛行"龙潭"崇拜。所谓龙潭便是山中的幽泉或村寨附近的深水潭，所谓龙便是潜伏在潭里的神灵，形状似蛇非蛇，头上长角，身上长爪，能腾云驾雾，变化无穷。原始宗教中一般无龙的概念，亦无龙神崇拜，而普米族的汗归教，纳西族的东巴教和摩梭人的达巴教盛行龙崇拜，这是受本教龙崇拜影响的特征。

普米族的汗归教笃信龙神不仅能主宰气候变化和旱涝灾情，还会危害人畜。举凡人们生疮化脓、皮肤溃疡等疾病，均认为是触犯了泉水神，即龙神。普米族传统的氏族公有山林和村落公有山林里都有各自认定的龙潭（山泉或水塘），祭龙潭仪式亦很隆重。时间一般在三月或七月十五日举行。祭祀前用松树枝搭一个祭坛，上插一根标竿，普米语称之为"尼达"。竿尖上挂七个用箐鸡毛或鹦鹉毛扎成的六角形斗架，作为龙神的住所。祭祀时将苏哩玛酒、牛奶、酥油、乳饼、茶叶、鸡蛋、水果等祭品供于祭坛上。汗归披戴法衣、法帽，登坛念经作法，赞颂龙神的恩德，祈求龙神保佑风调雨顺，人畜兴旺。然后，将鱼、蛇、蛙面偶投入水潭中，以示龙神已享用。祭仪结束后，全村青年人露宿在龙潭附近，杀鸡宰羊，饮酒食肉。在篝火旁，巫师和老人向年轻人说唱龙神的神话故事和本民族的创世纪古歌"直呆木喃"，普米语意为"茫茫的洪水时代"。①

　　普米族的汗归教有一套繁琐的葬仪，不论从形式上或内容上看，都与本教的葬仪相似，但又具有本民族的特色。据有关资料记载，本教的葬仪中有以人和动物殉葬和向死者讲故事的内容。《旧唐书·吐蕃传》说："其赞普死，以人殉葬，衣服珍玩及尝所乘马、弓剑之类，皆悉埋之，仍于墓上起大室、立土堆、插杂木为祠祭之所。"《通典》亦谓："人死杀牛马以殉，取牛马（头）积累于墓上。其墓正方，累石为之，状若平头屋。"讲故事是为死者举行葬仪的一种重要的宗教活动，多由巫师、族长、老者给部落成员讲述相传的本部落英雄人物的动人事迹，本民族的创世纪神话故事，或者述说死者生前的好言善事，以之告慰亡灵。普米族的葬仪中都有这些内容。

　　本教的葬仪中有为死者亡灵开路仪式，如四川冕宁有本教连环《开路图经》。而普米族汗归教的葬仪中有"杀羊开路仪式"，普米族称之为《史布融比》。其仪式是：丧家用一只白羊，若死者是男人用一只白母羊，死者是女人则用一只白公羊，这只羊代表死者的伴侣，伴随死者亡灵一起跋山涉水返回祖先发源的地方。死尸用白布捆成蹲踞状，装殓于一个绘有飞禽走兽图案的方形木柜中，停在丧家院心里，汗归念《史布融比》开路经。念毕，把白羊拉来，在羊的耳朵里撒一撮糌粑，洒数滴酒，若羊摇头摆尾，则表示死者亡灵喜欢，家人也将清洁平安；反之，则表示死者亡灵不顺心，

---

① 详见拙作《普米族的汗归教》载《世界宗教研究》1983年第2期。

有所牵挂，这样往后家人也会发生灾难。之后，死者家属向羊磕头辞行，祈求羊沿途做死者亡灵的伴侣，保护死者亡灵平安返回祖先居住的地方。祈祝之后，汗归含一口净水向羊喷去，接着一刀刺入羊胸，把羊心掏出放在灵桌上，若羊心颤抖，表示死者亡灵喜悦。继而，汗归念诵死者亡灵返回祖先居住地的路线。

据笔者实地调查，现今云南宁蒗县红桥乡喇夸村曹姓普米族的送魂路线是：喇夸——狗钻洞——泸沽湖——竹地丫口——永宁坝——开基桥——永宁温泉——木里县乌角——通天河——喇孜山——乡城宁婼——稻城——木抖湿乌。

四川盐源县左所乡布尔角村胡姓普米族的送魂路线是：布尔角——多奢——达孜——前所——永宁温泉——木里乌角——通天河——喇孜大山——木抖湿乌。

云南宁蒗、四川木里、盐源等县的普米族虽然有各自的送魂路线，具体地名不尽相同，但最终点都是"木抖湿乌"这个地方，但木抖湿乌的确切地点今人已不知晓。木抖湿乌的最邻近一个地点是四川省木里县境的喇孜大山，这座山的摩梭语名"纳喇孜"，意为黑虎山，这与普米族、彝族、摩梭人的虎图腾名称相符。纳喇山脉是绵亘四川、青海、云南、西藏四省区边境的大山，与金沙江相邻，为藏族、普米族、纳西族及摩梭人的世居地区。据此推测，木抖湿乌可能是这片地区的古代普米语地名。

汗归念完送魂路线后，即吹螺鸣枪，村人抬着棺柜出殡，前面有一队开路先锋，由十余个男人身穿铠甲，肩挂长刀，肘缠藤圈，膝裹革筒，头戴纸尖帽，顶插雉尾，腰系牦牛尾巴，臀挂一串大响铃，左手执一小白旗，右手挥舞大长刀，互相怒目而视，时而上前三步，时而后退三步，时而原地旋转，或呐喊，或长歌，直至引到烧尸场为止。棺柜抬到烧尸场后，置于预先备好的松柴堆上焚烧。汗归念《史布融比》超度亡灵经。死者亲属叩头哭泣，环绕烧尸场向死者告别，死者系男人绕九圈，系女人则绕七圈。反映出男性比女性尊贵的观念。

尸体焚化后，家属要在第二天拂晓去捡骨灰。捡骨灰要请汗归去看骨灰上的痕迹，以测死者来生转世的去向。汗归观测骨灰的方法是：骨灰上留有枯枝落叶的痕迹，则认为死者变成了植物，永世不能转生人间，命运可悲，家属因而潸然泪下；若留有动物脚印，便认为死者已变成动物，命运可喜，家属也因之高兴。普米族的宗教观念认为，人是动物转生的；若留有人的脚印，要看去相，若去向为东方，则认为东方近日内会有人死亡，原死者灵魂要借托东方死者转生，其命运为中平。因为投生远方的亡灵是不会与家庭有任何联系，既不会给家人福佑，也不会作祟家人。普米族的死者亡灵转生说显然是受本教和藏传佛教的影响，藏传佛教宣扬轮回转世说，汗归教也有灵魂转世投生的观念，而一般的原始宗教有灵魂不灭观念和万物有灵观念，但没有轮回转世观念，这是区别本教、藏传佛教与原始宗教灵魂观的标准。

　　普米族的汗归教在丧葬仪式方面也受本教和藏传佛教因果论的影响。普米族的葬仪分为正常死亡者和非正常死亡者的两种葬仪。凡十三岁以下的或摔死、吊死、烧死、溺死、毒死、患瘟疫死者均为非正常死亡，这类丧葬仪式只能在村外的草坪和树林里举行，用杨柳木和白杉木搭一个棚，棚里放一堆有毒的玛桑柴，一个铧口，一把镰刀以及死者的衣物。汗归在神鬼棒上压制几个面偶，若是摔死者，就压制几个牛头人身的面偶；若溺死者，就压制几个鱼、蛇、虾之类的水栖动物面偶，与尸体一起架在玛桑柴堆上烧焚。在烧尸场边焚三堆松枝香，汗归身披铠甲，手舞铁刀，诵经诅咒，作驱逐死者灵魂状。另外，还要由几名男人或持长刀、或握木棒，绕棚七圈，一边舞打，一边诅咒，最后砍倒木棚焚尸。次日拂晓，死者家属要砍一丛蒺藜用土块压在骨灰上。他们认为，非正常死亡者是因为前世作孽或生前作了恶业的缘故，他们的灵魂将会变成恶鬼，作祟本村族人及其家属，因而要使其灵魂永远埋在地下，使其不能危害人畜。

　　而正常死亡者则要举行前述的开路送魂仪式，即"史布融比""杀羊开路"仪式，葬仪隆重，尸体焚化后还要举行葬骨灰罐仪式。死者家属将死者各部位的骨灰捡一点装入陶罐中，再送到本氏族共同存放骨灰罐的山洞里，按辈数排列放置。在存放骨灰罐附近的树上挂招魂经幡，风吹经幡，哗哗作响。据说，风吹经幡的意义如同人念经，经幡响动一次，等于人念经一遍，有功德于死者亡灵，使之早脱冥界，转生天界或地界。存放骨灰罐时，死者村寨的各户须带一点简单祭品，如一碗饭、一碗酒、一个猪肝、羊肝及几枚鸡蛋，供献在自家祖先的骨灰罐前，磕头祝祷曰："托××死者带给您一些衣物，请收用。平时请别回家，年节时我们再来祭奠，请您保佑全家人畜安康。"祭毕，将各种祭品夹一点放在火上焚烧，其余拿回家食用。

汗归教认为，正常死亡者是因为前世或生前做了善业，积有善德，因而亡灵能早脱冥界，免遭六道轮回之苦，或转世为人，或转世成仙。显而易见，汗归教关于正常死亡和非正常死亡的观念及不同的葬仪，是受后期白本教和藏传佛教善恶因果论的影响而形成的。现今，滇、川、藏交界地区的普米族仍保持着这种葬仪，并作为他们传统的风俗习惯而加以推崇。

普米族的汗归教保存有大量巫术及丰富的经典，其中夹杂着许多本教的巫术成份及本教的经典。据有关史料记载，本教在其形成初期，即本教派的宗教活动主要是占卜凶吉、祈福禳灾、崇尚法术、驱役鬼神。土观《宗教源流》记载说："当藏王止贡赞普时期，有凶煞，祝夏（brusha 即勃律）、象雄等地请来三位本教徒为之消除凶煞。其一人能行使巫觋之术，修火神法，骑于鼓人游行虚空，开取秘藏，鸟羽截铁，示现诸神法力。其一人则以色线、神旨、牲血等而为占卜，以决祸福休咎。其一人则善为死者除煞、镇压严厉，精通各种巫觋之术。"《新唐书·吐蕃传》亦记载说："其俗重鬼右巫"，可知崇尚巫术是本教的主要特点。

普米族的汗归教有丰富的巫术内容，其形式及神鬼名称都与本教巫术颇为相似，表现出受本教影响的明显痕迹。现兹举几例，以资比较。

"毕祖"。毕祖是治肺结核病的巫术。汗归用八根木棍，用麻线扎成一个两台祭屋，一台供奉用面团在神鬼模型棒上压制而成的七个狮头人身面偶，在这七个面偶鬼上插入矛、箭状的竹签。这七个面偶鬼名"夺楞"，象征作祟人畜的瘟鬼。下台供奉湿沙、青稞粒各七碗，酥油灯七盏，台顶上插一小旗，旗上绘有太阳、月亮和星星图。汗归一边念《夺楞几几经》，一边摇铃、击鼓。念完经咒，患者向七个面偶吐七口唾沫，表示疾病已被瘟鬼收回，患者便可病愈。待夕阳西下时，汗归擒患者家的一只鸡，（意为放赎物）同七个面偶鬼一起抛入村外的荆棘丛中。这项巫术至此结束。《夺楞几几经》大意云：

"直喳咪茨木"（你是司管瘟疫的鬼），

"生格士玛措泽儿"（你放出的瘟鬼使人发烧咳嗽），

"达戛木几迁哩务"（使人像枯柴般地慢慢死），

"底戛哼孜纳"（请你别放出瘟疫鬼），

"咪空柬加都柱纳"（请你收回瘟疫鬼），

"哼露给处介笼"（使他们早日恢复健康）。

"乔盖"。乔盖是驱中风鬼的巫术。汗归在布上画一幅九头鹰像，再用湿面团捏一具九头鹰面偶。然后在铁勺里烧花椒面，用呛人的气味熏九头鹰鬼。普米语称九头鹰鬼为"刹"，专指害人中风瘫痪的凶鬼。这项巫术需七名汗归做法事，他们事先必须用刺柏香熏身，表示除尽秽气，才能请来天神，驱逐九头鹰鬼。汗归先诵《乔盖》经，后击鼓吹螺，舞刀撒沙，作驱逐鬼邪状。法事毕，汗归将九头鹰画像烧掉，把九头鹰面偶弃于野外。最后削九根杨花木桩，钉在患者的铺下，表示已把九头鹰鬼钉于地下，使它再不能危害人。

《乔盖》经大意云：

"戛巴咪咚纳曰"（你很少降临人间），

"刹称尼鲁木尼角"（人畜最怕你的惩罚），

"乔盖尼夫杂尼玛"（人间没有你需求的）。

……

"咚嫩"。咚嫩是驱淫鬼的巫术。一般为肾虚、遗精、腰痛、阳萎等病施行的巫术。汗归用湿面团捏12具女人面偶，涂以红、绿、紫等色，头上缠以妇女头发。女人面偶代表淫鬼，意为腰酸背痛等疾病是因沉溺色情之故，因而需驱逐淫鬼。祭物要一束丝线、一块银元，或手镯、珠串等妇女所佩带之物，以及几盘水果。汗归念诵《咚嫩》经，然后把面偶往患者身上象征性地擦一遍，并叫患者在面偶上吐一口唾沫，表示病已被淫鬼带走，患者即可恢复健康。面偶必须由患者在夜深人静时抛于野外，途中不能让人看见，否则淫鬼又将返回患者身上，若有人看见患者深夜送面偶，则要吐唾沫和诅咒，认为遇到不吉之事。

《咚嫩》经大意云：

"几依纳提玛纳孜"（东方来的汉族女鬼），

"别布纳提玛纳孜"（南方来的彝族女鬼），

"角给纳提玛纳孜"（北方来的藏族女鬼），

"给托纳提玛纳孜"（西方来的摩梭女鬼），

"戛戛纳提直咬西"（你们弹着口弦回去吧！）

"尼懒东布波扎西"（你们随着笛声到跳舞坪子去吧！）

"逗戛"（亦名"母哩擦"）。这是消除是非口舌和神明裁判的巫术。当村寨里发生吵架斗殴时，当事者一方请巫师作法诅咒对方。方法是：巫师扎一具草人，代表被诅咒的人，取鸡血或狗血涂在草人上。汗归念"逗戛"咒语，然后把草人悬挂在屋檐下烧毁，并在灰烬上钉七根杨花木签。杨花木为有毒之木，意为用毒木签把仇人钉在地下，使他永受危难。这类巫术还有一种做法是：汗归用树根削一具人的木偶，再用一枝竹劈成两叉，把木偶夹住，架在火上烤。汗归念《逗戛》咒语，直到把木偶烤得冒烟，然后抛入河中。他们认为这样做，被诅咒的一方就会患急病死去。

"咪约"。这是招魂巫术。汗归教认为人有灵魂，活着的人若是走失了灵魂就会患病，甚至死亡。失魂的原因很多，有的人是由于惊恐而失魂，有的人是在梦中被鬼勾去魂，有的人是被所爱的人牵走魂，等等。他们认为失魂的症状表现为神志不清，嗜睡、梦呓等。汗归施行招魂术用一只小猪或一只鸡、数枚蛋和几盘水果。汗归念《咪约》经，然后带患者到其家族存放骨灰的山洞里，汗归在山洞里烧一堆松枝香，献上猪鸡牺牲，祈求专勾活人灵魂的鬼把患者的灵魂放回来，最后撒一些零碎祭品在洞口，以供游离在山洞外的灵魂享用。在归途中，汗归手执一束燃香，并摇铃喊魂归来："××啊！你别迷恋这些地方，这里不是你生活的住所，你要回家去，回到亲人们中间，家里的亲人在焦急地盼望你归来。"倘若患者病重不能随汗归到山洞祭奠招魂，则由汗归携带一件患者的衣物，作为患者的替身。汗归招魂到患者家门时，汗归高声问："×× 回家了吗？"患者便应声回答："我平安回家了！"

云南文库·学术名家文丛

"扎梯"。这是为治妇女疾病的巫术。这项巫术要两名巫师配合作法。汗归用树根制一具女人木偶，若要为患者治不孕症，则在木偶腹部裹一枚鸡蛋，缠成鼓腹状，若治妇女经血不调症，则在木偶腹部涂以鸡血，木偶头上束一缕患者的头发。然后把木偶藏于患者家的某个角落。一名汗归击鼓念经，一名汗归挥舞长刀，随着鼓点旖旎起舞。汗归舞罢立定，厉声说："女神说，不孕鬼藏在你家某处，快去搜出撵走！"另一汗归急忙把原先藏在某处的木偶找出来，出示患者家人，然后把代表鬼的木偶抛于村外林中。他们认为施此巫术，便可治愈妇女不孕症，以及其他病症。

普米族的巫术种类还很多，从上述几种巫术的内容和形式看，这已不是一般的原始宗教的巫术，而是具有本教法术的某些特点，例如上述巫术的名称、仪式、神鬼体系跟本教颇多相似，放赎物、烧天香、击鼓、摇铃、挂经幡、贴咒符、杀牲血祭等，都是汗归教吸收本教的内容形式。此外，汗归教经典主要有"社依"和"杂依"两种，"社依"经典主要是本教经典，"杂依"经典主要是藏传佛教噶举派的经典。普米族的汗归，即巫师中大多数能识读藏传佛教经典，这类汗归又称为"哈巴"。可见本教、汗归教和藏传佛教在仪式、经典、教义、神鬼体系等方面都是有密切联系的。

第二章　滇西北藏族的藏传佛教

藏传佛教是中国佛教的一支。俗称"喇嘛教"（"喇嘛"在藏语中是"上人"或"师长"的意思）。藏传佛教是在公元7世纪时，传入我国西藏地区的印度显密两宗佛教和汉地北传的大乘佛教与藏族固有的本教长期斗争和互相融合而形成的具有西藏地方特征的佛教，因此，也称藏传佛教为"西藏佛教"。

藏传佛教的形成和发展不仅深刻影响西藏地区整个社会的政治、经济、文化、风俗，而且还广泛传播到与西藏、四川毗邻的滇西北藏族地区，对当地藏族的物质生活和精神生活起着极为深刻和广泛的影响。本编主要研讨藏传佛教在滇西北藏族地区的传播、发展、教派、寺院制度、僧侣组织、活佛转世制度等方面的内容及其具有的特色。

第一节　传入年代及教派

一　传入年代

云南藏族共约十万人口，主要聚居在迪庆藏族自治州。云南藏族聚居的迪庆高原，历史上是西藏吐蕃王朝统辖的地区。约在公元6世纪前后，西藏地区已由原始氏族社会过渡到奴隶社会。公元7世纪初，藏王（赞普）松赞干布在拉萨建立了吐蕃王朝。大约此时，吐蕃势力扩张到滇西北地区，公元678年（唐仪凤三年），进入洱海北部地区。公元680年（唐调露二年），在今丽江县塔城与中甸县五境之间造铁桥，置神川都督，当时又称为吐蕃铁桥节度。此时，便与"西洱河蛮"相互交通，到公元689年（唐永昌元年），洱海以北许多部落已臣服于吐蕃。吐蕃十分重视经营云南。据敦煌发现的吐蕃历史文献记载，公元703年（兔年）冬，赞普弃都松（应为赤都松）至绛域，攻下此地。公元704年（龙年）冬，"赞普入治蛮，即死于此地。"绛域，指南诏和纳西地域，当时绛域泛指彝族联合白、纳西等民族的联盟，其地域为吐蕃铁桥以下至大理一带。藏文经典皆言此地有一古国，名为绛域。又说："以后统治绛地，向白蛮征税，乌蛮亦款服，兵精国强，为前王所未有。"公元751年，（唐天宝十年），南诏与唐失和，降服吐蕃。南诏领土广大，物产丰富。吐蕃获得这个大属国，国势发展到了顶峰。此后，迪庆高原便成为唐、南诏与吐蕃连接的孔道，沟通汉、藏民族政治经济、文化的桥梁。

迪庆高原与西藏接壤，同为藏族聚居地区，在政治经济和文化宗教等方面有悠久密切的联系。因而西藏佛教的兴衰可以在云南迪庆藏区得到明显的反映。吐蕃经营洱海区域百余年，西藏前弘期佛教伴随吐蕃势力进入滇西北迪庆藏区而传入洱海区域，应无疑义。汉文献记载，唐天宝十一年（752年），南诏叛唐而归附吐蕃，接受吐蕃的册封"赞普钟南国大诏"，从此，南诏与吐蕃交好42年之久。而就是这段时期，正值西藏赤松德赞赞普执政而采取兴佛灭本的时期。这时期，除了藏传佛教的密宗（史称"旧密法"）广泛传入云南迪庆藏区进而传入洱海区域以外，西藏的许多本教徒也迫于赤松德赞的兴佛灭本措施而选择了流放的出路，离开吐蕃本部，到边远偏僻的迪庆藏区来了。迪庆藏区（德钦县、中甸县的大部分、维西县的少部分）以及川滇交界的宁蒗县永宁、盐源县、木里县等地的本教多数是这段时期传入的。

据实地调查和参考有关文献，公元7世纪至8世纪间，云南迪庆藏区并及洱海区域多有佛教密宗即"密教"流传。但是经过深入考察和缜密分析，当时的密教有两支不同的源流，必须分别。密教之一"阿吒力"，是公元7世纪以后印度大乘佛教一部分派别与婆罗门教相结合的产物。以高度组织化的咒术、仪礼、民俗信仰为其特征。主要经典是《金刚顶经》《大日经》《苏悉地经》。公元8世纪以后密教由摩揭陀国（在今印度比哈尔邦南部）出发，经缅甸北部传入南诏一带。《万历云南通志》卷十三鹤庆府《仙释》载曰："赞陀屈多，蒙氏保和十六年自西域摩伽（揭）陀来。"又《滇释纪》

载曰："赞陀崛多尊者又云室利达多，西域人，自摩迦陀来，又号摩迦陀；游化诸国，至鹤庆又腾越州住峰山、长洞山二处，阐瑜迦法，传阿吒力教。"又据《中印佛教关系史》一书记述："公元七世纪间，中印阿阇哩（一作阿吒力）师赞陀崛多（一作室利达多）由摩揭陀来到南诏，传播密教，受到南诏王细奴逻的崇敬，开建五密坛场（《四分律行事钞》卷载五种阿阇梨：出家阿阇梨、受戒阿阇梨、教授阿阇梨、授经阿阇梨、依止阿阇梨。）弘瑜伽法。他的弟子张子辰、罗逻倚等也由西印度到南诏，相继传布阿吒力教，时称为南诏七师。他们的教法到近世还传承不绝。"从而可知，传入云南最早的佛教是南诏时的密教阿阇梨。

　　另一种密教是谓藏传佛教的密宗，简称为"藏密"，史称"旧密法"。藏密是在公元8世纪时期由赞普赤松德赞派人去尼泊尔请印度佛教密宗大师莲花生来西藏传教，从印度请来的密宗大师还有无垢友、法称以及赤松德赞派去印度留学的藏僧遍照护等。这是最初在西藏传播的藏密。西藏与迪庆接壤，同为藏族聚居区，吐蕃又长期经营洱海区域并及迪庆藏区，因而，公元8世纪时的藏密（旧密法）应当传入云南迪庆藏区。对此，有关史料中有零星记载，可以佐证。南诏阁罗凤自唐天宝十一年（公元752年）依附吐蕃，被册封为赞普钟南国大诏后，西藏密教也给南诏以影响。《新唐书·南诏传笺证》云："《张胜温画卷》中所有密教诸尊，其名目与西藏略同，是南诏之佛教，实由吐蕃传入。"考察南诏佛教，是由三大系统构成，一为汉地佛教，其传入路线一从中原，一从蜀地。《云南志略》载曰："晟罗皮立，是为太宗王开元二年，遣其相张建城入朝，玄宗厚礼之，赐浮屠像，云南始有佛书。"又《万历云南通志》卷十三《蒙化府·仙释》曰："张彦成蒙舍川人，南诏蒙晟罗遣彦成使于唐，礼待甚厚，赐予浮屠像而归，南中事佛自兹始。"（按：张建城、张彦成当为一人）此外，还有蜀僧因战争而流入南诏。《新唐书·南诏传》记太和三年（公元829年）南诏寇略成都，"掠子女工技数万，引而南。"《册府元龟》记此事曰："李德裕为成都尹，知节度事，……遣人入南诏，求其所俘工匠，得僧道工匠四千余人，复归成都。"盖南诏掠众累万，中杂僧人，部分返蜀，部分羁留南诏传教。从上述三方面的史料得知，南诏佛教是由密教阿阇梨（阿吒力）、藏传佛教密宗（旧密法）和汉传佛教三大系统构成，从而可以确认藏传佛教（藏密）传入迪庆的年代为公元7世纪至8世纪之间。

公元9世纪中叶，赞普朗达玛兴本灭佛，禁止佛教流传，"前弘期佛教"终止。10世纪后期，佛教在藏区复兴，是谓"后弘期佛教"的开始。11世纪中叶以后西藏佛教各教派次第形成，与此同时，西藏佛教各教派陆续从西藏和四川藏区两路传入云南迪庆藏区并及丽江地区的丽江县和宁蒗县永宁等地。关于11世纪以后藏传佛教各教派陆续传入迪庆藏区的情况，有关文献有不同的记载。这里要顺便记述的是11世纪初有仁钦桑波（意译宝贤）佛经译师翻译了多种瑜伽密教经典，史称"新密法"。此后，瑜伽部和无上瑜伽部（尤其是其中的集密、大威德、胜乐、时轮等金刚）密法盛行于藏传佛教各教派中，各派各有侧重，传承不绝。旧密法的事、行两部仅遗留各种灌顶与修法，逐渐被新密法取代。现今云南迪庆藏区的藏传佛教各教派主要是奉行"新密法"。云南迪庆的藏传佛教与西藏佛教一样，在教义上是大小乘兼容而以大乘为主；大乘中显密俱备，尤重密宗，并以无上瑜伽密为最高修行次第，还不同程度吸收了本教的某些祭仪和迪庆藏族、纳西族的地方自然神祇，从而形成有云南地方特色的藏传佛教。

总之，藏传佛教传入云南藏族、纳西族、摩梭人和普米族地区大致经历了四个较大的传播阶段：第一阶段为吐蕃时代；前弘期佛教及本教伴随着吐蕃与南诏政治、军事、经济的关系而传入。蕃诏关系之密切，除前文所述的情况以外，还有藏文《贤者喜宴》《西藏王统记》等记载，在公元710年以前，赤德祖赞曾娶了一位南诏公主"姜摩赤尊"。可知当时蕃诏关系甚为密切。第二阶段为宋元时代；特别是元朝，随着元朝统一大理，管理整个藏区，扶持萨迦派盛行于云南藏族、摩梭人和普米族地区。第三个阶段为明朝时代；明朝丽江纳西族木氏土司势力强盛，吞并了康南藏地。木氏土司与噶举派的噶玛巴系活佛关系密切，因而噶玛巴派在丽江纳西族地区盛行。第四阶段为清代；由于和硕特部及五世达赖对整个藏区的经营时期以及清皇朝扶持格鲁派以安蒙古的政策等原因，而使格鲁派在云南藏族、纳西族、摩梭人和普米族地区兴盛，并居宗教领域中的统治地位。关于藏传佛教在这四个历史时期的传播及兴衰情况，拟在下文教派章节中研讨。

二　教　派

西藏前弘期佛教是在公元8世纪形成的，9世纪中叶，赞普朗达玛兴本灭佛，禁止佛教流传，前弘期佛教终止。10世纪后期，佛教在藏区复兴，是为后弘期佛教的开始。藏传佛教各教派的形成是在11世纪中叶开始，直到15世纪初叶才完成，一直延续了300多年。所以说藏传佛教各教派都是后弘期佛教。

藏传佛教各教派产生的主要原因是藏族封建经济的发展，新兴的封建主们在他们各自的辖区内，把持着当地的佛教势力，各个封建割据势力相互争权夺利，不同的封建主掌握下的藏传佛教势力之间产生了门户之见，各地的佛教高僧对佛教的中心，即什么是"空行"的问题，出现了不同的见解，因此逐渐出现了藏传佛教各教派。此外，随着经济的发展，作为社会意识形态的宗教也在发展，在教义、仪式及"见""行""修"等问题上出现了分歧，这也是藏传佛教各教派形成的原因。尽管各教派对佛教的理解和解释没有本质的不同，但是各教派的传播和发展，使藏传佛教在西藏及其他藏区（包括纳西族、摩梭人和普米族地区）得到广泛的传播和发展。

（一）藏传佛教在云南藏族地区的教派

宁玛派（红教）

宁玛派是藏传佛教各教派中历史最久远的一派，"宁玛"在藏语中是古旧的意思。这是因为宁玛派遵循的是自公元8世纪时期由莲花生传下来的教法，所以宁玛派是旧派。但必须明确的是宁玛派并非就是吐蕃时期的佛教，而是"后弘期"中藏传佛教的一派，只不过宁玛派继承旧密法较多。

宁玛派在云南传播的历史也很久远，传入云南迪庆藏区的时间约与噶举派同时，即在公元11世纪末从西藏传入迪庆地区。由于前人概把迪庆藏区包括丽江纳西族地区的藏传佛教除格鲁巴（黄教）以外，都称为"红教"，所以文献史料中很难判定真正的红教宁玛派传入迪庆藏区的年代、路线及发展情况。据近年笔者的实地调查，宁玛巴在迪庆藏区的传播发展主要是德钦、中甸地区。现今宁玛派时寺院主要是在德钦县，如布贡寺，位于德钦县燕门乡石底东隆村北部山头，现有僧侣43人，活佛1人。玉珠顶寺，位于德钦县燕门乡的山头，现有僧侣41人，活佛1人。拖拉寺，位于德钦县燕门乡拖拉村北部，有僧侣26人，活佛1人。

中甸县在明、清两朝宁玛派盛行，宁玛巴小寺庙亦很多，但现今已极少，仅有一座宁玛巴小寺庙，寺名云登寺，位于中甸县东旺乡。据当地老僧口头传说，距今200年前，中甸有宁玛巴大小寺庙共90余座（所）。但至现今仅剩极少残余。现今宁玛派较著名的活佛名叫茨称甲错，现任云南省人大代表，迪庆藏族自治州佛协副主席，州藏医院院长。

宁玛派在迪庆藏区的特点是组织涣散，分散发展，没有跟封建势力密切结合，寺院小而分散，没有在迪庆藏区形成一个稳定的寺院集团。宁玛派在云南迪庆藏区长期的传播发展过程中，形成许多小支系，因而当地有"红教十八种"之说，可知宁玛派在迪庆藏区的支系很繁杂。但需要指出的是所谓"红教十八种"，实际并非完全是宁玛派，正如前文所说，"红教十八种"是指除格鲁派（黄教）以外的其他各教派的总称。这是前人不熟悉藏传佛教各教派的原因所致，但是宁玛派中确也形成许多小支系。

迪庆藏区的宁玛派僧人归纳起来可分为两大类：第一类僧人有经典，他们出家入寺诵经修持，亦不娶妻。他们诵读的经典称为伏藏，据说是8世纪末由莲花生等人把密宗经典埋在地下，几百年后被人挖掘出来，进行传授的。这一类僧人很敬奉伏藏经典，历史上他们中曾发生过挖出伏藏经典的事。如民国年间，在中甸东旺的一个岩穴内挖出了一尊铜佛像和一箱经典，又如中华人民共和国建国初期，在丽江与中甸交界的一座山（藏语名"俄咪尼"）的岩穴内挖出20个密封的经丸。这些挖出来的伏藏经典，是否为莲花生时代的密宗伏藏，尚待考证。迪庆藏区称出家入寺的这类宁玛派僧侣为"宁玛巴"，认为这一类僧侣才是正统的宁玛派。这一类僧人属于有经典传承的"噶玛"系统。

宁玛派的第二类僧人，在迪庆藏区称他们为"仓巴"，亦称"安巴"或"汗巴"。"仓"在迪庆语中的含意是"偏僻幽静的修炼之所"，宁玛派与噶举派习惯在山谷岩穴内修练密宗，藏传佛教语中称之为"扎仓"，汉意是修炼密宗教法的僻静地方。此外，"仓巴"在迪庆藏语中还有"孤独"即不合群的意思。这类仓巴没有固定的寺庙，但每年有几次仓巴集会，共同研习密教经典、仪轨。仓巴主要是为人禳灾念经念咒及祭神驱鬼，其仪式多为杀牲血祭，颇似本教仪轨。仓巴在山林岩穴中独自修炼密法，单靠念经咒在社会上单独活动，不注重学习佛经，亦无佛教理论。仓巴多为家庭父子传承，也有少数是师徒传承。这类仓巴在宁玛派中地位较低，其他教派亦轻视他们，认为他们不是正统的佛教。这里需要说明的是噶举派亦有仓巴，他们修习的密法与宁玛派中的仓巴相同，所不同的是宁玛派中的仓巴供奉莲花生，而噶举派的仓巴供奉米拉日巴。按经典、修习方法、所奉祖师来看，宁玛派的仓巴和噶举派的仓巴都是长期在迪庆藏区传播发展过程中分化演变的两个小支系，因此，宁玛巴的仓巴属于宁玛派的小支系，噶举派的仓巴属于噶举巴的小支系。

迪庆藏区的宁玛派僧人很崇敬宁玛派著名代表人物"三素尔"，并继承了三素尔行医又传教的传统。他们中有很多人懂得很多传统秘方，自己采药，制成药丸，为人治病，颇受群众欢迎。迪庆州宁玛派僧人中有许多人懂得藏医，他们都保持着宁玛派历史上"三素尔"行医又传教的传统。

宁玛派在元、明两代曾盛行迪庆藏区，在藏族群众中有广泛的影响，当时红教寺院林立，僧侣众多，是占主要地位的教派。至清代，由于格鲁派（黄教）势力扩大，入藏的蒙古兵以武力支持黄教，强迫红教改宗，红教寺院也多改为黄教寺院。清代，红教与黄教的斗争连续不断，迨至民国时期，中甸仍发生红教与黄教的武装斗争，红教最终败退。此后，宁玛派势力一蹶不振，它的宗教地位被黄教所取代。但宁玛派在藏区有深刻的影响，拥有深厚的和广泛的群众基础，因而宁玛派能与受统治阶级支持的格鲁派进行长期的斗争，并经过斗争保存了他们一定的势力。但是，宁玛派在格鲁派黄教的中心区中甸县已无存留之地，而退居于边远的德钦燕门等地传承。据实地调查，现今宁玛派主要保存在德钦县，中甸县仅有东旺乡的云登寺，而维西县已无真正的红教宁玛派。

中华人民共和国成立后，党和政府贯彻宗教信仰自由和教派一律平等的方针政策，迪庆藏族自治州的红教宁玛派有所恢复，寺院得到修缮，僧人正常活动。迪庆藏族自治州的宁玛派一部分僧人去西藏桑耶寺和多吉扎寺学经修习，中甸东旺乡的云登寺是多吉扎寺的分寺；另有一部分僧人是去康区的白玉寺和噶陀寺学经修习，白玉寺和噶陀寺在历史上是四川德格土司的辖区，世代受德格土司的支持。迪庆宁玛派与西藏宁玛派、四川藏区宁玛派之间历来保持着密切的联系，至今，他们之间的活佛常互相访问，传经习教，关系十分密切。

噶举派（白教）

据地方志和实地调查的材料看，最早传入迪庆藏区的是噶举派（白教）和宁玛派（红教）。噶举派和宁玛派是分别从西藏和四川藏区两路传入中甸、维西和德钦。20世纪50年代末，对噶举派原在西康德格县的母寺八蚌寺（今属四川省甘孜藏族自治州德格县）的调查证明，元、明两代康区的噶举派与云南迪庆藏区并及丽江地区的噶举派有密切的联系。调查报告说："白教约于宋宁宗时由僧都松钦巴自西藏传入康区，经元、明两代，得到发展。该寺系由第一代斯笃活佛所建，因得到历代封建统治者及德格土司的大力扶持，势力大大发展，该寺即为德格土司五大家庙之一。该寺在白教中地位很高，仅次于后藏粗卜寺，同为白教在康区之圣地。寺辖分寺70—80座，分布于德格、邓柯、康定（如贡呷寺）、丹巴、稻、云南丽江以及青海等地。"① 另据实地调查，中甸河谷藏区有噶举派寺庙遗迹。迪庆藏区盛传，本教与噶玛噶举巴在迪庆藏区经过长期斗争，结果本教失败，寺庙被毁，仅剩一种演变了的本教支系，迪庆藏语称之为"仓巴"。这些仓巴星散各地，从事打鼓念经、卜卦驱邪、"阻冰雹"等宗教活动。中甸藏区还流行一种民间喜庆集会讲述的诵词，藏语称之为《吹舍》（颂教），从中可窥见历史上中甸藏区教派斗争情况。《吹舍》译词中说："最古之教（本教），专擅杀生。血肉为祭，脏腑为帘，弓箭为栏。上祭天神，下祭水神，中祭凶神。真正佛教，不叛不闻。……哀我众生，受苦至深。……信仰佛教，弘扬佛法。供奉黑帽春云笃杰，红帽春云旺学，阶旺奴布诸神。噶举真谛，遐迩布闻。多降甘露，岁稔年丰。人畜安康、宁谧乐业。"《吹舍》颂词显然是褒噶举派，贬本教，为噶举派和宁玛派在迪庆藏区广泛传播制造舆论。

元、明两朝是藏传佛教在迪庆藏区的鼎盛时期。《新纂云南通志》载："滇之西北今流行喇嘛教。而所知丽江五大寺（红教）中，以福国寺之喇嘛为最早始自万历年间，万历以前福国寺为禅林也。其余四寺，则自明末

① 《甘孜藏族自治州理塘寺、大金寺、甘孜寺、八邦寺调查材料》，第53页。中国科学院民族研究所四川少数民族社会历史调查组，1963年铅印本。

至乾隆年间，惟中甸之喇嘛为较早耳。"史料记述在明朝以前，中甸四山都有红教寺庙，红教势力很大，已风靡一时。但必须明确指出的是前人史料中所记载的"红教"并非宁玛巴真正的红教，而是多指噶举巴的红帽系，有的史料中的"红教"，甚至包括除格鲁巴（黄教）以外的各种教派，其中也包括真正的红教宁玛巴，这是今人必须辨误的。例如《云南通志稿·宗教考》载云："喇嘛教传入西藏，唐时有莲花生者，自印度宣传此教，是为旧教，亦称红教。明永乐间，宗喀巴起而改正之，别创新教，亦称黄教。"《续云南通志长编·宗教》亦同样称藏传佛教其他教派为旧教或红教，称格鲁派为新教或黄教。其他地方志都同样记载说迪庆藏区喇嘛教仅红黄教两种，把其余教派都称为红教。清人余庆远《维西见闻纪》载云："红教喇嘛，相传有13种，维西惟格马巴（指噶玛巴）一种。格马长五人，谓之五宝轮回，生番地，均十余世不灭，人称活佛。维西五寺，红教喇嘛八百人，皆格马四宝喇嘛之法子也。衣麃及褐，披袈裟，常年不去，亦不衣裤，夏戴平顶竹笠，跣足，冬戴平顶猩红毡帽，四莲瓣向上，围之四方，著袜、朱履者多。衣冠皆红，故谓之红教。其食肉，嗜利与黄教等，经籍亦同，惟所奉祖师、护法异。古宗奉黄教者多。么些则止奉红教，仇衅日深，黄教多强，红教以达赖喇嘛故，终莫可如何，然则其明时欺黄教，非即前世因耶？"又载云："黄教喇嘛，番僧也，番谓僧为喇嘛，分黄、红教，维西皆有之。红教之类甚繁，黄教止达赖喇嘛一种，皆古宗出家者。阿墩子之寿国寺、杨八景寺，奔子栏之东竹林千余人皆是也。不近色而贪财，戒杀而食肉，礼佛诵经，其经译以华语，皆与中土同，惟无《楞严经》，盖佛产天竺，即缅甸与吐蕃界，相传达摩阐教于其地，而佛教兴，至今已千六百余年矣。黄教喇嘛起最后，阔袖长衣，隆冬亦露两肱，著古宗靴，而不衣裤，衣黄衣、冠黄冠，故谓之黄教。初红教强，欺黄教，第五世达赖喇嘛预识我大清之必抚有中土也，于太宗文皇帝时，取道蒙古，入贡盛京，获封号，延至今。黄教在维西者，皆达赖喇嘛之法子。"又载说："谟勒孤喇嘛，红教十三教之一也，凡喇嘛禅学有得者死，投胎复生，皆不迷其前世，夷人均称为活佛。"

《中甸县志稿》亦记载藏传佛教教派为旧教或"红教"，格鲁派为新教或黄教。段绶滋《中甸县志稿》卷下记载曰："中甸在前明中叶，喇嘛

云南文库·学术名家文丛

教即已盛行，惟其时仅有红教，亦间有奉行黑教或白教者（按此处白教者实指本教中的白教，迪庆藏语称黑本为"本纳"，白本为"本格"），其后西藏教皇派来举马倾则一员，管理僧民，征送粮税，始有黄教喇嘛。迨前清康熙已未年，经达赖五世奏请朝廷，剿灭红教，崇尚黄教，奉旨建归化寺……"又载云："红教为喇嘛教之旧教，其所习之经，与所供之佛，均与黄教无异，不过戒律不严，又多习神异怪之种种邪法，是以信奉者稀。复因中甸红教喇嘛受黄教数百年之压迫，遂退居于距城三十里之怡慕村承恩寺，自耕而食，与普通人民一律上粮当差。并供给归化寺酥油。然寺中喇嘛仍刻苦修持，并按时赴德格寺留学，略无退志。"

前人的文献史料都以上述记载为依据，断定噶玛巴教派为"红教"，并把除格鲁派以外的教派都统称之为"红教"，此乃一大谬误，以后以讹传讹，直到现今仍有文章称噶玛巴为"红教"，这是必须澄清的史实。历史上噶玛巴同红教宁玛派有着密切的联系。但经过实地调查和查阅喇嘛教宗派源流记载后发现，文献记载的迪庆藏区和丽江纳西族地区的噶玛巴不是"红教"，而是白教噶举派支系之一。

据上述文献记载，公元11世纪末噶举派已传迪庆藏区，并与本教进行过长时期的斗争，在斗争过程中也吸收了本教的一些神祇和教理、祭仪、经典。噶举派本身分化出来的"仓巴"，就是与本教长期斗争后分化演变的一种教派。明末，丽江木氏土司势微，蒙古和硕特部首领固始汗统一了西藏，他们的势力逐步进入迪庆地区，扶持以达赖喇嘛和班禅额尔德尼为首的格鲁巴黄教，消除异教。清康熙四年（1665年）和硕特部武力进入迪庆，以达赖名义由拉萨三大寺选派喇嘛进驻中甸，藏语称之为"协奔"，统管僧民。中甸、德钦以格鲁巴黄教为主的"政教合一"制度逐渐形成。教派纷争事件不断出现，格鲁派黄教终于以后来居上，获得绝对优势，其他教派被兼并，寺庙被毁，只剩下一些规模较小的一些寺庙。如中甸承恩寺；德钦云仙寺、禹功寺；维西来远寺、寿国寺、兰经寺、达摩寺等。迪庆现有的这些寺庙，均属噶举派白教。

噶举派是一个注重口传的教派。"噶举"可译为"口传"，这是派名由来的一种说法。另一种说法把"噶"解释成白色，说是这一派的创始人玛尔巴、米拉日巴等人，在修法时都穿白颜色的僧裙，据此称噶举派为白教。

噶举派是藏传佛教各教派中支系最繁多的一个教派。最初为两大传承，或称为两个系统：一个是从琼波南交巴开始的，叫香巴噶举系统；另一个是从玛尔巴传下来的，叫塔布噶举系统。这两个传承的密法，都来源于印度，所以两个系统都叫做噶举巴。香巴噶举到14—15世纪已经衰落，而塔布噶举中的一些支系则一直流传到现在。云南迪庆藏区并及丽江纳西族地区的噶举派属于塔布噶举系统。塔布噶举系统派系很复杂，有"四大八小"的说法，"四大"是指从塔布噶举中分出四个大支系，即帕竹噶举、蔡巴噶举、拔戒噶举、噶玛噶举；"八小"是指从帕竹噶举大支系中分出八个小支系，即止贡巴、达垅巴、主巴、雅桑巴、绰浦巴、修赛巴、叶巴、玛仓巴。

如图示：

```
                      ┌ 香巴噶举
                      │
噶举派 ┤              │              ┌ 止贡巴
                      │              │ 达垅巴
                      │ 帕竹噶举     │ 主巴
                      └ 塔布噶举 ┤ 蔡巴噶举   ┤ 雅桑巴
                                  拔戒噶举   │ 绰浦巴
                                  噶玛噶举   │ 修赛巴
                                            │ 叶巴
                                            └ 玛仓巴
```

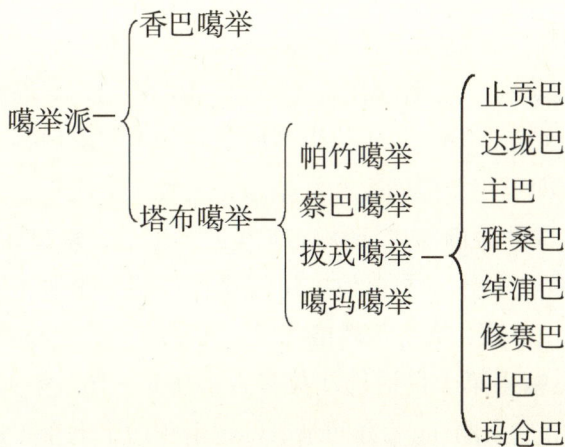

迪庆藏区及丽江纳西族地区的噶举派多数是属塔布噶举系统中的噶玛巴派，主要分布在中甸、德钦、维西藏区以及丽江、贡山等纳西族地区。主要寺院是维西县的寿国寺、兰经寺；德钦县的禹功寺。还有丽江县的福国寺、指云寺、文峰寺、普济寺、玉峰寺。这丽江五大寺是原西康今四川省甘孜藏族自治州德格县的八蚌寺，即噶玛巴派母寺的分寺。迪庆藏区除噶玛巴派以外，还有少数属帕竹噶举大支系中的小支系止贡巴和达垅巴。这两个小支系全州都有分布，中甸县的承恩寺为达垅巴，德钦县的云仙寺为止贡巴，维西县的来远寺、达来寺属止贡巴，中甸县东旺乡的贡尖庙、刚松庙属达垅巴。

噶玛噶举还分为两个小支系，一个是黑帽系，一个是红帽系。红帽系是从黑帽系中派生出去的。黑帽系和红帽系都在迪庆藏区和丽江纳西族地区传承过，直到现在，仍有红帽系和黑帽系残存。

藏传佛教史籍里把噶玛噶举的创始人都松钦巴算作是黑帽系的第一世活佛，而把噶玛拔希算作是黑帽系的第二世活佛，并认为噶玛拔希是都松钦巴的转世。公元1256年，噶玛拔希在蒙古的和林会见了蒙古大汗蒙哥，蒙哥赐给他一顶金边黑色僧帽及一颗金印，这就是黑帽系名称的由来。黑帽系第五世活佛得银协巴于1407年春在南京被明成祖封为大宝法王。从这以后，大宝法王就成为黑帽系的历代转世活佛专有的一个封号，一直到明朝末年他们都自称为大宝法王，并按期派人到京师朝贡。黑帽系和红帽系都与迪庆藏区和丽江纳西族地区发生过密切联系。如明正德年间，明廷派遣太监刘允往请噶玛派中的黑帽系第八世活佛弥觉多吉（1507—1554年）曾来丽江，备受木土司的尊礼；自木增在位（1597—1646年），噶玛派在丽江更为得势。明崇祯十二年（1639年）徐霞客旅滇到木土司家做客，也说到大法王、二法王，应即噶玛派黑帽系和红帽系，且说"庚戌年二法王曾至丽江"，而红帽系第六世活佛却吉汪秋确应木土司邀请，来过丽江，丽江版《甘珠尔》（大藏经）是木土司请他主持编纂校刊的；明末和硕特部蒙古自青海进入喀木、卫、藏，支持黄教格鲁巴，几乎统一了全部藏区，当时反抗颇为激烈的有黑帽系第十世活佛却英多吉（1604—1674年），他因力不能支，遂间关避难，逃来丽江。《庭闻录》即记清顺治十七年（1660年）二月，"西番大宝法王因构讼被逐移居丽江中甸，遣喇嘛由滇通，求入贡。"大宝法王是明朝统治者封给噶玛派黑帽系活佛的称号，故此处正指第十世黑帽活佛。《庭闻录》又说，清康熙六年蒙古占据中甸后，"西番二宝法王哈马临清搭丁等来奔。"哈马临清是否属于红帽系不详，但这些材料说明，顺治康熙间中甸一地成了噶玛噶举派大活佛们栖止之所，因而噶举派在迪庆藏区有较大影响。

据有关史料记载，第十世黑帽系活佛却英多吉是先到中甸，然后才移居丽江木氏土司家中的。可是却英多吉在木土司家中住不惯，他先退隐到一座安静的寺庙里，后来又一个人想越过康区到青海的果洛去，半路上遇到强盗，被劫掠一空，最后被人找到又接回木土司家中。公元1673年，却英多吉回到拉萨，仰承达赖喇嘛的庇护，次年圆寂。这正是康熙十三年，吴三桂叛清的次年，蒙古军第二次取中甸之时。另据《噶玛巴》一书记载，除了第十世黑帽系活佛以外，还有噶玛噶举支系活佛留在丽江、中甸、维西、德钦等地传教。如《噶玛巴》一书记载说："杰策活佛第六辈，名诺布桑波，在阳火鼠年，诞生于丽江之中甸，第十辈噶玛巴却英多吉曾预言其诞生地，于是认定了他，扶他三岁升位。"阳火鼠年为公元1660年清顺治十七年。此时第十世噶玛巴当正居丽江中甸。杰策活佛第六世圆寂于公元1698年，已是康熙三十七年了。第六世杰策活佛诞生于中甸，第十世黑帽系活佛却英多吉认定了他，并扶他升位，推测是噶玛噶举派其他小支系活佛当时曾在中甸传承，但现已无法判定是噶举派的哪一支系了。

　　清顺治、康熙间，中甸、丽江等地还有噶玛噶举的红帽系活佛驻锡。噶玛噶举红帽系是因为它的第一世活佛札巴僧格（1283—1349年）得到元朝帝室成员赐给他一顶红色僧帽而得名的。札巴僧格是黑帽系第三世活佛攘迥多吉的弟子，因而红帽系是从黑帽系中分出来的。前引《噶玛巴》一书记述，红帽系第六世活佛却吉旺秋应木土司邀请，来过丽江。丽江版《甘珠尔》（大藏经）是木土司请他主持编纂校刊的。另外，现今中甸藏区喜庆集会讲述的诵词《吹舍》中说："供奉黑帽春云笃杰，红帽春云旺学，阶旺奴布诸神。……"从而可知，中甸藏区除噶玛巴黑帽系以外，红帽系亦很盛行。

　　噶玛巴派不仅在中甸、丽江盛行，维西、德钦等地亦有传播。清人余庆远《维西见闻纪》中多有记载，但余氏把噶玛巴派误称为"红教"。《维西见闻纪》载说："红教喇嘛，相传有十三种，维西惟格马（指噶玛巴）一种。格马长五人，谓之五宝轮回，生番地，均十余世不灭，人称活佛。维西五寺红教喇嘛八百人，皆格马四宝喇嘛之法子也。"又载说："谟勒孤喇嘛，红教十三教一也，凡喇嘛禅学有得者死，投胎复生。皆不迷其前世，夷人均称为活佛。"

　　据近年实地调查，中甸、德钦、维西三县现在除了噶玛噶举这一大派而外，还有帕竹噶举大派分化的止贡噶举和达垅噶举两小支。止贡噶举的创始人是帕木竹巴的弟子止贡巴仁钦贝（公元1143—1217年），他是四川邓柯县人，属居热氏家族。他于公元1179年到墨竹工卡县的止贡地方，在原有小寺的基础上增建了许多建筑，成为一座大寺，这就是著名的止贡替寺。止贡巴的名称就是他建止贡替寺而得来，他所传的教派也就被称为止贡噶举。现今维西县塔城乡其宗村的来远寺和达来寺属止贡噶举小支系，现有僧侣74人，活佛3人，其中较著名的活佛是现任迪庆州佛协副主席的王治和王浩两兄弟。此外，还有德钦县的禹功寺也属止贡噶举小支系。

达垅噶举小支系的创始人是达垅塘巴扎希贝（1142—1210年），出生在羊学崩热登，属扎斯征波家族的鲁格支系。达垅塘巴最初学的是噶当派教法，后来又学噶举派教法。1180年，他在藏北建立达垅寺，达垅噶举支派的名称即由此而来，他本人也因此被称为达垅塘巴。据实地调查，中甸著名的承恩寺实属达垅噶举支系，而不是红教宁玛派寺院。

据地方志记载承恩寺建筑年代看，达垅巴与止贡巴传入迪庆藏区的年代大约是元末明初。《中甸县志稿》载说：“承恩寺在东北山隅，离城十五里，据耆老所言，建自明时，内敬红教祖师，安设红教喇嘛三四十名，安静焚修，恪守清规，并无滋生事端，此亦境内之胜地，亦山门中之安静人也，故为载之。”承恩寺虽建于明代，但止贡巴和达垅巴元代即已传入中甸当无疑义，因为按一般规律而言，宗教传入时间一般比建寺年代要早一段时间，只有被信教群众所接受，并在当地产生一定影响时才有建造寺院的条件，因而止贡巴和达垅巴是元末传入迪庆藏区的。承恩寺是达垅噶举寺庙，现今承恩寺僧侣仍到四川甘孜藏族自治州德格县的德格寺去学经和修习噶举派教义、教理。在历史上，承恩寺的僧侣也是去德格寺学经，对此，《中甸县志稿》有如下记载：“红教为喇嘛之旧教，其所习之经，与所供之佛，均与黄教无异，不过戒律不严，又多习神异怪之种种邪法，是以信仰者稀，复因中甸红教喇嘛受黄教数百年之压迫，遂居于距城三十里之怡慕村承恩寺，自耕而食，与普通人民一律上粮当差，供给归化寺酥油，现仅有喇嘛30人。承恩寺规模本不甚闳，又复迭次被匪抢劫，所有名贵之佛像、法器、经卷损失殆尽，然寺中喇嘛仍然刻苦修持，并按时赴德格寺留学，略无退志。”德格寺即为德格县的噶玛噶举寺院八蚌寺，承恩寺历代僧侣都去八蚌寺修习。因而承恩寺属于噶举派寺院，僧侣属噶举派“八小"支系之一的达垅噶举。

萨迦派（花教）

萨迦派的创始人是贡却杰布。公元1073年，他在后藏仲曲河谷的萨迦地方修建了萨迦寺。萨迦在藏语中意为灰白色的土地，是根据当地土质的颜色而起的地名，后来地名作了寺名，也作了教派的名称。

萨迦派在有关迪庆藏区的文献史料中未见记载，在迪庆藏区的传播不详。但是根据实地调查材料，现今中甸东旺乡、格咱乡有的民房上还有刷三色土的，是为历史上萨迦派在当地流传的遗迹。因为萨迦派的传统是在其寺庙及僧房的墙壁上刷三色线条，以作标志；据说红色表示文殊，白色表示观音，蓝色表示金刚。因此缘故，也有人把萨迦派称作花教。

萨迦派大约在元代传入迪庆藏区，但规模不大，影响亦不广泛；有关迪庆藏区的史料及口碑传说中也极少涉及萨迦派。从而推测萨迦派传入迪庆藏区年代较早，规模不大，因而现今萨迦派的遗迹也绝少。但萨迦派在宁蒗永宁摩梭人地区却保留较多，现今永宁格姆山下还有一座萨迦寺，僧侣有百余人。

格鲁派（黄教）

藏传佛教各教派中，格鲁派（黄教）是最有势力的一个大教派。同样格鲁派在迪庆藏区的势力也最大。中华人民共和国建立前，格鲁派在迪庆藏区的政治经济力量和寺院僧侣人数以及拥有的群众，都居其他教派之首。现今，格鲁派在迪庆藏区的藏族、纳西族和普米族群众中仍有深刻和广泛的影响。

格鲁派兴起于公元15世纪初叶，这个教派是在宗喀巴（迪庆藏族称"宗卡巴"）进行的"宗教改革"的基础上建立起来的。宗喀巴的宗教理论称为甘丹必鲁，简称甘鲁派，后来这个词演变为格鲁派，意思是善规（或善律）派，这是从该派倡导严守戒律而来的。此外，还有人称他们为新噶当派，因宗喀巴原来的师承出于噶当派，而且原来的噶当派已合并到格鲁派中来了。宗喀巴的教派又俗称为黄教或黄帽派，这是因为宗喀巴和这一派的僧人戴黄色的僧帽。迪庆藏区统称这一派为"格鲁巴"。

　　格鲁派约在公元15世纪末传入中甸、德钦、维西等藏族、纳西族地区。传入路线一从西藏；二从四川巴塘、里塘等藏区。据《明实录》记载，三世达赖索南嘉措于1578年接受云南丽江木土司的邀请到云南藏区传教。在此之后，他又于1580年到达康区的巴塘、理塘一代传教，并在理塘时主持建立了理塘寺，然后就从理塘直接回西藏哲蚌寺去了。迪庆州中甸县旧称建塘，藏语称"建塘宗"，与四川藏区的巴塘、理塘地域犬牙交错，同称"三塘"。当时"三塘"属木土司的辖区。公元1580年，三世达赖索南嘉措在理塘建立理塘寺，可知当时巴塘、理塘已盛行格鲁派，尽管文献没有记载当时的建塘（中甸）格鲁派的活动情况，但从"三塘"地区地域毗邻，同属一片藏区和同属木土司辖区，据此可推测格鲁派在三世达赖索南嘉措掌教时期已传入中甸地区了。至清康熙时，格鲁派在中甸、德钦、维西等地已具相当规模，并发展到宁蒗永宁摩梭人和普米族地区。

　　关于清初格鲁派在迪庆藏区兴建寺院和僧侣活动情况，光绪十年《新修中甸厅志书稿本·寺观志》记载说："归化寺在正北隅，离城十里，居于瑞兆土山之上，古名松参岭。故欲穷寺之本末，必先溯其寺之原委。自康熙年间，五代达赖喇嘛由西藏到甸，寻一胜地，欲建寺宇，因观见瑞兆土山有万马归槽之势，前有碧海，银波浩荡，后有团山倚枕，叠嶂如眠，左有龙山围绕，右有虎岭蹲盘，……于康熙己未年奏明圣主建立铜瓦大寺，层楼高耸，上接云霄，新更名曰归化寺。安设黄教喇嘛一千二百二十六名，分住八康千，净室安静焚修。复设掌教大喇嘛喀木一名，执掌清规，约束僧众，每日三朝讽诵万寿皇经，虔诚无懈。……乾隆十五年钦奉钦袭和硕果亲王赐匾额'慈云广覆'四字，以标题大寺。寺内，每年祈丰保境，荐设太平斋醮三四供，需用香灯使费，名曰普差银两。此项费银着喇嘛同五境民人共摊。归款将见，僧众济济，共祝万寿无疆，梵语皇皇，同歌一人有庆，皇图巩固，帝道遐昌，斯亦不负大寺之设也哉。"

　　《维西见闻纪》中亦记载有格鲁派的活动情况："黄教喇嘛，香僧也，……阿墩子之寿国寺、杨八景寺，奔子栏之东竹林千余人皆是也。礼佛诵经，其经译以华语，皆与中土同，惟无《楞严经》，盖佛产天竺，即缅甸与土番界，相传达摩阐教其地而佛教兴，至今已千六百余年矣。黄教喇嘛起最后，阔袖长衣，隆冬亦露两肱，著古宗靴而不衣裤，衣黄衣，冠黄冠，故谓之黄教。初红教强，欺黄教。第五世达赖喇嘛预识我大清之必抚有中土也，于太宗文皇帝时，取道蒙古，入贡盛京，获封号，延至今。黄教在维西者，皆达赖喇嘛法子。"

《云南阿墩子行政区地志资料》亦记载有格鲁派在德钦的活动情况：
"佛教以喇嘛为主，有寺二，德钦、红坡各一。僧徒二百余人，经典悉用藏文，每寺教主一，相传以原魂转生，能知过去未来，即所谓活佛也。每年底二十九日，众僧演跳一次，名曰跳鬼。悉演魑魅魍魉，生死、善恶、苦乐之报应，虽曰迷信，亦可以助王化之所不及。"

从上引文献方志记载得知，格鲁派从清代迄至民国，盛行于中甸、维西、德钦，为藏族、纳西族和普米族群众所信仰。据实地调查，清代迪庆藏区格鲁派寺院林立，僧人众多，许多明代所建立的噶举巴白教和宁玛巴红教寺院相继改宗为格鲁巴黄教，例如德钦县的德钦寺和红坡寺原13个红教小寺合并为格鲁派黄教。

清代，格鲁派盛行于藏区，是由于清皇朝的大力支持，强迫其他各教派改宗黄教，因而格鲁派的寺院和僧侣人数得到迅速发展，成为占主要地位的教派。此外，格鲁派从传入之时起，就和当地的世俗统治阶级紧密联系，与当地土司政权相互依存，逐步建立起自己独立的寺院经济，进而发展成为藏族社会上独立的寺院集团势力。封建统治阶级也认识到格鲁派具有比其他教派更强的宗教号召力量和帮助统治阶级统治人民的功能，所以格鲁派的传播和发展得到封建统治阶级的大力支持；同时，人民群众也欢迎、信任经过"宗教改革"的戒律严密的格鲁派。这样，格鲁派的社会影响和宗教声势比其他教派更广泛。现今，迪庆藏区的格鲁派仍占主要地位，寺院、僧侣人数以及对信仰群众的影响远超过其他教派。宁玛派红教和噶举派白教已居于次要地位，僧侣人数、寺庙以及对信教群众的影响比格鲁派黄教要小得多。现今，比较著名的活佛有现任云南省佛协副主席，迪庆州佛协主席的嘎达。

（二）地方性支系

仓巴

迪庆藏区流传着一种属于藏传佛教演变的地方性藏传佛教支系，主要流传在中甸县境内，德钦县和维西县亦有少数流传，中甸藏语称这种教派为仓巴，亦称"安巴"或"汗巴"。"仓巴"在中甸藏语中含有"苦修派"或"苦行僧"的意思。中甸藏语称藏密僧侣在深山岩穴修炼为"扎仓"，修密法称为"仓觉"，"仓巴"在迪庆藏传佛教中是指已修完密法的僧人。仓巴僧人修习密法的年限不固定，短的需修三至五年，长的达十余年，独自在山中岩穴里修炼，直至修成藏传佛教密宗的教法及功果。据说因为仓巴因修持和领悟到了藏密的真谛，所以他们可以还俗，娶妻生子，与俗人一样参加生产劳动，饮酒食荤，平时又可为人进行各种禳灾祛邪的活动。仓巴教是具有云南藏区特色的藏传佛教支系。

据实地调查，迪庆藏区的仓巴主要是宁玛巴（红教）和噶举巴（白教）两个教派中分裂演变的教派。比较而言，仓巴受噶举派的影响较深，因而也有人称仓巴为"仓巴噶举"，而从宁玛派中分裂出来的仓巴，也有人称为"宁玛噶举"。"噶举"在藏传佛教中有两层意思，一是"口传"，二是"白色"，在迪庆藏传佛教中"噶举"主要是指"口传"。因此迪庆藏传佛教称"仓巴"为"仓巴噶举"，就是指仓巴教主要以口传为主。仓巴主要是修习密宗教法，但也兼修显宗，而密宗的修习必须通过师长传授，口耳相传，一般都不用文字经典传授，以防泄露密法。

噶举派的仓巴奉噶举派的祖师——米拉日巴，念噶举派的经典；宁玛派的仓巴奉宁玛派的祖师——莲花生，念宁玛派的经典。中甸县仓巴念诵的经典主要有：《顶处》《映来》《勒堆》《斜遮》《德哥》《衣因拉》《景逐》《扎则》等经。其中，秋收时念诵《勒堆》经，以祈求五谷丰收；发生虫灾时念诵《德哥》经，以驱虫禳灾；发生旱灾时念《衣因拉》经，以求行云布雨；春节念诵《映来》经，以祈求来年五谷丰登，人畜繁衍；结婚、庆丰收念诵《扎则经》；丧事念《景逐》经，以超度亡灵。

仓巴都是男性，娶妻生子，蓄发，着便服，参加生产劳动，无戒律。仓巴的主要职能是为村人祈祷丰收，禳灾祛邪，主持丧葬仪式，占卜凶吉等活动。仓巴主要是师徒传承，也有父子传承和舅甥传承。仓巴法器主要有大鼓、拨浪鼓、铜铃、木制小佛塔、神图等。仓巴无固定寺庙，只有聚会点，即简易的仓巴聚会小庙。仓巴没有固定的聚会日期，根据需要以乡村为单位，每年聚会一至二次，聚会研习密宗教法及经咒。如维西县其宗

云南文库·学术名家文丛

乡对面的春东村有一所仓巴庙，这里的仓巴每年在这所小庙聚会一次，研习仓巴教，并在此举行一次仓巴跳神会。

尼姑

中甸、德钦藏区有为数不少的尼姑，迪庆藏语称尼姑为"巨姆"，意为"佛母"。据笔者实地调查，迪庆藏区的尼姑分为两类，一类寄住寺院，剃发、穿无袖上衣，有学位等级，最高的学位等级可达"格西"，住在东竹林寺、禹贡寺、荣中寺；另一类是居家尼姑，剃发、学经修行、不结婚。居家尼姑在家庭中有较高的地位，她们中间的多数人还掌握着家庭经济的支配权。

迪庆藏区的尼姑主要是格鲁派（黄教），其次亦有宁玛巴（红教）和噶举巴（白教）的尼姑。迪庆藏区的尼姑注重持守戒律，除持守藏传佛教的一般戒律外，还要持守只限于尼姑的戒律，即不得与陌生男人见面谈话，日落后即使是自己的男性亲属亦不得见面；不得梳妆打扮；不得嬉笑歌舞；终日深居寺庙念经修持。

迪庆藏区的住寺尼姑受"给颂"管理，"给颂"藏语意为"师长"，职能相当于住持。给颂实行选举制，一般由熟悉经典、戒律、教义、教理、仪轨的老尼姑担任。给颂的名额无限定，尼姑多的寺庙给颂多，尼姑少的寺庙给颂少。中华人民共和国成立前，中甸、德钦两县共有三所尼姑寺，尼姑三百余人。除住寺尼姑外，居家尼姑也不少。但居家尼姑分散各地，难以统计。近年，尼姑多集中在德钦县奔子栏乡的尼姑寺，现有尼姑一百余人，给颂三人。

中华人民共和国成立前，迪庆藏区的尼姑较多。尼姑在寺内的物质生活比较贫苦。女子出家入寺为尼以前，要先预习一些基本的藏传佛教功课，尔后请活佛举行灌顶仪式，削发正式为尼。居家尼姑也同样如此，在未成居家尼姑之前，必须先预习一些基本的尼姑功课，尔后请活佛或格西举行灌顶仪式，削发、穿尼姑衣服，正式成为居家尼姑。

迪庆藏区尼姑的社会活动范围较小，尼姑们只静修于尼庵，每日除了诵读经文，拜佛做功以外，就是参加寺内的生产劳动。尼姑基本上不参加社会活动，不举办宗教法会，不做其他社会福利工作，不为群众做宗教活动，即不到群众家庭诵经、禳灾祛邪、除秽治病、占卜凶吉等活动。尼姑寺有一定的土地，种植青稞、洋芋、蔓青等粮食蔬菜，其次还种植苹果、梨、核桃等果树。这些粮食和蔬菜不足尼姑消费，其余部分靠尼姑本人家庭供给，此外，当地群众也有少量的财物布施。

第二节　寺院分布及建筑艺术

寺院是藏传佛教组织、活动的中心，云南藏传佛教的寺院建筑及其组织机构、规章制度基本上与西藏佛教寺院相同，但也有云南地区和民族的显著特色。云南藏传佛教的寺院大体上分为云南藏族地区的寺院和云南纳西族、摩梭人和普米族地区的寺院，二者的寺院建筑、组织机构和规章制度又分别体现出各自的地区特色和民族特色。但要说明，云南藏传佛教的寺院分为藏族地区的寺院和纳西族、摩梭人和普米族地区的寺院两类，是从地区的主体民族角度而言的，实际上这些民族自古以来便交错杂居，他们之间有悠久的亲缘关系，在寺院建筑、寺院组织及寺院制度方面也同样互为影响，有不可分割的密切联系。现就笔者的实地调查和参考同行的调查材料，分述于下。

一　寺院分布

云南文库·学术名家文丛

云南藏语称藏传佛教寺院为"衮巴"。云南藏族地区（指现今迪庆藏族自治州境内）历史上的藏传佛教寺院的数量及派属因缺乏文献资料现已不可详考。一般而言，早期的寺院多为宁玛派、噶举派和萨迦派寺院。公元16世纪，在丽江木氏土司的扶持下，噶举派势力强盛，寺院数量也激增。17世纪下半叶以后，在蒙古和硕特部的武力支持下，云南藏族境内的格鲁派势力以绝对优势取代了原有的宁玛派和噶举派、萨迦派，许多寺院被强行改宗格鲁派，仅有极少数寺院得以保留原宗而留存至今。至中华人民共和国成立时，云南藏族境内的藏传佛教寺院共有24所（以当时的行政区划计），其中格鲁派寺院13所，噶举派寺院7所（包括噶玛噶举派4所、止贡噶举派1所、达垅噶举派2所），宁玛派寺院4所，分布于中甸县3所，德钦县17所，维西县4所。

格鲁派寺院

（1）噶丹松赞林，汉名归化寺。始建于清康熙己未年（1679年），历时两年完工，由五世达赖赐名，初有僧侣五百余人（汉文史籍为330名僧侣），清雍正二年（1724年）定汉名为"归化寺"。钦定僧侣名额为1226人，至1956年时，僧侣人数突破定额达到1329人，并有活佛9人。

归化寺位于中甸县城北四公里的佛屏山麓，全寺仿拉萨布达拉宫布局，沿坡层叠而上，占地约33万平方米，"扎仓""吉康"两主寺耸立高阜中央，八大康参和"觉厦""西苏"两大事务机构以及活佛静室和数百间僧舍分布四周，如众星拱卫，形成巍峨宏壮的藏式碉房建筑群，城垣设置瞭望台、哨楼、碉堡以御匪盗。其主寺"扎仓"坐北面南，为四层藏式碉房建筑，石木结构，屋顶覆镀金铜瓦，耀眼辉煌，殿宇屋角兽吻飞檐，具有藏汉结合的造型特点。底层大殿共108楹，为斗拱金刚杵和金刚梁建成，可容1600人打坐念经，左右壁为藏经"万卷橱"，正殿前座供七世达赖铜像，后排列著名活佛高僧遗体灵塔，下藏金银名贵珠宝，后殿供宗喀巴、弥勒佛及五世达赖铜像。主寺中层有拉康8间，分别为诸神殿、护法殿、扎仓堪布室、静室、膳室等，内壁回廊雕饰精美，壁画琳琅满目，中央三面开窗采光，以隔扇窗棂组成，均为缕空杜鹃木雕，诸如八仙庆寿、四季花鸟等，雕刻精细、色彩绚丽，令人叹为观止，前楼客厅供贵宾宴会观赏跳神之用。主寺上层正楼设精舍佛堂，备置豪华，供奉五世达赖和七世达赖布施的名贵佛像，贝叶经卷、唐卡及传寺法器等，左楼为寺院最高行政机构"扎仓拉章"会议厅，左右平掌阳台可供信步眺览，正南为高耸鼓楼，晨昏午时击鼓报时，声闻十里。"文化大革命"期间，归化寺全寺被毁，1984年以后逐步修复，现两主寺和独克康参、扎雅康参以及结底康参已基本修复，共有僧侣408人。

（2）羊八井寺，汉名"红坡寺"，位于德钦县云岭乡政府驻地东南约6公里的红坡村后半山上，藏语称"霍滚巴"，意为红坡村旁的寺院。始建于藏历木狗年（1574年），原名批杰林，为噶举派寺院，丽江木氏土司孙诺洛丹（木增）时由高僧迪已和农布二人创建，后因参与了以中甸噶举派大寺袞钦寺（又名加夏寺）为首的反格鲁派战乱，于1677年被迫改宗为格鲁派寺院，更名为"噶丹羊八井"，僧侣定额70人。羊八井寺相传为德钦县格鲁派三大寺中的"母寺"，有大殿一幢，静室和僧侣私房40余所，占地约3000平方米，据说僧侣最多时达500人，因而民间有时又俗称为"500个僧侣的寺院"。寺内有朝廷赐予的"化行南邦"匾额一块，光绪三十一年（1905年）因参与"阿墩子教案"，遭官军抢掠镇压，幸有此匾而使寺院免遭焚毁，中华人民共和国成立初期有活佛1人，僧侣123人。香火部落为自维西县巴迪乡猓当、牙该村溯江而上至德钦县佛山乡梅里村这一区域的部分村庄之群众，"文化大革命"时期寺院被毁，1989年人民政府资助重建，现有活佛1人，僧侣35人。

（3）德钦寺，亦名"迪庆林"，德钦县格鲁派三大寺之一，俗称三大寺中的"主寺"。初建于清康熙年间，原名"居衮巴"，为噶举派寺院，后因参与了以衮钦寺为首的反格鲁派战乱而于1677年被迫改宗为格鲁派寺院。原寺位于德钦县城边，后因参与清光绪乙巳年（1905年）的"阿墩子教案"而被官军烧毁，1908年迁至德钦县城西面谷松村的山头上重建，规模大为扩展，有大经堂一幢，内塑有三丈高的强巴活佛镀金铜像，经堂四周分列有僧侣私房及静室47所，并有活佛庄园和别墅各一处，寺院周围筑有三米高的坚固围墙以防匪盗，寺下无康参一级僧侣组织，设有3个密参，即升平镇，阿东行政村以及从斯农行政村至溜筒江行政村一线的澜沧江流域地区（当地藏语称此区域为"曲日"），香火部落为升平镇、阿东、巨水以及佛山乡的部分村庄，僧侣最多时达三百余人，1957年时有活佛2人，僧侣116人，"文化大革命"期间寺院被毁，现由人民政府资助开始在县城西部的托塔海畔重建，有活佛1人（现在印度），僧侣32人。

（4）东竹林寺，为德钦县格鲁派三大寺中规模最大、僧侣人数最多的寺院，俗称三大寺中的"母寺"，初建于1667年，原名为"冲冲措岗寺"，为噶举派寺院，后因参与了以衮钦寺为首的反格鲁派战乱而于1677年改宗为格鲁派寺院，更名为"噶丹东竹林"，意为成就"二利"（利己利人）之寺，原寺位于德钦县奔子栏乡书松行政村驻地西南方约三公里的山腰上，由抗萨、支用和书松等七个红教和白教小寺合并而成，香火部落为奔子栏乡全部和霞若、拖顶两个乡的部分村庄，以及中甸县五境乡和维西县塔城乡部分村庄。寺院建筑宏伟，藏式大经堂正中塑有高及三丈跏趺而坐的镀金强巴佛像，经堂屋顶覆以镀金铜顶，远望与群山雪峰相映，十分壮观。大经堂四周拱列静室及僧侣私房104所，僧侣最多时达700余人，并有活佛10人，1957年时有活佛9人，僧侣564人，"文化大革命"期间全寺被毁，现由人民政府资助迁至书松村西面的永干顶重建，至今大殿与部分僧房已基本完成，有活佛4人，僧侣284人，1987年被列为云南省级重点文物保护单位。

（5）书松尼姑寺，建寺年代不详。一般认为是东竹林寺兴建之后由别派改宗小寺改建而成。位于德钦县奔子栏乡书松行政村驻地南面的吉母日吹自然村旁，亦称为"吉母寺"（"吉母"在藏语中意为尼姑，亦被同音异写作"鸠木寺"），又因其位于东竹林寺原址旁，是东竹林寺的属寺，因此亦时常被称为"东竹林尼姑寺"。中华人民共和国成立之前有尼姑78人，1955年时有尼姑85人，"文化大革命"期间寺院被毁，现迁到东竹林寺旧址重建，有尼姑23人。

（6）叶日尼姑寺，位于德钦县奔子栏乡叶日行政村支用自然村旁，有时亦被称为"支用尼姑寺"，建寺年代不详。一般认为是在东竹林寺兴建之后由别派改宗小寺改建而成。中华人民共和国成立以前有尼姑40人，1957年时有尼姑49人，"文化大革命"期间寺院被毁，现与书松尼姑寺合并。

（7）扎依寺，建寺年代不详。位于德钦县羊拉乡羊拉贡西部的山坡上。有大殿一幢、僧侣私房8所，中华人民共和国成立以前有活佛1人，僧侣36人，1957年时有活佛1人、僧侣23人。"文化大革命"期间寺院被毁，现逐渐修复，有本寺僧侣8人，并有扎史取里寺并入的僧侣6人。

（8）扎加寺，位于德钦县羊拉乡南格村旁山坡上，建寺年代不详。有大殿一幢，僧侣私房8所。中华人民共和国成立以前有僧侣16人，"文化大革命"期间寺院被毁，现逐步恢复，有僧侣12人。

（9）扎史取里寺，格鲁派寺院，位于德钦县羊拉乡南格村村头，建寺年代不详。有大殿一幢、僧侣私房3所。中华人民共和国成立以前有僧侣22人，"文化大革命"期间寺院被毁，原有僧侣15人现并入扎依寺活动。

（10）哲母寺，亦有材料称其为"建国寺"或"争寺"。位于德钦县羊拉乡归五子木村西部山坡上，建寺年代不详。有大殿一幢，僧侣私房4所。中华人民共和国成立以前有活佛1人、僧侣63人，"文化大革命"期间寺院被毁，现逐步修复，有僧侣12人。

（11）觉顶寺，位于德钦县羊拉乡用功行政村尼明自然村西北部的山头上。建寺年代不详。有大殿一幢、僧侣私房9所。中华人民共和国成立以前有僧侣23人，"文化大革命"期间寺院被毁，现逐步修复，有僧侣19人。

（12）布顶寺，亦名"路布顶寺"。位于德钦县羊拉乡甲功行政村路农自然村西北部半山坡上。建寺年代不详。中华人民共和国成立以前有大殿一座，僧侣私房15所，活佛1人，僧侣58人；1957年时有僧侣40人。"文化大革命"期间寺院被毁，现逐步修复，有僧侣22人、活佛1人，其活佛相传是在印度被封任的80"只青"之一，被尊称为"达干喇嘛"。

（13）茂顶寺，位于德钦县羊拉乡茂顶行政村驻地西部半山坡上。"茂顶"为藏语译音，意为"经书堆上"，相传在茂顶村下埋有12卷佛经，村庄因此而得名，寺随村名而称为"茂顶寺"。建寺年代不详。中华人民共和国成立以前有大殿一座、僧侣私房26所，活佛2人、僧侣120人；1957年时有僧侣84人、活佛2人。"文化大革命"期间寺院被毁，现逐步修复，有僧侣21人，活佛1人。

噶举派寺院

（1）寿国寺，噶玛噶举派寺院，又因其所在地名而被称之为"康普寺"。位于维西县康普乡岔枝行政村驻地西北面的喇嘛寺自然村，距村公所驻地约2公里。清雍正七年（1729年）始建，藏名"达吉林"；为拥护清王朝首次派流官治理维西而取名"寿国"，历时5年建成。原寺址在岔枝行政村驻地东面约3公里处的旧喇嘛寺自然村，清乾隆乙丑年（1745年）被火烧毁，后于乾隆三十五年（1770年）迁至现址重建。寺院大殿以汉族建筑风格为主体，吸收了藏族建筑艺术的特色，由山门、正殿、侧殿组成一座四合院，总占地面积约2600平方米。正殿以三重檐攒尖顶覆盖，殿内供奉释迦三世佛、大宝法王和二宝法王以及莲花祖师造像，山门照壁及大殿左右壁上绘有工笔重彩画约30幅（部分已毁），内容主要有释迦佛、十一面观音、十八罗汉、八仙、护法蛇神、噶举派创始人之一的米拉日巴以及白马雪山山神和寿国寺本尊山神等。

在寿国寺的下方不远处有一突起的小山包向江边突去，江对岸有一

云南文库·学术名家文丛

山，俗称"阴山"，山腰有两道浅箐，呈对称弧形下沿，形同女阴，寿国寺曾凿制了一根长约1米、直径40厘米的男根状石柱，置于小山包上的一座小屋内，小屋面对"阴山"开一小窗，石柱斜置于地，透过小窗瞄向"女阴"处，供求子者祭奉。现小屋已被毁，石柱被就地深埋。

寿国寺在中华人民共和国成立以前有大殿一院、僧侣私房数十间，并有活佛1人，僧侣105人；以邻近地区的纳西族为主，并有部分藏族和少量傈僳族和汉族。1957年时有僧侣73人、活佛1人，1958年以后被迫停止活动，寺院改由学校使用，僧侣相继返回原籍，邻近农户陆续迁入形成今喇嘛寺村。1985年以后逐步恢复活动，现有活佛1人、僧侣16人，其中住寺守护僧侣2人。

（2）兰经寺，噶玛噶举派寺院，位于维西县永春乡兰永行政村驻地西面的下兰永自然村旁，距县城保和镇约3公里。清雍正十二年（1734年）修建。围墙总面积5万平方米，中华人民共和国成立以前有僧侣30人，活佛1人，均为邻近地区的纳西族。1957年时有僧侣16人、活佛1人。1959年以后寺院停止活动改作它用，至今原有建筑已全毁，为维西县农业中学所在，现尚有原寺僧侣5人在家自行活动。

（3）达摩寺，噶玛噶举派寺院，位于维西县塔城乡启别行政村驻地东北约6公里的山坡上。其东面的山壁上有相传达摩祖师静修的石洞（达摩祖师洞），因此而得名。清康熙元年（1662年）兴建。中华人民共和国成立以前有僧侣105人，活佛1人，僧侣均为邻近地区的纳西族。1957年时有僧侣57人、活佛1人。1958年寺院被毁，以后成为当地居民烧香坛。现有原寺僧侣3人在达摩祖师洞活动。

（4）来远寺，止贡噶举派寺院。位于维西县塔城乡其宗行政村驻地西北约3公里的山坡上，与达摩寺隔箐相望。建寺年代不详，一般认为晚于达摩寺。寺院占地约1200平方米，中华人民共和国成立以前有活佛3人，僧侣212人，大多数为维西县和丽江邻近地区的纳西族，并有部分藏族。1957年时有僧侣125人、活佛3人；1958年寺院被毁，1985年以后原寺僧侣并入达摩寺活动。

（5）云仙寺，达垅噶举派寺院。位于德钦县奔子栏乡夺通行政村阿隆顶北部山顶上，藏名"松主衮"，亦被称为"达普贡寺"。建寺年代不详。

中华人民共和国成立以前有大殿一幢、僧侣私房21所，并有僧侣90余人、活佛1人。"文化大革命"期间寺院被毁，现逐步修复，有僧侣21人、活佛1人。

（6）禹功寺，噶玛噶举派寺院。位于德钦县燕门乡禹功行政村驻地东北方半山腰上，藏名"扎史曲品"，又由于所属教派的关系，也称为"噶玛巴寺"。建寺年代不详。中华人民共和国成立以前有大殿一座、僧侣私房12所，并有僧侣30余人和部分尼姑。1957年有僧侣20人，1968年全寺被毁，1987年以后逐步修复，现有僧侣21人。

（7）承恩寺又名"安抵寺"，达垅噶举派寺院，迪庆州最古老的寺院之一，藏语称"哈衮巴"，意为密咒弘扬。建于明朝时期，距今已400余年。位于中甸县城北约6公里的哈批村旁。清朝雍正年间强迫各派改宗格鲁派时，因民所请并承皇恩保留原宗，故改汉名为"承恩寺"。有僧侣30余人、活佛1人。中华人民共和国成立前后，僧侣人数曾一度增加到70余人。寺属僧侣常年居家生产，寺内仅有数名管事留守，因而寺院规模很小，1976年寺院被毁，现经人民政府资助已基本修复，有僧侣10人，其中住寺老僧2人。

宁玛派寺院

（1）云登寺，宁玛派寺院。位于中甸县东旺乡。原是四川巴塘竹瓦寺的分寺，1937年以后应东旺头人以及当地属于竹瓦寺的僧侣的请求，为方便当地僧侣的活动所建，于1948年前后建成。原名"玉丹寺"，藏语意为僧侣聚会研习经典的地方，后因译音的关系而写作"云登寺"或"云顶寺"，以后逐渐形成一个独立的寺院。1957年时有僧侣82人、活佛1人。"文化大革命"期间寺院被毁，现经人民政府资助修复，有僧侣41人、活佛1人。

（2）英主顶寺，宁玛派寺院。位于德钦县燕门乡石底行政村东南方的德都贡山顶上，距村公所驻地约6公里，因其位于赤尼自然村上方，所以有时又被称为"赤尼寺"。清道光元年（1821年）由四川吉西寺的活佛主持修建。中华人民共和国成立以前有大殿一院、僧侣私房37所，总占地面积约3000平方米，并有活佛1人、僧侣118人以及部分当地的居家尼姑。1967年寺院被毁，1984年以后逐步修复，现有大殿一院、僧侣私房10所，并有活佛1人，僧侣80余人以及当地居家尼姑5人。

（3）拖拉寺，宁玛派寺院。位于德钦县燕门乡驻地东部半山腰拖拉村下村北面一个被称作"主"的地方，因而有时被称为"主寺"，或者将村名和地名合一而称其为"拖拉主寺"，距乡政府驻地约7公里。一般认为与英主顶寺同时建成。中华人民共和国成立以前有大殿一座、僧侣私房3所，并有僧侣30人。1957年有僧侣18人，1967年寺院被毁，现已逐步修复，有僧侣9人。

（4）布公寺，宁玛派寺院。位于德钦县燕门乡石底行政村东北方的东隆自然村北部山头，有时又称为"东隆寺"（因译音的关系，"东隆"常被写成"独垄"，现以《德钦县地名志》为准），距村公所驻地约4公里。建寺年代不详。但应晚于英主顶寺，早期是英主顶寺活佛的别墅，以后逐渐形成完整寺院。中华人民共和国成立以前有大殿一座，僧侣私房2所，并有僧侣20余人。1957年有僧侣16人，1967年寺院被毁，1986年以后逐步修复，现有僧侣8人，并有来自西藏和四川等地的住寺尼姑10人。

上述24所寺院中，有的因毁坏无法修复，有的相互合并，至今已开放并独立恢复活动的有20座，其中格鲁派11座：噶丹松赞林、德钦寺、东竹林寺、羊八井寺、扎依寺（含原扎史取里寺）、扎加寺、哲木寺、觉顶寺、布顶寺、茂项寺、书松尼姑寺（含原叶日尼姑寺）；噶举派五座：承恩寺、达摩寺（含原来远寺）、云仙寺、寿国寺、禹功寺；宁玛派4座：云登寺、英主顶寺、拖拉寺、布公寺。

此外，近年来，为了解决当地僧俗群众的宗教场所问题，中甸县有关部门正式批准恢复开放了位于中甸县东旺乡胜利村的"衮斯寺"。该寺兴建于明末清初，原为宁玛派寺院，改宗格鲁派后成为活佛别墅，中华人民共和国成立以后逐渐形成独立寺院。"文化大革命"期间被毁，1986年以后开始修复，现有僧侣30余人。迄至1991年，云南藏族地区，即云南迪庆藏族自治州境内共有寺院21所。

神山圣地

神山在迪庆藏语中称为"日达"。每座寺院和每个村寨都崇奉特定的某一座山为神，并在神山上设有烧香台和旗堡（拉土）等设施，每逢节日便到此进行烧香颂香活动，家家户户必到不缺，人山人海，热闹非凡，成为藏区不可缺少的宗教活动场所。

在迪庆藏语中，日达一词的本意是一方土地之主，专指"山神"而言，后逐渐在日常生活中转意为代指神灵所居之山岭。迪庆各地神山不可计数，其中活动规模最大的当数德钦县奔子栏乡奔子栏大村的神山"日尼巴吾得觉"，汉意为"英雄金刚"，烧香念经的场所设于大村东北方神山的山梁上，设有神龛内奉山神造像及供品，数十座旗堡一字排开，顺山梁而下，每逢藏历春节，从初四直到十五日，各个小村轮流上山活动，天不亮便倾村而出，烧香、念经、放爆竹、跳锅庄、尽兴而归。

除此规模较大的祭祀山神活动外，各地均设立了众多的小型山神庙，根据零星的资料记载，曾有维西县永春乡四保行政村四驮自然村的山神庙、维登乡白甸行政村驻地旁的山神庙、德钦县佛山乡江坡村供奉格尼山山神的山神庙等。目前迪庆州各地陆续兴建了一些小山神庙，类似汉族地区的土地庙，周围不过四五米，仅约1人高，由基座、神龛和顶盖组成，内塑山神或村神像，供有花枝、水果等，位于村边或山梁路旁，供人祭祀。

佛教圣地在迪庆藏语中称为"乃"或"乃日""乃空"，多为名山圣迹，一般均设有佛殿、佛堂、佛塔、烧香台等宗教设施，并有少量僧侣"拉尼"住守管理，是藏传佛教信教群众的重要活动场所。迪庆州境内的佛教圣地较多，其中最为有名的有下述几个：

（1）乃钦卡格博，又名太子雪山圣地，以藏区八大名山之一的梅里雪山主峰卡格博峰为主体，并因此而得名。每年到此朝山拜佛者不仅有本地信徒，还有来自四川、西藏、青海等地的信徒达数千人。每逢藏历羊年，来此朝山拜佛的香客则多达数万人，是迪庆州境内最大的佛教圣地。卡格博圣地由一系列的活动场所组成，其中主要的是吉顶格江、那卡扎西、太子殿和西崩神奇瀑布等。

吉顶格江又名"白转经"，是"白色转经塔"的简称，位于德钦县升平镇巨水办事处茸顶村，又被称为"七登阁"。相传从前曾有水晶白塔（迪庆藏语称"吉丁西格"）从汉地飞临德钦，落在此地，因而在此建庙供祀，藏语称"吉顶贡庙"。由于此地亦是朝拜太子雪山的必经之路，并且相传是太子雪山神常住的地方之一，因而逐渐演变为以太子雪山神为主要本尊的朝山圣地，除供奉有太子雪山神造像之外，仍旧供奉有相传是飞来的水晶白塔。

那卡扎西又名飞来寺，距白转经约3公里，位于德钦县升平镇巨水办事处的归巴顶，距县城约8公里；建造年代不详，藏名为"那卡扎西"，意为"空行九吾"，相传曾有一尊释迦牟尼佛像从藏地飞来此地，故在此建庙并得名"飞来寺"。由于飞来寺位于朝拜太子雪山的必经之路上，而且建庙之地据说是太子雪山神常住的地方之一，因而成为朝山胜地之一并逐渐演变为以太子雪山为本尊的朝山圣地。正殿面积约100平方米，供奉有太子雪山神、莲花生以及"九吾那卡扎西佛"造像。三面墙壁上绘有色彩绚丽的壁画，内容为格鲁派创始人宗喀巴大师、释迦佛、十一面观音、胜乐金刚、佛教护法诸神以及飞来寺建寺者竹巴那卡降乘、德钦寺以及四川甘孜州几个大寺的活佛画像等。正殿旁设有转经堂和烧香台，供朝山者转经、烧香之用，并有僧侣宿舍数间，有僧侣2人住守。

太子殿又名"乃弄庙"，包括"衮堆"（上寺）、"衮美"（下寺）两个部分，其中以衮美最为有名，故有时又以"衮美寺"代称太子殿。位于德钦县云岭乡斯农行政村驻地西面约5公里的太子雪山山麓腹地，相传也是太子雪山神常住的地方之一，因而也成为朝山胜地，经常有朝山香客络绎不绝。"文化大革命"期间佛殿被毁，现开始重新修复，有住守尼姑1人。

卡格博圣地的朝山拜佛有一定的方式和路线，分为内转（小转，迪庆藏语称"农古"）和外转（大转，迪庆藏语称"觉古"）两种。内转的路线是先到白转经拜佛，据称要先到此拿到进入神山宫殿的钥匙，然后又到飞来寺，再从飞来寺到太子殿，并依照先下寺（衮美）后上寺（衮堆）的顺序转经拜佛，最后又到雨崩瀑布朝圣。整个内转的行程一般要三四天左右。除了不定时的内转外，对虔诚的信徒来说，每年还要外转一次，外转的路线是先内转，然后按顺时针方向绕卡格博山峰一周，风餐露宿，整个行程大约要12天左右。

（2）达摩祖师洞，又名达摩乃，位于维西县塔城乡其宗行政村驻地西北约6公里的达摩山（阿海洛山）的山壁之上。原为一檐高约30米，进深约10米的天然石洞，相传达摩祖师曾云游到此，在洞中面壁10年而得道成佛，在洞壁留下面壁影像和"顿石成洼"足迹，山洞因此而得名，成为远近闻名的佛教圣地。此后经历年逐步修建，在洞中依壁叠木、依洞造型，筑成禅房三四间，形成石洞与僧房互为一体的奇特景观。大约在1904年前后，住持僧李功高又主持募资，大兴土木，在洞旁绝壁上以壁为墙、凿石穿木、叠木成寺，历时30年，建成贴壁而上的经堂及僧舍一幢，与山下分列左右的来远寺和达摩寺遥遥相望，成三足鼎立、互为掎角之势，由此盛名与奇景并重，使其声名远播。"文化大革命"期间遭到破坏，1984年以后由人民政府资助重新修复，并将原属止贡噶举派的来远寺以及原属噶玛噶举派的达摩寺等两个寺的僧侣合并于此活动。其大经堂供奉释迦牟尼、莲花祖师、格鲁派创始人宗喀巴以及止贡噶举和噶玛噶举两派祖师的造像，并珍藏有相传是达摩祖师"顿石成洼"石迹以及达摩祖师及其弟子的遗物灵塔。现有僧侣74人，活佛2人，其中住寺僧侣2人。

达摩祖师洞位于达摩山（阿海洛山）山顶，以洞口为起点，山顶周长约3公里，转山活动即在此进行。日久天长，香客众多，转山之处竟成小径。每年农历四月初一，相传是达摩祖师的成佛日，远近香客聚众数万人，风餐露宿，熙熙攘攘，摩肩接踵，纷纷沿山转经不止，浩大场面，蔚为壮观。

（3）大宝寺，又名仁安乃，位于中甸县城东15公里硕多河上游的山顶上。建自明代。相传为大宝法王亲自选址修建，故得名"大宝寺"。原为噶举派小寺，改宗黄教后曾为归化寺的寺属念经堂。供奉有藏传佛教各派的本尊佛像，每年由归化寺派僧侣二人看守。"文化大革命"期间被毁，现已重新修复，成为远近香客烧香拜佛胜地。

（4）百鸡寺，又名拉克乃，位于中甸县城西门后的山顶上。建自明代。相传当地群众每遇病患灾祸，便去寺内送鸡放生，许愿祈祷，此风气渐盛，致使寺内鸡鸣不绝，百鸡成群，故名"百鸡寺"。改宗黄教后成为归化寺的寺属烧香堂。清同治八年（1869年）在战乱中被毁，4年以后又重建。内供黄教祖师和护法诸神造像。每年由归化寺派僧侣2人住寺管理。"文化大革命"期间被毁，是公众烧香拜佛的胜地。

除了上述较为著名的佛教圣地外，迪庆各地尚分布有许多规模不等的朝山拜佛场所，如德钦县佛山乡的江格乃，中甸县东旺乡的贡尖庙、贡松庙，维西县叶枝乡叶枝行政村黑边各自然村的菩萨庙、攸洛村的生生洞佛祖庙等。

经堂

经堂亦可称为佛堂，迪庆藏语中称之为"拉空"，是供佛以及念经聚会的场所，在寺院僧众以及信教群众的日常生活中占有十分重要的地位。迪庆藏族自治州藏传佛教的经堂种类很多，大体上可分为寺院经堂、公共经堂和家庭经堂三种。

寺院经堂

寺院经堂属寺院所有，其设立、使用和管理均由寺院负责。为了解决寺院僧众念经、拜佛、学习教义以及其他宗教活动的需要，各个寺院均设有经堂，亦称佛堂，是每个寺院活动的核心场所。殿内供奉有释迦牟尼佛和诸神塑像以及经书等。长年油灯不熄、净水不断，并按照职位高低和资历深浅排列有僧侣座次。在较大的寺院中，不仅设有大经堂，而且还设有一至数个小经堂，以满足不同内容的宗教活动的需要。此外，寺院的每一个"康参"（僧侣基层组织，有的地方亦称"安楚"或"阿曲"等）和"康参"之下的"密参"也都设有各自的经堂。因此，就寺院系统来说，凡有僧侣组织的地方，也就必定有经堂。

公共经堂

公共经堂一般由两个部分构成，一是公共议事聚会的场所，在迪庆藏语中被称为"西空"，意为"公共的"；另一部分即是被称为"拉空"的从事拜佛念经活动的场所。由于藏传佛教具有较明显的参与世俗事务和社会政治、经济活动的性质，因此公共经堂在迪庆州僧俗社会生活中作用十分巨大，起到了联系僧俗之间、寺院和世俗社会之间的纽带作用。

公共经堂散布在各村，属各村公有。其设立、使用和管理以及经费开支等均由各村负责。经堂内供奉有释迦牟尼佛及诸神，并藏有经书。长年香火净水不断，由各村聘请僧侣一两人住守。它既是念经拜佛的场所，又是各村的公共议事堂。寺院发布的每一个号召，都会经过公共经堂而传播到每一个人中；寺院举行大规模的念经活动和法会庆典，也都会得到他们的纷纷响应。因此，藏传佛教正是通过寺院——公共经堂——僧俗群众这样一条线索而深深根植于藏族和其他一些民族的社会之中。

在中华人民共和国成立以前，迪庆州各地的公共经堂数量很多，难以逐一统计，其中最为有名的有下列几个：

（1）本寨经堂，位于与中甸县城毗连的中心镇石寨，主楼为三层兽吻飞檐建筑，气势雄伟，以收藏有丰富的文物典籍而闻名。主楼为经堂，四周厢房分别为大小客厅、议事厅、执事房、厨房、大小仓房和碉楼等，是全寨议事、集会的中心，也供群众办理喜庆宴会之用。本寨经堂初建于清雍正二年（1724年）。此后于咸丰三年（1853年）重修，同治八年（1869年）在战乱中被毁，又于光绪八年（1882年）重建；"文化大革命"期间被毁，1983年以后由人民政府资助重建主楼。1967年被列为云南省级重点文物保护单位。

（2）大佛寺，位于中甸县中心镇大龟山顶。建自清康熙年间。初为藏官官邸，清同治己巳年（1869年）战乱中被毁，光绪乙亥年（1875年）重建，成为公共念经堂。1936年扩建，更名"朝阳宫"。内供释迦如来金身造像，并请本寨经堂僧侣主持管理，远近香客络绎不绝。"文化大革命"期间被毁，1985年8月重建，次年5月竣工，定名"朝阳楼"，现为中心镇老年人文化活动中心。

（3）太平苑，又名"太平寺"或"太平院"。建造年代不详，但应晚于寿国寺。位于维西县白济汛乡统维行政村驻地西南约4公里的喇嘛寺自然村旁，每年春节时期，远近香客络绎不绝，成为烧香赶会胜地。"文化大革命"期间被毁，现仍设有烧香台，零星香客仍前往烧香。

（4）巴久寺，位于德钦县云岭乡西当行政村的永宗自然村。建寺年代不详。原是红坡寺的寺属烧香堂，后逐渐演变成为公共烧香堂。设有佛殿、烧香台和转经堂等设施，并由红坡寺派僧侣看守。"文化大革命"期间被毁，现已逐步修复。

（5）查里通庙，位于德钦县云岭乡查里通行政村日义通自然村旁的查里通江桥畔，有时又被称为"日义通庙"。建造年代不详。原是红坡寺的寺属经堂，因其位于西藏察瓦龙转经拜佛必经之路的路口上，到此烧香转经的香客很多，故渐演变为公共经堂。设有佛殿，烧香台和转经堂等设施，并由红坡寺派僧侣住守管理。"文化大革命"期间被毁，现逐步恢复。

迪庆藏族自治州境内的公共经堂，经过历次动乱的毁坏，目前绝大多数已不复存在，现在有些地区正在逐渐开始恢复，但其中除了少数仍然作为公共经堂而恢复活动外，大多数由于无力供奉菩萨和经书而改建为转经堂。

家庭经堂

家庭经堂是信教群众自行在家中设立的供佛和念经的场所，其规模和装饰根据各自的经济能力而大小繁简不等。早期的家庭经堂，多为家中有出家为僧的人家所设立，以备其居家期间念经供佛所用。随着佛教在社会上的影响不断扩大，经济条件好的人家也纷纷在家中辟设经堂作为崇佛的场所。

家庭经堂一般设在楼上，专辟一间洁净清宁的房间，并根据各自家庭的经济状况供奉大小不等的菩萨造像。菩萨种类无定例，在迪庆州多为释迦牟尼佛、莲花祖师、观音菩萨等。长年油灯净水不断，平时供灯上水，每遇家中有事需请僧侣念经时便作为僧侣念经歇息的场所。

近年来，由于公共经堂的减少以及以村社为单位的集体念经拜佛活动的减少，公共经堂的功能多已转移到个体家庭之中，因而家庭经堂的设立已相当普遍，几乎各家都辟设了家庭经堂，经济状况较差的人家，虽无力供佛上灯，但也往往专门辟设一间较为洁净的居室，供僧侣念经歇息所用，此居室经常保持清净，除僧侣和贵宾外，其他人均不得使用。

场所和设施

迪庆藏传佛教活动中，除了上述的寺院、佛教圣地和经堂外，尚有许多不同类型的宗教活动场所和设施，归纳起来大致可分为活佛别墅（日吹）、神山（日达）、转经法物和转经场所、烧香台、佛塔（吉丁）等。以下分述之：

活佛别墅

活佛别墅在迪庆藏语中一般被称为"日吹"。日吹一词的本意为"山凹处"，以后用于泛指"深山中的清净所在"，佛教传入后又转意为"静坐修炼之处"，常被译为"修法小院"或"茅蓬"，用以称呼山林僻野之中的静修室。藏传佛教发展后，特别是格鲁派的统治地位被确定之后，许多日吹被改建为活佛别墅，因而日吹这一词在迪庆州便渐渐成了活佛别墅的代名词。

活佛别墅是大寺活佛消夏避暑或诵经坐禅的专用建筑，一般均与静室合为一体，常选山青水秀、幽静清宁之处建造，供活佛定期或不定期地息养所用。迪庆州境内的活佛别墅数量较少，规模也不大，多为格鲁派大寺名望较大的活佛所有。自从宁玛派和噶举派被迫改宗格鲁派以后，原属二教的一些环境优美、建造精良的小寺庙便被改建成活佛别墅，供名望较大的活佛使用。同时，在活佛别墅的发展演变过程中，由于各种原因，规模较大的那些别墅往往演变发展成为寺院。如德钦县燕门乡的布公寺，便是由活佛别墅逐渐发展成为寺院的。

迪庆州境内的活佛别墅中，规模最大、最为有名的要数德钦县奔子栏村的水边寺。其以座落在气候适宜、风景优美的水泊胜地而得名。此外，在德钦县街道办事处的日吹、阿东办事处的白则、羊拉乡规吾村的日吹以及中甸县尼西乡汤满村等地均建造过活佛别墅，但至今绝大多数已遭毁坏。目前水边寺正逐步恢复。尼西汤满村的多格日吹（亦称"达格寺"，原为归化寺阿布活佛的别墅）由当地信教群众集资修复后改作公共经堂。此外，近几年已逐步修复的活佛别墅还有中甸县尼西乡的东格日吹、五境乡的吉仁日吹、东旺乡的崩日吹和德钦县奔子栏乡的青古日吹、错卡日吹等。

转经法物和转经场所

转经是藏传佛教信教群众的一项经常性活动，在迪庆州信教群众的生活中占有很重要的地位。转经是"绕佛"与"祈祷"相结合的产物，其主要内容有二：一是"转"，这是"绕佛"活动的衍化行为，即绕着某些特定的场所旋转，或者人为地使某种特定的物体转动；二是"颂经"，即在"转"的同时口诵"唵嘛呢叭咪吽""六字真言"（又称"观音六字大神明咒"）。

在转经活动中，"转"的形式可以分为"人转"和"物转"两种。"人转"

主要有"转山""转寺""转塔""转喇嘛堆（嘛呢堆）"等；"转物"则以使"转经筒"或"嘛呢轮"转动为主。下面分别叙述迪庆州信教群众转经活动的各种场所和法物。

（1）转经亭

转经亭是常见的转经设施之一，由转经筒（亦称嘛呢轮）和亭舍两部分构成。转经筒的形状如桶，有圆形和多边形数种，用木片或者牛皮等蒙面而成，尺寸大小不一，桶中贯以轴棍，呈直立式用轴承固定在亭舍的横梁及地板上，可自由转动，筒内装有纸印经文，蒙面上绘有彩色图案和"六字真言"，转经时使之顺时针方向旋转，每转一周表示念诵六字真言一遍，其动力来源有风动、水动、手动、脚踏式甚至电动式等数种。

转经亭在迪庆藏语中称之为"动魁"（有些地区因语音变异的关系而被称之为"道柯"）。迪庆州境内的转经亭仅有手动和水动两种，其中手动的转经亭被称之为"动魁"，而水动的转经亭则被称为"乾魁"。

手动转经亭（动魁）的转经筒尺寸稍大，直径多为1.5至2米不等，高度为2.5米至3米不等，一般均为木板蒙面并加以彩绘。亭舍与一般房屋无异，转经筒置于亭舍中央，亭舍内除安置转经筒外，一般不再装置其他设置，少数较为考究的转经亭，在亭内尚置备精巧的香案，供转经者献花上水。迪庆州的手动转经亭中，多半在亭舍的横梁上悬挂一个或两个铜铃，并在转经筒的上缘钉上一个拨针，使其能在随转经筒转动时拨动铜铃，每转一周便发出一两声清脆的叮当声，既悦耳又便于计数。

手动转经亭（动魁）在迪庆州的分布较广，在每个寺院、庙宇、烧香堂或其他一些宗教活动场所及各个较大的村寨几乎都有设置，其转经的方式一般可分为"推磨式"和"坐立式"两种。推磨式转经是转经者用手拉住转经筒上的拉环，或用手推转经筒上的手柄使之转动，转经时人同转经筒一起顺时针转动，形同推磨。此种转经方式所转的圈数一般较少，而坐立式转经则是转经者坐在转经筒前，一面口诵六字真言，一面手数念珠，不时用手拉动转经筒上的拉环使之顺时针转动不停。此种转经方式所转的圈数一般都很多，转经者每数完一串念珠，便用豆粒或玉米籽以及小石子等颗粒状物计数一次，满十进一，不停地念诵、不停地数珠并不停地使转经筒转动直至千百圈，常常可达数小时之久，多为虔诚信徒所采用。

水动转经亭（乾魁）多设置在村头或路边的水渠之上，亭舍跨立于水渠之上，开关大小与一般的水磨房无异，转经筒中轴的下端装有水轮，借助水的推力使之转动。水动转经亭的分布尤以德钦县为最广，数量也最多。与手动转经亭相比，水动转经亭的建筑结构较为简单，规模也较小，转经筒多为直径不足1米，高度约1.5至2米的圆柱形，为了防潮，多以牛羊皮蒙面。蒙面上一般不加彩绘，也不刻写六字真言，亦无人管理，任凭转经者自行转经。

（2）喇嘛堆

喇嘛堆又称"嘛呢堆"或"祈祷石"，迪庆藏语称之为"得摩"，既是藏传佛教中的祈祷用法物，同时也是转经场所。喇嘛堆的形成是将刻有六字真言的石块或石片置于来往行人较多的山口道旁，过路的信徒不断往上添加石块，日久成堆而得名。凡信徒路遇喇嘛堆，多按顺时针方向沿堆绕行一周，以积功德。

喇嘛堆上均竖置有"经幡"（亦称"嘛呢旗"）是藏传佛教祈祷用法物之一。用白布或彩纸制成条状，上书六字真言或其他经文，扎制成串系于竿上，竖在屋顶或山头上表示祈祷。较豪华的经幡以木为杆，木杆约有碗口粗细，顶端系有幡旗，杆体雕刻彩绘，独具匠心。除木杆外，较为普遍而常见的以竹为杆，其高度较木杆为高，成串的幡旗十分醒目。迪庆州境内的喇嘛堆分布极广，数量很多，特别是在德钦县和中甸县，旗幡林立，举目可见。但迪庆州境内喇嘛堆的规模多不大，高不过2米，底周不过四五米。由于藏文和藏传佛教的密切关系，信教群众皆视为神圣，认为藏文与六字真言具有同样的效力，因而凡刻有藏文的碑石碎片，均被用于堆置喇嘛堆，以至有些地方在百米范围的山梁上，竟有十余座喇嘛堆，风吹幡动、甚为壮观。

（3）嘛呢轮

嘛呢轮亦是藏传佛教的祈祷用物之一，有时也称为转经轮。形如小筒，高约10厘米、直径约10余厘米。多用铜或其他金属薄片蒙面而成，内装有纸印经文，蒙面上刻有各种图案和六字真言。筒中贯以轴承，并安装有手柄，执于手中转动不已，同时口念六字真言，以示祈祷。嘛呢轮小巧玲珑、做工精良，携带方便。迪庆州的资深僧人多有备置，常持手中，行路转山之时转轮诵经不止。

（4）其他转经场所

迪庆州藏传佛教僧俗信徒的转经活动，除用上述转经法物进行外，还表现为转山、转寺、转塔等多种形式。转经者口诵六字真言，或步行或"五体投地"（又称"五轮投地"俗称磕长头），围着山、寺、塔等物转绕，一圈二圈直至千百圈，以示虔诚。迪庆州凡有名声的神山、大寺或佛塔，均有信徒转经。其中规模最大的要数德钦县乃钦卡格博的转山活动和维西县达摩祖师洞的转山活动。

烧香台

烧香台是供信徒烧香拜佛的专门设施，迪庆藏语称为"松而拉"或"梭它"。迪庆州境内的烧香台分布极广，不可胜数。从寺庙到圣地，从神山到各个村落，甚至一些寻常百姓的院舍之内均有设置。与汉地佛教不同，藏传佛教的烧香活动多在室外进行，所采用的烧香方式也不是使用香柱制成品的"插香式"，而是采用"燃香式"，即分别不同的场合使用普通的树枝叶、柏树枝叶或某种含香的树枝叶放到香炉中点燃，在某些重要的场合，还要添进一些特制的香料。为适应这种"燃香"方式，藏式烧香所用的烧香炉不是盂装的容器，而是依照炉灶原理设置的烧香台。这种炉灶式烧香台约2米高，由基座、炉膛、烟囱三部分构成，一般用泥土加上石块垒成。将枝叶填入炉膛内点燃，浓烟冲天而上，若再添加香料或使用某种含香树木的枝叶，则香烟四溢，令人心旷神怡。烧香时，烧香者均要念经，或者立于炉前合掌祈祷，或者围着烧香台"转经"，一面顺时针旋转，一面口诵"六字真言"（唵嘛呢叭咪吽）。

佛塔

佛塔是用以装藏舍利和经卷等物的宗教建筑物，迪庆藏语称之为"吉顶"。与汉族地区高大雄伟的佛塔不同，迪庆藏传佛教的佛塔娇小玲珑，一般高约2米至3米，基座周长约4米至5米，多数为圆形或四边形，一般为土木石混结构，也有少数为砖石结构。

藏传佛教佛塔内的装藏物，照其原意应该是人世间所有的一切东西。

迪庆藏传佛教地区"吉顶"内的装藏物，多为纸印经文和日常生活生产用具，也有一些是专为特定的"圣物"（迪庆藏语称"曲奠"，包括圣石、圣像等）而设立。按照佛塔的性质来说，迪庆州境内的"吉顶"可分为两类：一类是为崇佛祈祷而建的佛塔，有的地方因为据信有鬼作祟害人，便在当地建造一座"吉顶"作为镇魔驱邪。此类塔不转经，塔内的装藏物也与一般吉顶不同，要根据魑魅的性质由卜卦决定。

迪庆州境内的"吉顶"在历史上分布很广，数量也较多，但经过历次动乱，至今多已毁坏无存。目前各地的佛塔恢复很快，各村几乎都有设立，其中较为有名的有德钦县白转经（吉顶贡庙）内的"吉项西格"（水晶白塔）、英主顶寺下方的"飞来石塔"、红坡寺下方的向脑村吉顶以及1990年在中甸尼西兴建的班禅大师纪念塔等。

二　寺院建筑艺术

迪庆州寺院建筑基于传统的藏族建筑风格，又广泛吸收了汉族、白族和纳西族的建筑艺术，形成了多样化的建筑特色。遗憾的是，迪庆州境内历史上的寺院均遭毁坏，难以知其全貌，目前所有的寺院正在恢复兴建阶段，尚未形成完整的寺院整体，因而无从对迪庆州寺院的建筑风格和建筑艺术进行全面而详细的介绍，只能根据残存和现有的寺院述其大概。

迪庆州境内的寺院建筑风格，可以按其地域分布划分为两大类。一是中甸和德钦二县境内的寺院建筑，由于地处迪庆藏区腹地，而且格鲁派势力占统治地位，故体现出浓厚的藏传佛教传统建筑风格。二是维西县境内的寺院建筑，由于地处藏族和纳西族的外缘交融地带，历史上受汉族、纳西族和白族文化的影响较大，而且在教派上又属于以丽江为中心的噶举派系统，因而其建筑风格更多地体现出多种文化交融的特色。当然，为了适应传统佛教自身特有的一些特点和要求，因而在寺院建筑的基本格式上，特别是在寺院建筑的总体布局上，都具有较为鲜明的藏传佛教的传统风格。

从寺院建筑的总体布局上看，迪庆州的寺院一般都按照藏传佛教传统的布局形式，主殿居中，经堂佛殿和僧侣住宅等设施环绕四周，形成了在地域上相连的、以主殿为中心的建筑群。其中主殿等主体建筑巍峨高大，矗立于寺院中心，周围簇拥拱卫的僧舍等设施则相对矮小，立体轮廓十分鲜明，加之寺院建筑群落皆依上叠垒而上，更加强了布局上的立体感。这种以大殿为中心的统一而又多层次的布局形式以中甸县的归化寺最为典型。但是，由于住寺僧侣人数较少等一些原因，迪庆州境内的噶举派和宁玛派寺院规模较小，各种建筑设施的数量也很有限，因而其在寺院建筑的总体布局上也有所不同。主殿一般不再位于寺院的中心位置，并以院墙护围，僧舍于主殿附近另成一体，形成主殿与僧舍相对分离的格局。

在建筑形式上，迪庆州寺院中的僧舍一般都依照当地的民居形式而建，其中中甸和德钦等地多为"土掌房"形式，维西等地则多为"干栏式"建筑。而寺院中的大殿等主体建筑，则基本上统一于传统的"碉房式"建筑形式。在中甸、德钦二县藏区腹地，寺院主体建筑均表现为轮廓鲜明的立方体外形。其外墙主体是厚重高大的干打垒土墙，墙内则以原木立柱支撑并用板壁分隔为大小不等的屋舍。外墙上开窗既少又小，内部设施的自然采光主要依靠由碉桶形成的天窗。天窗上覆以架空顶盖，既能遮雨又利于光线的透入。碉墙顶部平掌作为阳台以及鼓楼等娇小的设施之所在。整个建筑外形厚重端庄、巍然屹立，给人以威严神圣的感觉。但是，由于地区和民族文化乃至教派上的差异，迪庆州的寺院大殿等主体建筑也往往表现出不同的建筑形式。根据残存的一些零星史料，中甸县历史上的噶举派第一大寺"衮钦寺"虽然处于迪庆藏区腹地，但却采用了汉式建筑形式，并由此而得名"加更寺"（意为汉族式样的寺院）。这种建筑形式与中甸县和德钦县现存的寺院大殿建筑迥然不同，很可能与当时丽江纳西族木氏土司支持噶举派、在各地大量修建噶举派寺院，从而渗透于迪庆藏区腹地有关。不过，根据留存至今的维西县噶举派大寺寿国寺的大殿建筑形式来看，由于受汉族纳西族文化的影响较大，宗教上又与丽江地区的噶举派自成一系，因而维西县境内的寺院主体建筑，显然不同于中甸和德钦藏区腹地的碉房式大殿建筑形式。其多采用土木结构，虽然大殿同样体现了中空的碉房形式，但无厚重高大的土墙，顶部亦无敞开的平掌阳台，而是以全封闭的顶檐覆盖，半拱飞檐，雕梁刻柱，建筑表现形式的重心由下部的墙体转移到上部的屋顶，体现出以汉地庙宇建筑形式为主，多种文化交融的风格。此种建筑形式，以维西县仅存至今的寿国寺大殿最为典型。

从寺院的局部建筑上看，迪庆州各寺院的大殿等主体建筑，均普遍吸收了汉族、纳西族和白族的艺术风格。从古至今，迪庆州寺院的建设者中，都有许多来自内地纳西族和白族地区的工匠，他们的工作，主要集中在寺院建筑木结构部分的加工成形，雕刻彩绘方面，因而迪庆寺院的局部建筑尤其是木结构部分，明显具有白族和纳西族的建筑艺术特色。如归化寺和东竹林寺大殿屋顶架空顶盖的兽吻飞檐，碉楼内壁廊的屏门花窗，以及寿国寺大殿上层外围的镂花装饰立柱等，其造型和雕刻艺术的技巧和表现形式，无不体现出浓厚的白族和纳西族建筑艺术特色，并巧妙地与寺院整体建筑融为一体，实为藏传佛教寺院建筑之瑰宝。此外，在白族和纳西族建筑风格的影响下，迪庆州的寺院建筑中，大面积地采用精工细雕的屏门花窗，也使其独具特色。

第三节　寺院制度和僧侣组织

云南藏族地区的藏传佛教各派中，格鲁派的寺院制度和僧侣组织比较严密，并具有较明显的"政教合一"的特色，其中以中甸归化寺最为典型。噶举派的寺院制度和僧侣组织则由于在发展过程中受到格鲁派的影响，但又保留着传承于丽江纳西族地区噶举派寺院制度及其组织形式的特点。至于宁玛派寺院，由于长期受到格鲁派和噶举派的双重排挤，加之僧侣组织较为松散，所以寺院势力弱、规模小、僧侣数量少，未形成独立而完善的寺院制度和僧侣组织。

一　僧侣组织
格鲁派
云南藏区的中心，迪庆州各寺院的组织机构，以归化寺最为复杂，共分为"扎仓""康参"和"密参"三级；其次是东竹林寺，其组织机构分为"大寺""安楚"和"越边"三级；其余各寺由于僧侣人数少，其组织形式和管理机构也就简单，以下分别叙述归化寺和东竹林寺的组织机构。

归化寺的最高组织机构是"扎仓"意为"僧院"，是僧众学习经典、修习教义的地方。在藏传佛教的一些较大的寺院中，常因学习内容的不同而将"扎仓"分为不同的类型，因而在一个大寺院中也就分别设立有数个扎仓。归化寺只由一个扎仓组成，因此，"扎仓"这一称呼在中甸县就成了归化寺整个组织机构的代名词。"扎仓"由"堪布"（总管）主持，下设"翁则"（领经师）、"格贵"（执法僧）和"强佐"（堪布代理）等人，负责管理全寺的各项重大事务。

归化寺扎仓（大寺）的下属组织是"康参"意为"僧团"，即按僧人籍贯或来源地的地域划分，将大寺僧侣划分为若干团体，形成教区区域性组织，由康参老僧主持，下设"念哇""格干"等办事人员，相对独立地管理本教区的行政、宗教和经济事务。归化寺扎仓（大寺）之下共分8个康参，分述于下：

（1）独克康参：包括大中甸城区和乡下8个大村以及三坝的白地、哈巴两村，共10个大村的范围，1956年时有僧侣193人，僧舍55厦。

（2）扎雅康参：包括大中甸的6个大村，在1956年时有僧侣226人，僧舍77厦。

（3）东旺康参：又称"詹茸康参"，包括东旺部分地区以及格咱、翁水等几个村，1956年时有僧侣209人，僧舍56厦。

（4）龙巴康参：是尼西地区僧侣的康参，在1956年时共有僧侣273人，僧舍79厦。

（5）洋朵康参：又称"洋塘康参"，是小中甸地区僧侣的康参，1956年时有僧侣206人，僧舍68厦。

（6）结底康参：又称"濯康参"，包括大中甸的结底、孜尼两个大村以及格咱地区的大部分村落，1956年时有僧侣107人，僧舍41厦。

（7）卓康参：原为江边地区（今上江、金江、三坝洛吉等地）纳西族僧侣的康参，中华人民共和国成立之后，江边地区信教人数锐减，原籍僧源不足，多改为来自小中甸等地的僧侣，1956年时有僧侣63人，僧舍8厦。

（8）乡城康参：是中甸县与四川省甘孜州的乡城和得荣两县毗连地区僧侣的康参，1956年时有僧侣52人，僧舍12厦。

除归化寺以外，东竹林寺的大寺之下也设有相当于"康参"这一级组织，但在称呼上不称之为"康参"而称之为"安楚"或"阿曲"。每个安楚设有"第哇"（管事，俗称僧官）4人负责处理本安楚的日常事务。东竹林大寺之下共设立7个安楚：

（1）达吉安楚：以德钦县奔子栏乡奔子栏行政村僧侣为主，中华人民共和国成立以前有僧侣约200人，现有僧侣90余人。

（2）叶日安楚：以德钦县叶日行政村的僧侣为主，中华人民共和国成立以前有僧侣约180人，现有僧侣约50人。

（3）书松安楚：以德钦县书松行政村僧侣为主，中华人民共和国成立以前有僧侣100余人，现有僧侣50余人左右。

（4）朱巴龙安楚：是德钦县霞若乡僧侣的安楚，中华人民共和国成立以前有僧侣50人左右，现有僧侣20人。

（5）荣马安楚：是德钦县拖顶乡境内僧侣的安楚，中华人民共和国成立以前有僧侣180人，现有僧侣60人。

（6）蔡通安楚：包括中甸县五境乡内各村落的僧侣，中华人民共和国成立以前有僧侣60余人，现有僧侣约20人。

（7）拉炳安楚：是维西县塔城乡柯那、川达等地僧侣的安楚，1919年前后开始建成柯公寺，成为东竹林寺的一个分寺，中华人民共和国成立以前有僧侣60余人，现有僧侣18人。

除归化寺和东竹林寺以外，迪庆州其他格鲁派寺院的大寺之下均未设康参（安楚）这一级僧侣组织，来源于各地的僧侣直接受大寺扎仓的统一领导。

寺院扎仓、康参之下的最基层僧侣组织称"密参"，意为"一户口"或"一户人"。"密参"一般以同一地区、同一部落的僧人集中形成一个居住单位共同生活，人数多在一二十人左右。在迪庆藏传佛教地区，"密参"这一级组织多与藏族政治社会"属卡"制度中的"属卡"（即最基层的行政组织，相当于支村或现在的合作社）相结合，具有较浓厚的"政教合一"的色彩。"密参"由各"属卡"的僧侣组成，形成一个小僧侣集团，若干小集团（密参）又按相同的地域划分，共同组成一个"康村"由康村老僧和密参老民共同组成管理机构，不定期地召开密参会议，协商解决各密参中的各项重大事宜，日常事宜则由密参老民负责处理解决。

在东竹林寺，安楚之下的最基层僧侣组织称为"越边"，由两三个自然村的僧人组成一个"越边"，又由若干个"越边"共同组成一个"安楚"，自上而下地对全寺僧人实行分级管理。那些规模较小的寺院则由寺院对僧侣实行直接管理，而不设"密参"（越边）和康参（安楚）这两级组织。

噶举派

迪庆州噶举派寺院的僧侣组织形式较为复杂。由于与丽江纳西族地区噶举派寺院的传承和教派方面的传统联系，因此，迪庆州噶举派寺院的早期僧侣组织采取了以僧侣家庭（扎厦）为主体的"扎厦"制。其僧侣组织分为寺院（衮巴，或称扎仓）和"扎厦"两级。寺院由数个扎厦组成，每个扎厦（僧侣家庭）的成员基本上都来源于一个血缘僧侣家族，以辈分最大的充任户主，由二至三代组成师徒关系。各扎厦一般都分别为四合院、三方一照壁或前后两院类型，内设经堂、僧舍、会客室、厨房、马厩和菜园等，形成一个共同生活的僧侣家庭。每个扎厦的人数一般不超过10人，人数增多后可以分家。分家后虽然仍可同住一个大院，但须另起炉灶开伙。

"扎厦"（僧侣家庭）制度具有浓厚的丽江纳西族地区木氏土司区内土司和寺院"克母"（堪布）世袭制度的色彩。虽然迪庆州的噶举派寺院内的"克母"（堪布）的产生由于受到格鲁派的影响是由选举产生的，但每个扎厦的僧侣却是世袭的，少者为一代人，多则为4代人。

近代以来，迪庆州境内噶举派寺院的扎厦制度已逐渐废除，来自血缘家庭以外的僧侣日渐增多，僧侣家庭（扎厦）基本解体，取而代之的则是以僧侣籍贯或来源地划分僧侣集体的安楚（康参）制度，僧侣平时居家、念经回寺的居家制度以及僧侣在寺院周围自行开伙的"入伙"制度。

安楚（康参）制度对僧侣进行分级管理，大寺扎仓（衮巴）之下设立若干"安楚"（康参）对同一籍贯或同一来源地的僧侣进行管理。中华人民共和国成立以前，迪庆州噶举派寺院中的来远寺、达来寺和达摩寺已采用了此种组织形式。其中来远寺在大寺扎仓（衮巴）之下设立的玉日莫安楚、为维西县塔城乡巴珠等村僧侣设立的巴珠安楚以及为来源于丽江和维西等地的纳西族僧侣设立的中安楚和伯中安楚。达来寺则设有两个安楚，一个是为维西县塔城乡马珠村藏族僧侣设立的巴珠安楚，一个是为纳西族僧侣设立的囊（意为纳西族）安楚。达摩寺虽然在形式上也设立了大寺扎仓之下的安楚这一组织，但由于只有一个安楚，僧侣又同为纳西族，而且也没有形成与安楚相应的组织机构，仍由扎仓对僧侣进行直接管理。

　　除了上述三个寺院外，迪庆州的其余噶举派寺院均由扎仓对僧侣直接进行管理。由于"扎厦"（僧侣家庭）被废除，来自各地的僧侣自行或者合伙在寺院周围建房居住开伙，形成一个僧侣村落，在大寺扎仓的领导下统一活动。此种组织形式以寿国寺最为典型。另有少数寺院虽然也由扎仓对僧侣实行直接管理，但寺属僧人平时多在自己家中生产或替人念经，每逢寺院内集体念经或做法会时，方才回寺参加活动，平时则轮流委派数名在寺内念经守护。

　　由于僧侣组织形式上的变化，对僧侣的管理方式也发生了相应的变化。早期的扎厦组织中，是由大寺通过各扎厦的户主"阿楼玛"（师公、师父）和"阿叔玛"（师叔）进行家长式管理。扎厦组织解体后多由"克母"（堪布）、格贵、翁则等各类管事对僧侣进行行政管理。

宁玛派

　　宁玛派寺院的僧侣组织较松散，平时僧侣各自在家中从事生产劳动并为群众念经或行医治病，仅在全寺性念经或做法会对才回到寺中。平时仅轮流派出数人住寺守护，从事开门供灯，打扫卫生和管理信徒烧香拜佛的奉献等工作。

二　宗教组织

　　在迪庆州格鲁派各寺院中，寺院宗教组织亦以归化寺和东竹林寺最为完整。其他各寺由于寺小人少，均以归化寺和东竹林寺的宗教组织形式为例，但其管理机构较为简单，人员也较少。

　　归化寺的最高宗教组织是"拉习会议"，拉习会议由主寺活佛主持，全寺的活佛、格西、堪布、强佐以及卸职的堪布（堪苏）组成，商讨重大的教务问题以及整顿教规、研习经典教义等事宜。会议形成的决议则由各级宗教管理人员监督执行。其中堪布负责统筹管理一切事宜，强佐作为堪布的日常代理人督促各级管理人员执行，格西负责解释经典教义方面的疑难问题，翁则负责僧众赴坛念经时的开句领读，格贵负责监督管理僧众纪律及集会秩序，格干则负责各康参小僧的经典学习。

东竹林寺的组织机构较归化寺为简单，其寺院的最高权力机关为大寺"楚对会议"（"楚对会议"情况详见后面"行政组织"部分），负责全寺的行政及教务活动。会议形成的各有关教务问题的决议，由堪布组织实施，希根（大寺老僧）负责监督，并通过翁则、格贵和恩念、古哇等具体执行人员以及各安楚的当家老僧（根巴）负责执行。

迪庆州噶举派寺院的宗教组织，与格鲁派寺院大同小异。大寺以活佛为最高宗教领袖，下设"克母"（堪布）、格西、格规、翁则以及专门负责布置各种经坛（"初备"），专门指导僧侣跳神的"抽奔"和负责念经时的保安人员"格由"等宗教活动管理人员。在大寺之下设有"扎厦"（僧侣家庭）和"安楚"（康参）的寺院，由扎厦户主"阿楼玛"和"阿叔玛"以及各安楚的大小管理人员配合大寺人员对全寺的宗教活动进行统一管理。

宁玛派寺院的宗教事务由"拉玛"即学识高深、德高望众之老僧主持。"拉玛"之下设有翁则负责管理全寺性的念经活动，另设大小管事数人，在"拉玛"的直接领导下负责办理寺内的各项活动。

三　行政组织

格鲁派

归化寺的最高行政组织是"堪扎会议"，由堪布、强佐、八大老僧和一名文书组成。凡召开堪扎会议，八个康参的格干亦到会参加旁听，遇有重大事务时，大寺觉厦和西苏两大机构的3个第哇（相当于财经主任）也要参加。堪扎会议有权代表大寺，作为神方代表参加中甸县地方的最高行政会议"吹云会议"，并负责决定全寺的行政及经济事务，处理重大的僧俗民事和刑事纠纷，负责协调地方政权、土司和大寺之间的关系。会议决议凡涉及到各康参的，则由八大老僧照会各康参老僧，通过康参格干负责执行。

堪扎会议的常设机构称为"拉章"，由堪布负责主持，组成人员为强佐1人，大寺念哇1人、格贵2人、翁则1人以及厨师、吹号手等勤杂人员数人，均由堪布直接选派，任期一般与堪布同为3年，可连选连任。大寺凡遇重大事务，即由拉章召集堪扎会议解决。

东竹林寺的最高权力机构为大寺"楚对会议"，负责解决全寺的行政、经济和教务等方面的重大问题。会议由大寺老僧（希根）主持，参加会议的除堪布、格贵等人外，尚有下述人员：

大寺等哇4人，负责全寺行政事务，并通过安楚第哇执行会议决议。

恩念8人，管理寺院财政，并分别负责全寺上下年度念经做会的开支。

木扎古哇3人，负责寺院每日6次念经的开支。

布拉古哇2人，负责每年二、四、六月和十二月举行的法会的开支。

女雅古哇2人，负责组织举办每年"哑吧会"并筹措办会经费。

"楚对会议"期间，由各安楚选派本安楚管事2人作为第哇、恩念等人的助手参加旁听，协助处理财政事宜，并负责在本安楚具体执行会议的决议。

东竹林寺的"楚对会议"分为大寺和安楚两级。大寺的楚对会议闭幕以后，各安楚又适时召开，参加人员为安楚第哇、根巴（安楚老僧）和达吉（相当于财政助理员）等管理人员，研讨执行大寺会议的决议等诸种事项。

噶举派

迪庆州噶举派寺院的最高行政领导称为"克母"（堪布）。在一些寺院中，克母之下还设有"常最"这一专职行政管理职务。"常最"必须常住大寺，在寺内设有办公处和宿舍，代理克母处理行政事务。在克母和常最之下分设各种具体办事人员"纽巴"，负责寺院的具体行政活动。在实行扎厦制的寺院，各扎厦的行政活动由户主"阿楼玛"（师公或师父）和"阿叔玛"（师叔）全权负责。而在实行安楚（康参）制的寺院，则在大寺统一领导下由各安楚的大小管事负责本安楚的日常行政事务。

宁玛派

宁玛派寺院尚未形成完整的行政组织，全寺的行政、宗教和经济事务，均由学识高深、德高望重的老僧"拉玛"主持，其下另设有为数不多的大小管事数人，在"拉玛"的直接领导下负责办理寺内的各项活动。

三　经济组织

迪庆州藏传佛教各派各寺院的经济管理和经济组织，以中甸格鲁派大寺归化寺最为完整。

归化寺的经济组织共分三层，其中扎仓拉章为最高层，大寺事务机构"觉厦"和"西苏"为第二层，各康参则为第三层；在管理形式上，归化寺的经济活动分为拉章直接管理、"觉厦"管理、"西苏"管理和康参管理这四种形式。除寺院经济外，各活佛"拉隆"（喇让）的经济独立于寺院之外，由其自行管理。

拉章直接管理整个归化寺370户"拉丢"（教民庄户）中的70户，在堪布的代理人强佐领导下由念哇（管事）具体负责收租等事宜，此项收入主要用于分配给堪布等人以及拉章放贷使用。

觉厦是拉章下属的具体事务部门，负责管理犬寺的财政收入，由"第哇"（相当于财经主任，俗称僧官）2人、"念哇"（管事）2人、"充本"（相当于经纪人）8人组成。主要工作是管理归化寺所属370户"拉丢"中由觉厦管理的300户缴纳的粮租、领发大寺定额僧侣1226人每人每年7.5斗（约112千克）的皇粮及其他物品，收纳僧侣定额之外的"编外僧侣"上交的口粮、收受地方政府转交的大小中甸的酥油税和东旺、格咱一带信教群众缴纳的酥油费，负责大寺念经时的三餐茶点供应等，并兼事放贷、经商和养畜等诸项经济活动，是寺院经济的中枢机构。

西苏是拉章下属的财务管理部门，原主要任务是负责大寺公共积累的管理，并负责大寺法会的供品、供物和基金的管理，后兼从事放贷、经商等活动，由"第哇"1人或2人、"念哇"1人、"充本"8人组成。

各康参的经济相对独立。康参的经济事务由各康参自行管理，其管理机构多不固定，由康参中的当家老僧统领"格干"（康参管事）和康参"念哇"各一至数人负责管理。由于康参僧侣来源地的经济条件有所不同，因而各康参之间表现出很大的贫富差别。

东竹林寺的经济组织与归化寺大同小异，但在管理形式上略为简单。东竹林寺的各项活动由大寺"楚对会议"（老僧会议）统一领导，日常活动由堪布全盘负责。堪布之下设有"第哇"4人主管行政和经济方面的活动，

"第哇"之下又分设"古哇"（小管事）若干种以及"恩念"（财经助理员）等数名具体办事人员，分门别类地管理各项经济活动。大寺之下各个"安楚"（相当于康参）的经济相对独立，在安楚"第哇"的领导下，由安楚老僧（根巴）监督安楚"达吉"展开活动。

其余各格鲁派寺院，由于寺小僧少，经济活动较为简单，故未设专门的经济机构和专职人员，各项经济活动均由行政组织和行政人员兼而管理。

迪庆州各噶举派和宁玛派寺院尚未形成强大的寺院经济，经济组织也不完善。一般都没有专设经济管理机构。僧众的日用口粮多由家供给，兼而通过外出为信教群众念经所得用以补偿。寺院经济活动主要是收取地租，兼而从事零星的放贷活动，并为僧侣集体念经时提供油盐等物以及将寺院地租收入中的一部分分给僧众补贴度日。由于寺院的经济活动较简单，规模也较小，因此通常不设专职的经济管理人员，而由克母或拉玛直接领导各个具体的行政办事人员进行管理。

四　管理人员

为保障寺院各项活动的开展，各寺院均设有大大小小的行政管理人员，其职位和人数各有所不同。迪庆州各寺院的行政管理人员主要有如下几种，其中以归化寺为最多。

强佐

强佐这一职务，在迪庆州各寺院中，仅有归化寺专设有此职务，相当于大寺最高行政机关"堪扎会议"的秘书长，时常以寺院主管堪布的代理人的面目出现，其职责是协助并代理堪布处理大寺的各项事务，由堪布在僧众中选任，任期一般与堪布相同，与堪布同进退。

老僧

老僧一般指寺院中的年老僧侣，但在迪庆州的寺院特别是格鲁派寺院中，老僧这一称呼是指那些德高望重并负有参与寺院管理职责的年老僧侣。他们参与寺院内的各项行政决策，并监督执行，因而其地位往往比一般僧侣要高。迪庆州各寺院的老僧，以其在寺院内的地位不同而分为以下三类：

（1）大寺老僧：在大寺扎仓内主管行政工作、参与大寺各项决策的老僧。在归化寺中称为"八大老僧"，东竹林寺称之为"希根"，其余寺院多不设此职位，而由堪布或"拉玛"兼理。归化寺的八大老僧职位由八大康参的康参老僧中各选出一名担任。他们与堪布或强佐一起组成大寺的最高行政机关"堪扎会议"，负责大寺的行政工作，同时在大寺的最高宗教机关"拉习会议"闭幕期间负责管理大寺的念经活动。东竹林寺的大寺老僧（希根）从大寺下属几个安楚（康参）的当家老僧（根巴）中选举产生，负责主持大寺的最高权力机关即"楚对会议"，并监督各级管理人员执行大会决议。

（2）康参老僧：是每个康参（安楚）的主管，负责主持领导各康参或安楚的行政、宗教和经济等各项工作，由康参下属的僧侣组织密参中的年老僧侣（密参老民）中选任。

（3）密参老民：密参是与迪庆藏族社会的村社组织制度即"属卡"（密参）相联系的最基层僧侣组织。各"属卡"的僧众组成一个密参，密参老民即由"属卡"（密参）僧众选举出德高望重者担任，负责对密参僧众进行管理，执行大寺或康参的各项决定。东竹林寺的最基层僧侣组织为"越边"，其僧侣活动由各个越边的老僧负责管理。

由于在迪庆州的各寺院中，归化寺和东竹林寺的僧侣组织是最完整的，因此除了归化寺和东竹林寺以外，其余各寺的老僧均没有分设为上述三类，多半仅设有大寺老僧这一级，少数几个寺院分设了安楚（康参）这一级老僧，作为基层僧侣组织各项活动的负责人。此外，维西傈僳自治县的一些噶举派寺院中，由于历史上曾实行寺院"扎厦"（僧侣家庭）制度，这种在血缘关系基础上组成的僧侣家庭（扎厦）也就是寺院的最基层僧侣组织，每一个扎厦的家长（阿楼玛或阿叔玛）也就是每个基层僧侣组织的当然负责人，他们虽然采取的是家长式的管理方式，但在权力形式上相当于"康参老僧"，直接在大寺领导下工作并行使权力。

仲译

仲译相当于堪布的秘书，负责处理堪布的来往文牍工作，通常由堪布聘任，任期与堪布相同。迪庆州各寺院除了归化寺设有专职"仲译"外，其余各寺均未设此职。

第哇（希根）

第哇的原意为"百姓头人"，原是地方政权中一级官员的藏语称呼，汉译为"营官"或"土守备"等。由于藏传佛教所具有的特殊的政教合一的地位，迪庆州的寺院特别是格鲁派大寺院中，也设置了"第哇"职位，亦可称为"大寺营官"。此职初为管理僧众的官员，后逐渐发生了变化。在归化寺中，"第哇"相当于大寺的财经主任这一级经济管理人员，分为"觉厦第哇"和"西苏第哇"两类。

（1）觉厦第哇：指在归化寺扎仓拉章的主要事务机构"觉厦"中担任"第哇"者，负责主管大寺的日常经济活动，每任2人，由在康参和大寺中担任过各项管理职务的僧众中选举产生。先由八大老僧在各自康参中首选2人，又将16名候选人交由堪扎会议表决确定。

（2）西苏第哇：指在归化寺扎仓拉章的主要财务管理部门"西苏"中担任第哇者，每任亦为2人，选举方式与觉厦第哇相同，由于其主要负责大寺内部的日常经济活动，一般不从事对外的经济活动，因而在地位上略低于觉厦第哇。

东竹林寺的"第哇"分为"大寺第哇"和"安楚第哇"两等，其中"大寺第哇"受堪布的直接领导，负责管理寺院的各项行政和经济事务，4年为一任，每任4人，由大寺最高权力机关"楚对会议"在"安楚第哇"中指定，其下又分设各种小管事处理具体事务。"安楚第哇"负责主持各个安楚（康参）的行政和经济事务，由各安楚的"楚对会议"在本安楚的僧众中指定，每2年一任，每任4人。

迪庆州的其他各寺院，由于与地方政权的联系不及归化寺和东竹林寺，且寺院的僧众人数较少，管理机构较为简单，因而少有专设"第哇"一职者。中华人民共和国成立以后逐渐消除了各寺院政教合一的特殊地位，因而带有政教合一色彩的"第哇"这一称呼也逐渐由"希根"（老僧）所取代。

念哇（恩念、纽巴）

念哇相当于寺院经济事务方面的管事，有时因语音的关系而被写成"业哇""聂哇"等，主要从事寺院的会计和出纳等工作。迪庆州各寺院的念哇种类以归化寺为最多，主要有以下几种：

（1）拉章念哇：即在大寺最高行政机关"堪扎会议"的常设机构拉章中担任念哇职务者，负责处理拉章机构的日常行政和经济活动。由堪布自行在僧众中指定，每任1人，任期一般与堪布相同。

（2）觉厦念哇和西苏念哇：指分别在归化寺扎仓拉章主要事务机构"觉厦"和"西苏"中担任念哇者，分别负责大寺的对外和对内经济事务，每任各有2人，分别由"觉厦第哇"和"西苏第哇"在寺院内担任过各种小管事职务的僧侣中指定，亦可由具有格隆称号的僧侣自行出钱买取该职，任期一般为3年。

（3）康参念哇：即在各康参中担任念哇一职者，负责本康参内的各项经济事务，由具有格隆称号的僧侣依照进藏受戒回寺的先后次序轮流担任，任期一般为1年。

在东竹林寺中，负责寺院经济事务的管理人员称为"恩念"或"希数"，每任8人，任期一般为4年，由"第哇"在僧众中指定担任。在迪庆州的一些噶举派寺院中，此类负责经济事务的管理人员通常被称为"纽巴"，人数和任期年限因寺院不同而不同。

充本

"充本"在藏语中意为"经纪人"，俗称"老板"，指在社会上从事经商活动的人员。由于在中甸特别是归化寺中，僧侣经商已成为一大特色，因此在归化寺中也专门设置了"充本"职务，负责寺院的经商谋利活动。归化寺的"充本"分为"觉厦充本"和"西苏充本"两类，分别负责使用"觉厦"和"西苏"所掌握的寺院公共财产为资本，从事经商谋利活动。每任各为8人，任期一般为3年，分别由八大康参各选举2人担任。除了归化寺而外，其余各寺院均未设立"充本"职务。

格

格干直译为"师保"，是归化寺各康参内秉承堪布和格贵意旨，负责整理本康参教规并教授和指导监督小僧（奔扎）念经修习的僧侣，同时协助老僧处理本康参的行政事务，就其活动来说，也可称为"老僧助理"或"康参管事"。由于汉语发音的关系，"格干"一词在译成汉语时，常被写作"公干"。僧侣担任格干职务，具有很大的荣誉，但由于当选为格干时，需在康参内向僧众"散份子"（送礼），耗资较大（归化寺中最少需银元2000元，多则可达万元），因此多由康参老僧会议在家庭富裕的僧侣中选任，或者由富裕僧侣"打干"（出钱买任）担任，任期一般为1年。

第四节　僧侣等级和学位制度

一　僧侣等级

僧侣等级，是指寺院僧侣在寺院生活中地位的高低，它包括僧侣在寺院中的宗教地位和在寺院中所担任的各种职务。在迪庆州各教派的各个寺院中，虽然对各个僧侣等级的称呼以及僧侣等级序列的序数有所不同，但总体上可以按教派分为下列几等：

格鲁派僧侣等级：活佛——堪布——格西——（哈朗）——格贵——翁则——（群财）——（染鸟）——格隆——班着伯鸟

噶举派僧侣等级：活佛——堪布——格贵——翁则——抽奔——格隆——班着

宁玛派僧侣等级：活佛（直格）——拉玛——翁则——格隆——班着

下面以格鲁派僧侣等级的序列为主，将各个等级略加介绍：

（1）活佛（古入、直格）

迪庆藏语一般将活佛称为"古入"，意为"化身"或"万世转生大喇嘛"，但在德钦县燕门乡的三个宁玛派寺院中，活佛被称为"直格"。

活佛是寺院僧众的宗教领袖，宗教地位最高、最为尊贵，但多不操俗务，对寺院内的政治、经济、对外交际等事务并不负责，终日闭户修持，唯当寺内举行庄严法会时才亲临法坛，接受教民朝拜。

活佛的产生实行"转世"的方式，前世活佛圆寂之后，转世人间，形成新的一位活佛。所以，每个寺院或地区的活佛数量，按理来说应该是"按位转世"的，但由于某些名声特别大的"堪布"也可转世成为活佛，加之民间亦有许多"自认活佛"和"非在位活佛"，因此，活佛的数量也不断增多。中华人民共和国成立时，迪庆州各寺院共有经过一定程序批准并任命的"在位活佛"36名，其中归化寺有6位，东竹林寺有9位，德钦寺和寿国寺各2位、来远寺3位，其余承恩寺、云登寺、红坡寺、英主顶寺、云仙寺、茂顶寺、布顶寺、柴摸寺、觉顶寺、扎玉寺、扎加寺、扎世取林寺、达摩寺和兰经寺等14个寺院各有1位。

迪庆州的活佛尚未形成独立的转世系统，按例须由其所属的各宗主寺院派任，而且各活佛转世也必须到西藏或四川的各宗主寺院按一定程序确定。活佛一经确定，便有法名，多以第一任活佛的降生地或属寺院的名称命名。

（2）堪布（拉草）

迪庆藏语称堪布为"开姆"或"克母"，意为掌教，是寺院各项事务的最高负责人，总揽全寺的行政、经济、宗教和对外交际一切事宜大权，虽然在宗教地位上低于活佛，但在各项重大宗教活动中，虽有活佛亲临法坛，仍由堪布担任主持人。此外，在中华人民共和国成立以前，堪布虽然不具有地方政府官员的身份，但却能够参加地方政府的各项决策，是宗教参与和干预地方政府工作的主要代表，因此在僧俗之间有很大的影响。少数名望极大的堪布也可通过一定程序转世为活佛，如归化寺的克斯活佛和阿布活佛、觉若活佛等，均由堪布转世。

迪庆州各寺院堪布的产生，一般有两种方式，一是由西藏派任，如德钦县格鲁派（黄教）三大寺（东竹林寺、德钦寺和红坡寺），便是由西藏不定期地指派一名堪布，统管三大寺的一切事务，20世纪40年代以后，西藏不再指派堪布，而由三大寺自行选任。另一种方式则是在本寺选举产生，其中以归化寺的选举最为严格。在归化寺中，堪布的产生按须在全寺的"格西"中选举产生。选举是在"拉习会议"（全寺最高宗教会议）中进行，被选中担任堪布者，若本人同意则可选吉日就任，若本人因故不愿出任堪布，则由拉习会议以"神选"的方式决断。即将其姓名与另外两名堪布候选人的姓名写在纸上，包裹在糌粑团里，当众由一老僧抛向佛像，谁滚得远，则由谁出任堪布，不得再次推诿，否则将被开除僧籍。不过，由于堪布所拥有的权势和实际利益颇大，因而很少发生由于被推选者不愿出任堪布而被迫采用"神选"的情况。堪布选定之后，形式上需由当地政府批准，任期一般为三年，在任期内由其自行指定强佐一人、"念唯"一人、"翁则"一人和"格贵"二人，组成大寺最高行政机关"堪扎会议"的常务机构扎仓拉章。此外，堪布还有权指定一名"者玛"（厨师）负责自己的膳食起居活动。上述人员多为堪布的亲戚或亲信，任期亦一般为三年，与堪布同进退。堪布任满卸职之后，一般被称作"堪苏"，仍保留有多种特权并有很大的威望。

在多数较小的寺院中，由于很少有获得"格西"学位者，故这些寺院的堪布一职多由德高望重的老僧担任。此外，在红坡寺中，虽然也设有堪布一职，但其职权范围只限于寺院的行政事务方面，寺院的宗教事务则另设与堪布平行的僧职"拉草"负责。"拉草"在寺院内的宗教地位略低于活佛，众僧待他如待活佛。

（3）格西（拉玛）

"格西"的藏语全称是"格威喜联"，意为"善知识""最有知识"或"良师"，是寺院宗教修习和经典释疑方面的权威，负责解释佛经疑难问题、指导众僧修持教义、教理和教规等，可理解为"博士"或"教授"，深得僧众和信徒的崇敬。

格西这一称呼在西藏拉萨三大寺系统的藏传佛教寺院中，不仅是一种尊称，而且已成为一种学位或学衔，须经过数十年刻苦研读方可获得。迪庆州各寺院的格西均要经过在西藏拉萨三大寺中长达二三十年的学习，按照格鲁派学制修习完五大论典（《释量记》《现观庄严论》《入中论》《戒律本论》和《俱舍论》）并通过考试之后，方能获得"格西"称号。由于学习时间甚长，一般经济条件的人家大多无力支付其学习和生活费用以及请客送礼等诸项浩大的开支，因而迪庆州各寺院的格西数量较少，多集中在几个较大的寺院中，而且一般都是家境富裕者。

格西学位为终身制，按例又依据考试成绩的优劣而分为"拉然巴""曹然巴""林瑟""日让巴"或"度让巴"四等。一般情况下，"拉然巴"和"曹然巴"等较高等级将留在拉萨三大寺或其他寺院继续深造或供职，其余较低的等级则回本寺或分配到别的寺院任职。迪庆州各寺院的格西均无等级之分而统称为"格西"。

在迪庆州的格鲁派寺院中，僧人从拉萨三大寺获得格西称号回寺以后，便可依次候选担任堪布。但在维西县的一些噶举派寺院中，由于噶举派较为重视密宗修习，因而其僧人在其宗主寺学完各门必须的课程之后，尚须回寺进行三年三月三日三刻的闭关修练，专门进行密宗修习之后，方可在寺内成为一名"格西"。

迪庆州的宁玛派寺院中，有时也使用"格西"这一称呼，但其含义却与格鲁派和噶举派所使用的"格西"的含义完全不同。在宁玛派寺院中，格西这一称呼往往用于那些等级较低的、只在其宗主寺院（四川白玉县噶托寺）学习过一年的僧人，而对于那些学识高深、德高望重的僧人，仍保留着传统的"拉玛"（"喇嘛"的谐音）这一称呼。"喇嘛"的原意在藏传佛教的早期历史上，是"上师""高僧"的意思，用以尊称那些有地位、有学问、有较高修养而能为人师表、领人进行修行的僧人。其后渐演变成对藏传佛教大小僧侣的称呼。而在迪庆州的宁玛派寺院中则保留了其谐音"拉玛"，用以称呼寺院内最有学问并主持寺院事务的僧侣。

（4）哈朗

哈朗一般译为"掌坛"，有时又同音异写作"哈那"，其地位略低于格西，负责解释经典疑难、协助格西指导众僧学习修持，在寺院内为终身制，亦需进藏学习数年至数十年方可得此称号。迪庆州的哈朗数量很少，仅在归化寺和德钦寺中设有此僧职。

（5）格贵

格贵意为"掌坛师"，负责管理寺院内的僧众纪律、监督众僧遵守教规。由于格贵在僧众集会时手持等身铁棒维持秩序，故而又被称为"铁棒喇嘛"，每至念经时便坐在大殿门边的高座上监督，如有刻苦诵经、终年不倦者，格贵有权将其座次往前提升，而对于不守教规者，则以铁棒惩之，甚至活佛本人，亦时常受到格贵的言语阻戒。迪庆州的大多数寺院均设有格贵一职，任期各寺不同，长者三年，短者一年。归化寺的格贵任期一年，由僧众选举产生，任期内的伙食由大寺供给，但需自备华贵袈裟一套，并向寺内僧众"散份子"（送份礼）一次。格贵每任视寺院大小为一至二人，在一些较大规模的活动中，往往由其临时指定僧侣数人，称之为"格由"，充任保卫人员，负责维持秩序。近年来，在一些寺院中，格贵的原意发生了变化，成为管理僧众的"僧头"（拉根），类似僧侣日常活动的负责人和管理者，因而在一个寺院中担任格贵一职的人数也就较多，如红坡寺，即有格贵9人。此外，在德钦燕门乡的几个宁玛派寺院中，没有设立格贵一职，而由"翁则"兼而管理僧众事务。

（6）翁则

翁则意为"领经师"，亦同音异写作"英则"，每次开坛诵经时，坐在大殿中间的高位上率领众僧诵经，由他先开句领读，然后众僧附和，翁则不开口，任何人包括活佛在内，均不得先行出声。迪庆州各寺院均设有翁则一职，任期由半年到一年不等，或随堪布更换而更换。在大多数寺院中，每任翁则一至二人，但在宁玛派寺院中，由于不设格贵一职，僧侣纪律的检查由翁则兼任，因此每任翁则的人数较多，如英主顶寺就有4人。翁则在句读清晰、声音宏亮的僧众中选举产生，或由堪布指定。

（7）群则

群则是寺院内的特殊僧官，出家人在寺中用银钱捐纳，可以得此官职。有了群则的称号，便可以不通过考试的手续而担任寺院内的各种职务。迪庆州的群则人数较少，仅在格鲁派的德钦寺和红坡寺设有此等级。寺院僧人到拉萨三大寺受戒归来，可得"格隆"称号，若受戒时多交15两银子，可得高于格隆的"染鸟"称号，若再多交银子，便可得"群则"的称号，回寺后可享有一定特权，如免除寺内劳役等，亦可担任寺内各职。

（8）格隆（格吹、染鸟、怕赛）

"格隆"一般用以指寺院内的普通僧侣，即受过比丘戒但没有获得学位或没有在寺院内任职的僧人。但在迪庆州各教派各个寺院中，"格隆"这一称呼的含义不尽相同，而且各寺院对普通僧侣的称呼种类也较多，不仅仅限于"格隆"这一称呼。

在大多数格鲁派寺院中，初出家入寺的小僧在寺内学习服役一段时间后，必须到拉萨三大寺中受戒或学习，回寺后可称为"格隆"，成为正式僧侣。归化寺的小僧入寺满10年，便须进藏受戒，否则不能得到格隆的称号便要被开除僧籍。有些较富裕的家庭，有条件提前进藏得到格隆称号，但若不能在藏深造并取得格西等学位，回寺后仍需服满10年劳役。小僧进藏受戒或学习的时间可长可短，最低限度要在大昭寺点一次灯，方可回寺任格隆。有了格隆称号以后，便有资格担任寺内或本康参内的各种职务。

在东竹林寺，格隆的含义与归化寺不尽一致。初入寺的小僧（伯鸟）在寺中满三年之后，要求进藏受戒，回寺后被称为"伯赛"，而"格隆"这一称呼专指那些由于各种原因未能进藏受戒而出家既久、年纪又大的老僧。

德钦寺的普遍僧侣分为"格隆"和"染鸟"二等。初入寺的小僧，进藏受戒归来后，可得格隆称号。"染鸟"的地位比格隆略高，须在进藏受戒时多交15两银子，若无力缴纳银钱，则需在藏学习并服役3年，方可得此称号。

噶举派各寺院的格隆，依据各自所属教派分支的不同，或者到四川德格县的八蚌寺，或者到西藏的止贡替寺或达垅寺等各分支教派的宗主寺院中受戒，回寺后便可得格隆称号。

迪庆宁玛派寺院的普遍僧侣分为"格隆""格吹"和"奔扎"三等，其中格隆的地位较高，要求也较严格，必须在西藏的敏珠林寺等宁玛派大寺中学习8年，方可得此称号，若只在四川省甘孜州白玉县的宁玛派寺院噶托寺中学习3年左右，则回寺后可得"格吹"称号。"奔扎"则用以称呼仅在噶托寺学经1年的僧人。

（9）班着（伯鸟）

一般用以指一二十岁刚出家入寺尚未进藏受戒的预备僧侣。他们出家入寺时均要或多或少地交纳一定的财物杂费，如木板、青稞、酥油、烧柴等，并接受沙弥戒律，此后可作为预备僧侣"班着"在寺中学习并服各种杂役，数年后可进藏受戒成为正式僧人格隆。

在迪庆州的一些寺院中，"班着"亦可由"伯鸟"（意为小童）这一称呼所代替。但使用"伯鸟"这一称呼的寺院，一般是由于该寺院的预备僧侣（班着）这一等级中又分出了若干等级。如在德钦寺，预备僧侣（班着）中又分为二等，一是刚刚出家的小童，称为"伯鸟"，二是在寺中学习过一段时间后又在当地拜过活佛者，地位比"伯鸟"略高，被称为"伯赛"。（东竹林寺的"伯赛"这一称呼与德钦寺不同，是指那些已经到过西藏受戒的正式僧侣）。

二　学位制度

迪庆州藏传佛教各寺院尚未形成自己独立的僧侣学位制度。其僧侣想要获得学位，必须到各自寺院所属的宗主寺院，按照那里的规定进行学习并取得各种学位。

（一）格鲁派学位制

迪庆州格鲁派的各寺院僧人，一般都是到拉萨三大寺进行学习并取得学位的。迪庆州各寺院照例有僧人进藏受戒的规定，一个人出家入寺并在寺内从事一定时间的学习和服役之后，必须到拉萨三大寺受戒以取得正式僧侣（格隆）的资格。无条件的僧侣受戒之后便回原寺作一名普通僧人，而那些经济条件较好而且自己又愿意深造的僧侣，则可以提出申请留在三大寺中作一名学经僧人（贝恰哇）。

学经僧人进入三大寺以后，一律以扎仓为单位编入预备班（奔扎）学习，由僧人自行出钱拜请一名老师，经济条件好的可以找个较好的老师，这样就可以早一点从预备班转到正式班。僧人转入正式班主要靠自己的老师推荐，有的只需几个月便可以转班，有的则需要好几年。一旦转入正式班，就可以不分成绩的优劣而逐年升级。在哲蚌寺中，正式班共分为15个等级，而在色拉寺和噶丹寺则分为13等级。僧人在正式班学习的中心内容，按先后顺序，就是下述的所谓"五部大论"：

（1）《释量论》，又称《广释量论本颂》，是印度人法称对《集量论》所作的评论和解释。全书共分四品，中心内容是论述佛教的因明理论，是僧人学习佛教方法论的著作。学完这部书，大约需要两年的时间。同时还要学习贾曹杰·达玛仁钦等人为此书所写的注释和评论等有关参考书。

（2）《现观庄严论》，亦称《般若经论现观庄严颂》，印度人慈氏（弥勒）所著。全书共分八品，主要内容为论述三智及八事七十义，也就是叙述普通人通过循序修持而达到佛果的过程。学完这本书大约需要两年时间，同时还要学习宗喀巴和贾曹杰等人对此书的注释。

（3）《入中论》，是印度人月称对龙树的《中观论》所作的解释和阐明。全书共分十品，从"发菩提心"讲起，详论入观次第，一直讲到"佛果功德"。学完此书大约需要两年时间，同时还要学习宗喀巴的有关著述。

（4）《戒律本论》，印度人功德光著，主要论述僧人的各种戒律，分为十七事三科，逐一论述僧人如何得戒、得戒之后如何守戒、如果犯戒又如何遵律还净等。学完此书大约需要5年时间，同时还要学习根敦主为此书写的注解。

（5）《俱舍论》，又称《阿毗达磨俱舍论》，由印度人世亲著，主要内容为讲述佛教的世界观和人生观。全书共分八品，依次讲解世间和出世间所共有之法，流转轮回的因果及其次第、证得解脱之法及其次第。学完此书没有规定具体时间，同时还要学习根敦主为此书所作的注解。

除了上述五部大论，各扎仓还往往根据自己的特点为学经僧人开设一些别的课程。当僧人在正式班中按逐年升级的顺序升到最高一级后，便可以根据自己的学经情况准备应考"格西"学位了。正式班中的最高一级没有年限限制，已经学习完应学经典的，在这一级中等候应考格西，尚未学完的，则在这一级中补学完应学经典，而那些无力补学完成课程的，则从这一级中转到其他部门或者回原籍另谋出路，有的则在此终老一生。

在迪庆州各寺院中，能够真正在拉萨三大寺学完应学课程并通过考试而获得格西学位者是不多的，而且多集中在几个较大的寺院中。取得了格西学位以后，就具有了担任寺院堪布职务的资格。在寺院和民间的信徒中间具有很高的威望，普通僧人能够升任到这样高的地位是很不容易的，除了依靠自己的刻苦而努力的学习外，还要凭借自己的经济实力。迪庆州各寺院的僧侣，要想获得格西学位，至少要在拉萨三大寺学习20年以上，每年的生活费用和拜请老师的费用加上通过学位答辩时的各项送礼费浩大，因而家庭经济条件较差的僧侣是无力完成学业的。

拉萨三大寺系统的格西共分4个等级，第一等是"拉然巴"，意为拉萨的博学高明之士；第二是"曹然巴"，即全寺性的卓越高明之士；第三等是"林瑟"，意为从寺院中选拔出来的有才学的人；第四等是"度然巴"（在色拉寺称"日然巴"），意为在佛殿门前石阶上经过答辩考取的格西。其中考取拉然巴格西和曹然巴格西的需由噶厦政府最后审定，在一般情况下，拉然巴格西每年取16名、曹然巴格西每年取10名。这两等格西通常留在三大寺内或分派到其他较大的寺院中供职，有志于在密宗方面深造的，则进入上、下密院继续学习，以便最后升到格鲁派（黄教）教主噶丹赤巴的职位。除拉然巴格西和曹然巴格西需经噶厦政府定额核准外，林瑟格西和度然巴格西只需经过各寺宣布录取便可。在一般情况下，林瑟格西每年每寺录取8名，度然巴格西每年每个显宗扎仓录取1名。这两等格西一般都回原寺供职，迪庆州各寺院的格西，大多数为这两等格西回寺供职者，但在称呼上并不分别称为"林瑟"或"度然巴"而统称为"格西"。

格西的考试方法，在拉萨三大寺是以答辩的方式进行的。一般到了每年的八月份，便以扎仓为单位进行答辩考试，考试由各扎仓的堪布主持，每个提出申请并经批准参加考试的人，都要经过5位高僧分别就所学的五部大论依次提出问题，由考生作出答辩，考试后的第二天，堪布便将所有参加考试的人员集中起来，当众宣布被录取的人员及等级。取得格西学位者，可以就此各奔前程，而那些没有被录取者，则或者继续留下学习，以待来年再考，或者就此罢休，回原籍另谋出路。

在迪庆州的归化寺和德钦寺等较大的格鲁派寺院中，除了格西而外，还有一种被称之为"哈朗"的僧侣学者，其地位略低于格西，负责解释经典疑难、协助格西指导众僧学习。关于哈朗的来源和性质，迪庆州各寺院的说法不一，据段绥滋于1939年编纂成书的《中甸县志稿》载："（归化寺）哈那译言掌坛，其位稍逊于格协（西），仍由拉萨考选派来，并有解释经典之责。大约格协（西）为喇嘛博士，哈那（朗）为喇嘛学士或硕士，非在拉萨三大寺留学十二年以上者，不能与考。"照此理解并参照拉萨三大寺的学位制度，可以将哈朗理解为尚未完成或虽然已经完成格西学业，但未获得格西学位者。但根据德钦寺老僧的介绍，哈朗一职是由在拉萨举堆巴或举麦巴两寺学习过4年至30年后归来者担任的。照此说法，哈朗和格西就分属两种完全不同的序列了。格西在拉萨三大寺系统中，仅是显宗方面的学位，只要学习完规定的五大论典，便可得到格西学位。而举堆巴和举麦巴两座寺院，却是拉萨三大寺系统中纯粹的密宗学院（俗称上密院和下密院），其僧侣学生的来源有二，一种是从三大寺里显宗扎仓毕业取得格西学位有志于从事密宗学习的僧侣，初称为"佐仁巴"，另一种是三大寺或其他黄教寺院来的没有取得格西学位的僧侣，被称作"介仁巴"，不算正式学生，只能算是密院里的旁听生。由于密院里的正式学生均是已取得格西学位而又进行密教学习深造者，故其地位显然高于一般的格西。因此，从迪庆州各寺院哈朗的地位普遍低于格西的情况看，哈朗即便真的是来自举堆巴和举麦巴两院的僧侣，也不过仅是非正式学生而已。但是，由于迪庆州各寺院的哈朗人数较少，现已无存，故其来源和性质仍无法作出定论。

（二）噶举派学位制度

噶举派的分支较多，迪庆州的噶举派共有同属于帕竹噶举的噶玛噶举，止贡噶举和达垅噶举三个教派。其所属各寺院的僧人学位，均须到各自寺院所属的宗主寺院中学习获取。其中噶玛噶举派各寺院僧人要到四川省德格县的八蚌寺去获取学位。止贡噶举派和达垅噶举派各寺院的僧人则要分别到西藏的止贡替寺和达垅寺。

噶举派尚无严格而又完善的学位制度。一般来说，在僧侣的学习方面，僧人首先开始普通的文字及经典学习，成为一名学生，在寺院中经过数年的学习之后，可以担任学生助教，协助教授对学生进行指导。又经过若干年之后，如果学问进展，则可成为一名教授对学生施教。至此，他便算是达到了显宗方面的最高成就了。但由于噶举派较为重视密宗方面的修习，一个僧人如果仅只成为一名教授，仍然不能获得很高的威望和地位。因此，一名僧人在取得了教授头衔之后，往往还要在静室中经过三年的隐居生活，从事密宗方面的修习。在静室中完成了心理和生理方面的训练之后，他便可以成为一名"喇嘛"（上师）了，此后随着高深程度的发展而被称为"自完喇嘛""教人喇嘛"和"教人完善喇嘛"。

在迪庆州的噶举派寺院中，儿童入寺成为一名"伯中"（小僧）后，在寺内经过二三年时间的学习和服役，然后便要到其宗主寺院受戒成为一名"格隆"，若有能力继续学习，则可以留在宗主寺院继续学习，经过10年以上的学习，完成了规定课程的学习之后，取得了教授的头衔，便回到原寺在静室中闭关修炼，经过三年三个月三日又三刻的密室训练之后，便可以在本寺院成为一名"格西"了。

（三）宁玛派学位制度

迪庆州各宁玛派寺院的僧侣，照例要去四川省甘孜藏族自治州白玉县的噶托寺或西藏的敏珠林寺学习深造并获取相应的学位。噶托寺设有教学学院和训练学院，初入寺的儿童先跟教师学习藏文字母，再学拼音，然后学习造句，被称为"初学者"或"噶卡巴"。此后他跟老师学习必要的咒语和各种宗教仪式中的赞颂词，到了20岁左右，正式受了沙弥36戒之后，便可进入教学学院作旁听生，被称作"格吹"，直至他受了比丘253戒即成了一名正式僧人之后，才算正式入学成为教学学院的学生。

在噶托寺的教学学院中，学生要学习释尊的教导和显密两教的经典和注释。学习的程序照例是先显后密。在显教方面，学习的重点依次为：菩提道入门、寺院规程诗句或法句经、阿里班勤著的三种寺院规程清解、弥勒五著（即《现观庄严论》《辩中边论》《辩法性论》《究竟一乘宝性论》和《大乘庄严论》），寺院规程基础或律经根本颂、中观基础、入中观论、四百颂的中观论以及其他关于中观的内容。显教方面的教学完成之后，便开始进行密教方面的教学，其重点和教学程序为：密教要点和转化坛抓并按苏尔禄进行讲解，然后又用让禄注释进行讲解，最后又用龙钦饶将巴（追梅窝塞）的注释再加讲解。此外，还要用有关七宝藏、三松驰、三解脱的内容作为补充教材进行教学。

在教学学院的学习至少要5年。在此期间，一名正式学生在经过若干次小考之后，可以成为"学生助教"帮助同学进行学习。经过最后的毕业考试之后，便可以从教学学院毕业，毕业考试成绩最优者，可以得到"饶将巴"的称号，相当于博士学位。一个学生能够通过教学学院的学习和考试，清楚地了解显密两教的著作，便有资格进入训练学院。在训练学院的头三年，他要学习授权仪礼、教训、护理指导等课程。后三年则是在密室里的自修，依照成绩的优劣，他可以取得"自善喇嘛"或"善教喇嘛"的称号。在教学学院和训练学院的学习完成毕业以后，便可得到"教授"的称号，此后，他既可以留在噶托寺任教，亦可到各个属寺去当长老（堪布）。

迪庆州宁玛派寺院的僧侣中，由于各种条件的限制，能够到西藏敏珠林寺学习的人是很少的，如果有人能够在敏珠林寺学习8年以上，他便可以得到"格隆"的称号，假如他还能够完成密宗修习的话，那么他便有资格成为一名"拉玛"了。但是对于大多数僧人来说，是无力进藏学习的，他们一般都是到四川的噶托寺受戒求学。而且能够真正完成教学学院和训练学院全部课程的人也十分有限，一般都是中途便缀学回来，其中学习过3年左右者，回寺后被称为"格吹"，而那些仅仅受过沙弥戒或学习了一年左右时间者，则被称为"奔扎"。

迪庆州各教派的学位制度，由于尚未形成自己的体系，僧人要想获取学位，只能到各自所属的宗主寺院中去学习，而且很难按部就班、自始自终地修习完全部课程，这种情况在势力和规模较小的教派和寺院中更为突出，因此很难对其学位制度和学习程序等作出完整全面的叙述，有些问题尚不明确，留待以后再研讨。

三　寺院教育和剃度仪式

（一）寺院教育

迪庆州各寺院对僧侣施行的教育，对象主要是资历较浅的普通僧侣，特别是刚入寺或入寺不久的童僧，而且其规模较小、系统性也较差，多为师徒之间进行的随意性教育。从教育的内容来看，各寺院对僧侣特别是童僧的教育，主要有4个方面：一是文字教育，即教授入寺小僧学识藏文。二是经籍教育，即教授僧侣熟悉常用的佛教经典、背诵通常宗教活动所使用的经文咒语等。三是僧侣各种戒律和寺院规章制度的教育。四是对僧侣进行各种实用技能的教育，如做酥油花、学习跳神舞蹈、掌握念经作会的各种技巧等。

由于藏文在迪庆州各地，除寺院僧侣外，能识会用者较少，普通人要学习藏文，一般均需入寺求学，因而寺院也就成了藏族社会中学习和传播藏文的一个特殊场所。儿童出家入寺之后，便先跟拜请的师傅学习藏文。但是，由于各方面条件的限制，加之寺院中的各项繁杂的劳役占去了相当多的时间，因此作为一个普通的僧侣来说，即使在寺院内终生为僧，也仅能学到一些简单的常用文字，想要更深地钻研和熟练地运用藏文，就必须到西藏或四川等地的大寺院中进行专门学习。在迪庆州一些较大的噶举派寺院中，历史上虽然开设有专门的童僧学校（当地藏语称之为"楼得"），有组织有计划地对僧侣进行各方面的教育，但限于规模、师资力量和经济条件，难以长期坚持，在短期内便消失了。

在对童僧进行文字教育的同时，还要对其进行寺院规章制度和僧侣戒律方面的教育。这种教育往往是在师徒之间个别进行的，而且一般来说，多半是实践性的教育，即师傅并不向僧徒讲解各项寺院规定和僧侣戒律的来龙去脉和具体内容，而是通过童僧在寺院僧侣的集体生活和日常活动过程中，自行摸索熟悉，以达到自律，若有违犯，再由师傅根据其所违犯的具体事项加以惩戒改正。

迪庆州各寺院中的典籍教育具有很强的实用性。除了极少数专门受过佛教典籍方面教育的僧侣而外，大多数僧侣未接受过关于佛教各类典籍的系统教育，一般的僧侣只能够背诵日常生活中经常使用的经文和咒语，如寺院日常经课所要求念诵的经文以及民间建房迁居、生丧嫁娶、祷福求安、防灾治病等常用的经文咒语，而佛教主要的典籍及理论知之甚少。迪庆州一般僧侣的学习多半只限于背诵常用的经文咒语，施教老师也以教会徒弟背诵常用经咒为己任。

除了上述三个方面的教育外，童僧在寺院内还要接受各种实际技能的教育，如学习制作酥油花和念珠、玛呢轮等。在较大的格鲁派寺院中，对制作酥油花是较为重视的。酥油花是藏传佛教"局阿曲巴"（意为"十五供奉"，俗称"灯节"，每年藏历正月十五举行）活动中的主要供物之一，用酥油制成各种彩绘造形供奉陈列，以纪念释迦牟尼佛示现神变，降伏邪魔。供奉酥油花的活动虽然不是经常举行的，但由于其在民间影响极大，因而制作酥油花的技术也就往往较受重视。迪庆州各寺院所制作的酥油花以归化寺的最为精美，其造型多为花卉，小若握拳，大可盈尺，色彩艳丽、栩栩如生，堪称一绝。除了制作酥油花而外，有少量的童僧尚随老师学习制作念珠、玛呢轮等物品。

迪庆州各寺院的寺院教育尚不完善，尚未建立相应的有组织的教育机构，教育方式和教育内容也缺乏系统化和规范化，多半只限于师傅对徒弟的言传身教，师傅本身的学问水平和技能优劣，往往也就决定了僧徒的水平和技能。因此有条件的人家往往要请一名有一定威望和水平较高的僧侣为师，无条件的人家则只有请寺院代为指定一名僧侣为师，随其自然了。

（二）剃度

凡出家入寺为僧者，均要举行剃度仪式并接受相应的戒律。

剃度是佛教徒出家接受佛教戒律的一种法定仪式。其中心内容就是为出家为僧者剃除须发，用以表示由此而度越生死。故将"剃发"和"超度"相联系而合称为"剃度"。剃度是一种宗教活动，因此总有一些相应的宗教礼仪相伴随，佛教各派的剃度仪式大同小异，迪庆州各教派各个寺院的剃度亦如此。一般说来，剃度可分为"入寺剃度"和"受戒剃度"两种，下面分述迪庆州各寺院的这两种剃度及其仪式。

入寺剃度

在迪庆州，如果要想出家入寺为僧，则要履行一定的手续。在本人自愿的基础上，首先要征得寺院活佛或堪布的同意，并要交纳一定的费用。迪庆州各寺院要求交纳的入寺费用不等，东竹林寺按例要交纳三两五钱银子，目前则要交纳人民币5元及两块砖茶和一瓶（1千克）酥油。在归化寺中，如果僧侣定额已满，那么要求入寺者尚需出钱购买僧侣缺额，各康参僧侣缺额的价钱不等，其中扎雅康参的要价最高，1957年前后时需要人民币大约250元。买得缺额之后还要交纳一定的入寺杂费如木板、柴禾、青稞和酥油等；如果没有买到僧侣缺额，则不能享受每年7.5斗的皇粮而要自备口粮入寺当一名"编外僧侣"。

入寺费用交清之后，还要请寺院内的主要管事如堪布、翁则、格贵、第哇等人以及自己所属的康参老僧吃一顿饭，若自己无力在寺院内找到一名较好的师傅，则要请他们为自己安排指定一名师傅。此后便可以择日举行剃度仪式了。

剃度仪式主持人一般不确定，由剃度者自己请求活佛或堪布施剃均可。不过在较小的寺院中，由于僧侣人数较少，所以多半是由活佛主持剃度的。剃度仪式在寺院的大殿内举行，届时受剃度者要交纳一定数量的茶叶和酥油，分发给参加剃度仪式念经念咒的僧侣们，或供他们饮用。剃度之前，受剃度者在释迦牟尼佛像前拜三拜，然后由施剃者问受剃者是否愿意出家为僧并持守戒律，若回答愿意，则僧侣开始大声念诵经咒，同时施剃者用剪刀剪去受剃者的头发。剃度时所念的经咒各教派不一，格鲁派寺院一般念诵"扎拍经"，噶举派寺院则多根据举行剃度仪式的季节和月份而有选择地念诵不同种类的经咒。由于入寺剃度仅仅意味着受剃者出家入寺为僧，而并非正式受戒，因此受剃者的头发不必完全剪去，而是在顶部留下一小撮不剪，待今后正式受戒时方才全部剪去。剃下来的头发的处理方式各教派也不相同，格鲁派寺院一般是交由本人自行保存，噶举派寺院则多半放在释迦牟尼佛像前的香炉中烧掉。剪完发以后，由施剃者为其取法名并登记在寺院僧侣名册上，所取的法名一般不在僧众中公开使用，仅在今后所必需的宗教仪式中自行念诵报名。此后，受剃者由师傅为其穿上袈裟，在释迦牟尼佛像前再拜三拜，开始在寺院内或康参中学习和服役。

受戒剃度

入寺剃度完成之后，受剃者便算是正式出家入寺了，但此时他还不算一名正式僧人，入寺剃度仅仅只是出家入寺的一种仪式，要成为一名正式僧人，他还得接受受戒剃度。按照佛教的规矩，僧人受戒共分为两等，一是受沙弥戒，二是受比丘戒。在迪庆州各寺院中的小僧，一般到了八九岁时，便要接受沙弥36条戒律，接受了36条戒律之后，便可以被称为"班着"了。

受沙弥戒的剃度仪式一般在寺院中举行，由活佛或格西主持，若本寺无活佛或格西，则需4位学识俱佳，受过比丘戒的老僧主持。剃度仪式与入寺剃度大致相同，不过受戒剃度时需将头发全部剪光，不再在顶部留发。但是在此之前，由于已经施行过入寺剃度，所有头发中仅有顶部的数十根未曾被剪过，因此受戒剃度时往往可以有所简化，只剪去受剃者顶部的头发，余下部分由其自行修整便可。剪发之后，由施剃者为其正式取定法名，并为他讲解作为一个沙弥所应持守的36条戒律，然后由受剃者向施剃者以及参加仪式的众僧发送一定数量的礼物。接受了沙弥戒以后，若继续为僧，到了一定的时候还要接受比丘戒即具足戒或称为圆满戒。接受比丘戒的年龄，按例要年满20岁以后，但亦有十七八岁者。迪庆州噶举派寺院中，接受比丘戒的年龄一般为18岁，但如果受戒者父母均已去世，则要推迟到二十三四岁方可受戒。迪庆州各寺院的僧人接受比丘戒时，一般需到西藏或四川的宗主寺院受戒。受过沙弥戒的小僧（班着）在寺院中的学习服役期满或者经济条件许可进藏或赴川以后，便相约结伴由寺内老僧带领前往，在其宗主寺院，请堪布或格西为其施行受戒剃度。剃度仪式仍如前述，不过剪发过程更为简化，往往只作出剃剪的样子，表示剃度的意思即可，不必将受剃者的头发完全剪去。在剃度仪式之前，照例要给施剃者和有关人员送一些礼物。剪完之后，由施剃者为受剃者讲解作为一个比丘所要持守的253条戒律以及穿戴僧服和饮食起居、念经、礼佛等方面的规矩。剃度仪式完成后，受剃者便可以称为"格隆"了，此后他可以申请留在宗主寺院继续学习深造，也可以就此返回原寺为僧。

第五节　活佛转世制度

活佛转世制度是藏传佛教的寺院僧侣集团为解决其宗教首领的继承（法嗣）问题，根据佛教的"灵魂不灭""生死轮回"等学说建立起来的一种特殊的宗教传承制度。活佛转世制度最早始于噶举派中的噶玛噶举教派，格鲁派兴起后，严禁僧人娶妻生子，为了解决寺院宗教领袖的继承问题，亦普遍采用了"转世"方法，并使之不断地完善和制度化。

在藏传佛教中，通称经过"转世"的宗教领袖为"活佛"，藏语称之为"朱古"，意为神佛化现为肉身。在迪庆藏语中，活佛一般称之为"古人"，意为"化身"或"万世转生大喇嘛"，而在一些宁玛派寺院中，有时亦将活佛称为"直格"。凡活佛圆寂之后，便由寺院上层通过打卦占卜，降神求签等方式，寻觅若干婴童，并采用"识别前世遗物"或"掣签"等方式从中选定一名"灵童"作为他的"转世"，迎入寺院中继承其宗教地位。

在藏传佛教的中心地区，形成了许多以大寺院为中心的活佛转世系统，如以哲蚌寺为中心的达赖转世系统，以扎什伦布寺为中心的班禅转世系统以及四川省德格县八蚌寺为中心的司徒活佛转世系统等大大小小的活佛系统。云南藏区和纳西族、普米族地区各寺院尚未形成独立的活佛转世系统，各寺大小活佛转世均需到各自所属的宗主寺院打卦降神决定。其中格鲁派寺院多属于拉萨三大寺的活佛转世系统，各寺活佛转世要到拉萨三大寺打卦降神决定；宁玛派寺院则属于四川甘孜州白玉县噶托寺的活佛转世系统，各寺活佛转世要到该寺打卦降神决定；噶举派中的噶玛噶举派寺院属四川省甘孜州德格县八蚌寺的活佛转世系统，而止贡噶举派和达垅噶举派的寺院则分别属于西藏只贡替寺和达垅寺的活佛转世系统。

虽然云南藏区和纳西族、普米族地区各寺院尚未形成独立的活佛转世系统，其活佛转世制度及其方式与各个藏传佛教的中心地区大同小异，但由于迪庆州、丽江地区、宁蒗永宁等藏族、纳西族和普米族地区处于藏、川、滇交界地区，受到地域和民族等条件的影响，因此他们的活佛转世制度也就具有自身的一些特点。

活佛转世的中心问题是如何确定前世活佛的转生"灵童"。在云南藏区的中心，迪庆州各寺院中，选定转世灵童的方法主要有打卦降神、识别前世活佛的遗物以及观异象、听遗言等几种，以下分别简述之：

打卦降神

打卦降神的目的在于为寻找转世"灵童"提供依据。一个活佛圆寂之后，到底会转生在何时何地、哪方谁家，一般人自然无法知道，只有通过打卦占卜、降神求签的方法，才能得知灵童降生地的大致情况，以便按此寻觅。打卦降神一般要到各寺院所属的宗主寺院，请专门的降神师进行。其通常是经过打卦降神先确定灵童降生的方向，然后再进而探求灵童降生的地区及其家庭的某些特征，如当地的自然景观、灵童降生人家的房屋特征、家庭成员、父母姓名甚至村庄的名称以及灵童本人的姓名等。有了这些打卦降神所得的"启示"，寻访人员便可以按此寻觅，直至寻到灵童为止。例如德钦寺的松东活佛圆寂之后，寺内格西便去拉萨哲蚌寺打卦降神，得到了有关灵童降生地的许多情况，如当地的山形走向、水域分布等，格西便依此确定了德钦县红坡村为转世灵童的降生地。但是，由于迪庆位于藏、川、滇边缘地区，地处僻远，进藏或入川打卦降神路途遥远、多有不便，因此许多寺院在活佛转世问题上往往是在本寺院内研究决定，然后再向各自的宗主寺院报批。只有在灵童人选确定问题上发生争执时，才到宗主寺院打卦降神以求确认。例如东竹林寺的鲁主活佛圆寂之后，即由寺院的最高权力机关"楚对会议"会同活佛的管家等人研究讨论，选出了三名灵童候选人，其中之一便是与鲁主活佛生前积怨颇深的当地土官家的家奴。土官觉得这样很丢自己的面子，不予承认。双方僵持不下，便到拉萨请达赖喇嘛的经师打卦降神，据说神灵指出了该村的自然景观、村名以及小童父母和他本人的姓名。土官对此无可奈何，只好承认，于是便确定其为鲁主活佛的转世灵童。

识别遗物

在确认活佛转世灵童的过程中，能否辨别前世活佛的遗物是确认小童是否"灵童"的一个重要依据。在一般情况下，依据打卦降神所得到的"指示"寻找到灵童人选之后，便要拿出前世活佛生前经常使用的数件东西如念珠、转经手轮等，与其他人的东西相混杂让小童辨认，若小童能抓取到前世活佛使用过的物品，便可确认其就是活佛的转世灵童。

在迪庆州的大多数寺院中，由于去宗主寺院打卦降神的程序已经基本上被省去，因而小童能否辨认前世活佛遗物也就成了寻找和确认转世灵童的一种很重要的方法。例如德钦寺松东二世活佛圆寂后，偶然有西藏左贡县的一名小童随父前来朝拜太子雪山，路过德钦寺时便到寺内乞食歇息，小童见到活佛生前使用的糌粑盒和念珠，便抓住说是自己的。活佛管家见状十分惊喜，便又拿来了其他僧侣使用的糌粑盒和念珠，与活佛遗物混杂在一起，小童依然从中认出活佛用物，屡试不误，此童便被确认为是活佛转世灵童，成为松东三世活佛。

观异象

观异象就是把一些自然界中的异常现象或稀有现象当作活佛转世预兆的一种方法。迪庆州的大多数寺院中，观异象是寻找或确认活佛转世灵童的最常见的方法之一。

观异象的方法主要有两种：一种是通过观察自然界的异常现象，如晴天现彩虹、冬天树木发芽开花、枯木绽发新芽以及牡丹开放紫色花朵等，以此确认转世灵童；第二是根据儿童本身的一些特征，如出生时体重特别重、小童会说或会做一些按理与自己的年龄不相符合的有前世活佛转世方面的语言或动作等，由此确认转世灵童。迪庆州的许多寺院，在寻找和确认转世灵童的过程中，采用的便是上述两种方法。例如，德钦寺松东活佛的转世灵童降生时活佛别墅的牡丹开放出紫色花朵，黄果树结实也特别多。活佛的经师认为这就是活佛转世的预兆，开始在各方面留意打听。后来听说德钦县红坡村有一户人家的孩子说："我的寺院就在这里（指德钦红坡寺）！"活佛的经师便去该童的家中查看，得知小童出生时他家后园的牡丹花冬天开放，由此便认为他就是松东活佛的转世灵童，随后又去拉萨哲蚌寺打卦降神，连去了四次，终于确认这个孩童就是转世灵童。此外，由于此灵童家的牡丹花在冬季开放时共绽开了三朵花，因此该家的三个儿子都相继被确认为转世灵童，其中除了一个成为德钦寺的松东活佛外，另外两个分别成了英主顶寺的活佛和外地某寺的活佛。由此可见观异象在迪庆州寺院活佛转世制度中的重要作用。近年来，由于各寺院的活动恢复不久，活佛转世制度尚未恢复、完善，因此在迪庆州的活佛转世方面，观异象的方法更是频繁使用，特别在民间，由于各种各样的异象而"产生"的小活佛比比皆是，均自认并被部分信徒认为是某某活佛的"转世灵童"。

活佛遗言

　　在活佛转世过程中，活佛遗言也是寻找转世灵童的一个重要依据。各寺在寻找转世灵童时，往往根据活佛遗言中所表示的愿望去寻找。如东竹林寺的舍子一世活佛在西藏逝世时留下遗言，说他喜欢风景秀丽、气候温暖、出产稻谷的地方。于是东竹林寺便根据他的遗言选择到维西县腊普河沿岸的稻产区去寻找其转世灵童。在维西县的其宗村找到了舍子二世（王有成）。此外，在迪庆州，有些活佛在临终时甚至还会说出自己的转生地以及转生家庭的各种情况，寺院往往也就以此作为寻找其转世灵童的依据。

　　上述是迪庆州各寺院在寻找和确认活佛转世灵童过程中常用的几种方法。近代以来，由于迪庆州各寺院与西藏和四川等地寺院僧侣集团的联系比较疏远，活佛转世制度日渐松散，因此进藏或入川到各宗主寺院打卦降神程序也就日趋流于形式，仅将所选定的灵童情况向各宗主寺院报批认可而已。近年来，由于活佛转世制度尚未恢复完善，因此在迪庆州各寺院的活佛转世问题上表现出较大的混乱，一方面有许多寺院的活佛无法转世，另一方面则在民间出现了许多自认的或信徒认可的"灵童"，无章可循的状况较为突出。

关于迪庆州藏传佛教的活佛转世问题，还需要补充四个问题：一是迪庆州现有活佛的来源问题，二是活佛转生的时间问题，三是活佛的命名问题，四是寺院堪布的转世问题。

在迪庆州各寺院活佛的最初来源问题上，由于迪庆州各寺院尚未形成独立的活佛转世系统，因此各寺院活佛的最初来源主要有两种形式，一是由宗主寺院派任，二是由寺院创建者自行转世而成。同时，活佛在各寺院特别是噶举派寺院之间的流动性较大，例如，寿国寺建成之后，一直没有活佛，在寺院僧众和当地土司的请求下，由其宗主寺院从西藏察瓦龙的属寺中派吹尼活佛到寿国寺任活佛。英主顶寺的斯南降着活佛最初也是由四川白玉县的噶托寺派任的。而英主顶寺的另一位活佛则是由该寺的创建者吹鲁追喇嘛转世而来的。再如，寿国寺的吹尼活佛，最初是四川白玉县噶托寺的活佛，后转到西藏察瓦龙，以后又转到寿国寺，圆寂之后，到四川二宝法王处打卦降神，受命转到丽江县兴化寺任活佛。

关于活佛转世的时间问题，一般都认为灵童的降生与活佛的圆寂是同时发生的，因而在寻找转世灵童时，要寻找在活佛圆寂的同时出生的人。但在迪庆州，情况却并非如此。在迪庆州各寺院中，活佛转世的时间长短受到各种条件的制约，如果转世灵童的寻觅比较顺利，社会比较安定，则活佛转世的时间就比较短。但如果寻觅灵童不顺利、社会环境又不稳定，那么活佛转生的时间就比较长，有的活佛甚至在圆寂之后的几十年才转世。如维西县来远寺玉登四世活佛圆寂之后，经过了十五年才转世为五世活佛（王治）。而维西县寿国寺的明炯活佛于1935年在战乱中被害之后，由于时局不稳、战乱迭起，因此经过了八年时间，才于1943年转生在西康。近年来，由于活佛转世制度尚未恢复完善，许多活佛圆寂之后，至今尚未转世。

关于活佛的命名，在迪庆州各寺院的活佛中有四种情况：一是灵童降生地的自然景观命名，如德钦寺的松东活佛即是如此。松东三世活佛降生在西藏左贡县的一个小村庄里，因其家附近有一座小桥，便以"松东"（藏语小桥旁边的意思）命名，以后此支系便以"松东活佛"的名称延续下来。

另一种情况是以灵童降生地的地名命名，如维西县兰经寺的则南活佛，便是以其第一世活佛出生地的地名"则南"命名的。第三种情况是以与该活佛有关的寺院命名，如东竹林寺的嘎达活佛即是以四川省甘孜州嘎达寺的寺院名称命名的，相传东竹林寺的一个僧侣在西藏获得格西学位后，被派到嘎达寺任堪布，后因威望较高而转世成东竹林寺的活佛，即以寺院名称命名为"嘎达活佛"。第四种情况即是以其前世的姓名命名，此种情况多用于由堪布或高僧转世成活佛的命名。如归化寺中的觉若活佛，其前世是寺中的觉若堪布，转世成活佛后即以"觉若"命名。英主顶寺的吹鲁追活佛也是以他的前世、英主顶寺的建寺者吹鲁追拉玛的本名命名的。

关于堪布等高僧的转世问题，按常规，凡寺院僧侣集团的宗教领袖均可转世，转世者被通称为"活佛"。换言之，只要是学识名望俱高的"喇嘛"（即高僧、上师、有学问地位、能为人师表、领人修行的僧人）都可以转世成为活佛。在活佛转世制度确立的早期，各类有名望的高僧纷纷转世为活佛，致使活佛数量越来越多，此后对转世者的要求逐渐严格，各个大寺的活佛转世系统相继形成，高僧任意转世成活佛的状况才有所控制，但在势力较小的教派或较小的寺院中，这种情况仍然很多。迪庆州寺院由于尚未形成独立的活佛转世系统且地处藏传佛教势力的边缘地区，故高僧自行转世为活佛的状况历史上十分突出，到了20世纪初以后，由于中央政权统治力量的不断加强以及各教派各寺院的发展格局已基本确立，情况才有所转变，高僧自行转世为活佛者逐渐减少。至中华人民共和国成立之时，由于各方面条件的限制，除了在民间偶尔出现一些自认活佛者外，仅有归化寺的阿布、克斯、觉若三位活佛是由堪布转世的。

以上是云南藏区中心，迪庆藏族自治州藏传佛教在新中国成立前的活佛转世情况。云南纳西族、摩梭人和普米族地区藏传佛教的活佛转世制度与云南藏区的活佛转世制度基本相同，其特点也是没有形成独立的活佛转世系统。如丽江、宁蒗、永宁等地的各个寺院，均无本寺的活佛转世系统，这些寺院的活佛都是从西藏、四川藏区寺院临时来充任的，经过短期的讲经说教后便又返回原宗寺。如永宁扎美戈寺是云南摩梭人和普米族地区的最大寺院，属格鲁派（黄教）寺院，该寺的活佛是罗桑益史。他出身于永宁摩梭阿氏土司家庭，系永宁总管阿少云之弟。罗桑益史三岁时被认定是

　四川稻城赤直咪活佛的转世灵童，十二岁时进西藏哲蚌寺学经，二十六岁获得哲蚌寺大活佛的资格，二十八岁（1955年）返回永宁扎美戈寺任寺主直到现在。哲蚌寺是西藏著名的三大寺之一，在西藏佛教中占有重要的地位和深远的影响。罗桑益史作为永宁摩梭人，能成为哲蚌寺的大活佛是很有成就的。罗桑益史现为全国佛协理事。

　　纳西族、摩梭人和普米族寻找前世活佛转世"灵童"的方法与藏区基本相同，主要有"打卦降神""识别遗物"和"观异象"三种。清人余庆远的《维西见闻纪》记述说："谟勒孤喇嘛，红教十三种之一也。凡喇嘛禅学有得者死，投胎复生，皆不迷前世，夷人均称为活佛。西藏谟勒孤喇嘛主死，其徒卜其降生于维西之其宗。乾隆八年（1743年）喇嘛众乃持其旧器访之。至其宗之日，么些头人子名达机甫，七岁，指鸡刍问其母曰：'刍终将依母乎？'其母曰：'刍终将离母也。'达机曰：'儿其刍乎？'又顷，谓其父母曰：'西藏有至此迎小活佛喇嘛数十辈，皆佛也，曷款留之，获福无量。'父母以为谵，不听，达机力言之，其父出视，而喇嘛数十辈不待延皆入。达机迎见，跏趺于地，为古宗语良久，众喇嘛奉所用钵、数珠、手书《心经》一册，各以相似者付之。达机审辩，均得其旧器、服珠、持钵、展经大笑。众喇嘛免冠罗拜而哭，达机持钵执经起，摩众喇嘛顶遍，于是，一喇嘛取僧衣帽进，达机自服之，数喇嘛以所携锦菌重数十层，中庭拥达机坐，头人不知所为，众喇嘛奉白金五百，锦缯罽各数十端，为头人寿曰：'此吾寺主活佛也，将迎归西藏。'头人以此独子不许。达机曰：'毋忧，明年某月日，父母将生一子，承宗挑，我佛转世也，不能留。'头人及妇不得已，许之，亦合掌拜焉。众喇嘛护达机于达摩洞佛寺，远近么些闻之，百千成群，顶香皈依，布施无算。留三日，去之西藏。明年，头人果如达机所言期生一子。"又"善知识喇嘛，格马四宝喇嘛之高弟子也。其前世死亡之年无考，乾隆己卯年（清乾隆二十四年，1759年）生于六村么些通事王永善家。夜王永善妻梦日光照胸，暖不胜，觉，遂生善知识。相貌俊丽，不类么些，能坐喜跌，能言，告其母曰：'儿旧土寒，惟产杏、卜萄、瑶磲之属，不足奉以母。虽然，数年后，可令母富也。'其母莫解，乾隆丁亥年（清乾隆三十二年，1767年），四宝命喇嘛数人，以金、银、马、骡值七百金之物，来王永善家迎焉。善知识见迎者，甚乐。与所用旧器，杂以相似者亦能辨之。六村么些闻，皆赴，免冠拜。善知识跏坐，而么些者顶皆合度。王永善送入藏。每程未至之路，山川之状，善知识皆能先言之。善知识非名，其品弟也，以华语译之也。"

从上引资料可知，清代，西藏有不少著名活佛转生于云南纳西族、摩梭人和普米族地区，表明西藏佛教与云南藏传佛教之间的密切联系。此外，云南藏族、纳西族和普米族的许多僧侣在西藏学经修习很有成就，造诣颇深，兹举数例：

喇嘛东吹布乌，系中甸江边境北地人。披剃入寺，深通经典。进藏，达赖考取天下喇嘛第一僧，掌理黄教祖师。年六十三岁，康熙五十年（1720年）内坐化为佛。

喇嘛格堆林车，系中甸江边境人。披剃入寺，深通经典。进藏，达赖喇嘛考取天下喇嘛第一，掌理黄教祖师。年六十八岁，雍正十一年（1733年）内坐化西藏为佛。

喇嘛格丹初称，系小中甸人。年二十余岁，护法神王指点往西藏出家，深通经典。达赖喇嘛考取天下喇嘛第一僧，掌理黄教祖师。年八十五岁，乾隆四十年（1755年）内坐化西藏为佛。

喇嘛安悟春增，系中甸东旺人。披剃入寺，深通经典。在藏为师，教读十代达赖喇嘛。论迥二世，时年五十六岁，现存，尊为活佛。

喇嘛、克木降初扎巴，系中甸翁水人。披剃入寺。往西藏路色岭大寺掌教。年七十余岁，嘉庆年间坐化为佛。

喇嘛东吹路苴，系中甸本城人。披剃入寺，能记诵藏经一百零八部。达赖喇嘛封赠沧迥一世，时年八十岁，称为活佛，现存。

喇嘛、更稀（格西）林车培初，系中甸本城人。熟习经典。往西藏山中坐静修炼，能知过去未来一百零八岁。雍正十年（1732年）内，肉身飞升北海为佛。

喇嘛、克木路苴格丹，系中甸本城人。披剃入寺。往西藏折奔大寺掌教。年八十三岁，咸丰五年（1855年）内坐化西天为佛。

稀鹊、克木路苴西洛，系中甸人。熟习经典。西藏八代喇嘛委管藏务。年八十余岁，嘉庆年间坐化。沦洄一世，现今转西藏，称为活佛，现存。

喇嘛巴丹新更，系中甸人。披剃入寺，熟习经典，西藏达赖喇嘛委办藏务事件。咸丰三年（1853年）内坐化成佛。

喇嘛、更稀吐买夺哇，系中甸泥西人。披剃入山，静修四十余年。嘉庆十八年（1813年）内，肉身飞升脱化为佛。

喇嘛安悟定柱，系中甸泥西人。披剃出家，熟习经典，西藏九代达赖喇嘛委协办藏务。年六十余岁，道光元年（1821年）坐化为佛。（见吴自修《新修中甸厅志》，清光绪十年（1884年），3卷。）

中华民国时期，云南仍有许多进藏学经修持的高僧、贤僧。兹举数例：

鲁苴宜鸣，江边境北地甲摩些族人。生性恬静。因愤东跋教邪说惑人，不修正法，乃入归化寺为喇嘛，精研黄教之义。后进藏留学二十五年，凡三藏大乘经典无不通晓，屡考得格协学位，年五十余回寺，充现世松茂活佛师傅，戒律极严。松茂活佛经典湛深，修持严谨，皆得其指导之力。民国二十七年（1938年）四月十五日结跏坐化，玉筋下垂者五日，实归化寺修持密宗而得正果之第一人也。

崩龙寻巴客木，归化寺乡城堪布之第三世活佛也。生于西康定乡治，第二世崩龙活佛之灵根。聪慧过人，而修持尤为精。在拉萨留学十六年，大乘显密诸经典莫不了彻如宿，民国二十七年（1938年）十月初八日圆寂。以右手托腮，而以无名指塞入鼻孔，复以左手贴于左股，右背而不着枕者屡日。茶毗之际，白舍利飞出无数，多集于松茂活佛之胸襟，亦若将道统付托于松茂者。送葬僧俗数百千家，悉见灵异，莫不顶礼膜拜、流涕赞叹。县长段缓滋嘉其行谊，为之作传。松茂赠以舍利四枚，以志香火因缘焉。

班马春里同噶，承恩寺红教活佛也。生于县属东旺绒布巴村。相貌奇异，留学德格多年，三藏经典极有研究。能晓过去未来，为人卜休咎，尤奇险。常雪心静坐静室，左右恒有猛兽蹲伏，远近信仰者颇众。民国二十五年（1936年）坐化。"（见段绥滋《中甸县志》民国二十八年（1939年），1册。）

　　总之，云南藏族、纳西族、摩梭人和普米族的藏传教尚未形成独立的活佛转世系统，这里的活佛转世制度沿用西藏和四川藏传佛教有关寺院的活佛转世制度；这里各教派的活佛分属西藏、四川各教派的宗主寺活佛系统，这里的活佛圆寂后需到西藏和四川的宗主寺打卦寻找转世灵童。但要说明，云南藏传佛教虽未形成独立的活佛转世系统，然而云南藏传佛教寺院却是独立的，它们不属于西藏、四川各宗主寺的分寺，寺院的行政、经济及教务都是独立的，只是在活佛转世、认定这方面从属于各自的宗主寺。这是因为云南藏传佛教发展还不够完善，不能解决自己宗教首领的继承问题，所以只得沿用西藏、四川有关寺院的活佛转世制度。

第六节　教义　戒律　典籍

　　云南藏传佛教和西藏佛教是一脉相承的，其教义、戒律和经典基本相同，但藏传佛教在云南藏族、纳西族和普米族地区长期的传承和弘扬过程中，其教义逐渐形成了一些具有云南迪庆藏区和丽江、宁蒗永宁纳西族和普米族地区的地方民族特点。由于云南藏传佛教各教派的教义及经典颇为庞杂纷乱，难以统一记述，现撮其主要内容叙述之。

一　教义
宁玛派
　　云南迪庆藏区宁玛派修习的教义主要是"九乘"与"大圆满法"。九乘为：声闻乘、缘觉乘、菩萨乘、作密、行密、瑜迦密、大瑜迦密、无比瑜迦密。九乘的内容又大多包括在大圆满法里。宁玛派的大圆满法主张人的心体是纯净的，心体本质是"远离尘垢"的；修习的关键是要把这个纯净的心体把握好，使其心随意而住，即摆脱各种欲望，超脱社会存在。宁玛派的大圆满法在思想上与汉传佛教禅宗的"明心见性""直认本真"说法很相似，有一些顿悟派的色彩。唐代，汉传佛教（主要是禅宗、律宗）从中原和四川两路传入滇西北以大理为中心的地区。迨至宋、元、明、清，滇西北是云南佛教的中心盛地。在历史的长河中，迪庆藏传佛教和汉传佛教互相影响，藏传佛教的教义中有汉传佛教的内容，而汉传佛教中也有藏传佛教的色彩。关于迪庆藏传佛教受汉传佛教禅宗、律宗的影响，《中甸县志稿》对此亦有记述："规化寺修持之宗派：拉黑根举，译言宗或派，修此派者，可以饮酒食肉，娶妻生子，惟须一心救人，故能脱凡成佛，译其教义乃密宗也。然规化寺喇嘛，仅许食肉，至于饮酒娶妻则绝对禁止，所有寺中关于密宗之一切法事，专由拉黑根举掌管。"又"辖举，译意同上。修此派者，戒口守律，刻苦参悟，无论历若干劫，必至见性明心，始能成佛。译其教义，实禅宗、律宗，同时兼修。"迪庆藏区的藏传佛教吸收汉传佛教禅宗、律宗的教义、教理，因而具有一些不同于西藏佛教的地方特点。

迪庆藏区的宁玛派在教义、教理和修习方法上，重密轻显，认为密宗是修习的根本，显宗则一般性修习，重密轻显是迪庆藏传佛教的基本特点。迪庆宁玛派苦修净心静坐，力图摆脱各种欲望和杂念，以期达到大圆满法的成果。宁玛派在修习方法上比较特别的是，他们习惯在深山密林里搭棚或选僻静的岩穴里独自修习密法。他们练习气功以把握心体，以气养身，并逐月缩食，力图练成仅在口内含数粒青稞就能维持生命。此外，还有意在隆冬雪地和酷暑烈日下赤身静坐，苦练把心安住一境，摆脱各种欲望和杂念，以期达到大圆满法的成果。据实地调查，他们这种虔诚的苦练结果，使不少体弱的老僧丧身在树棚和岩穴里，可见宁玛派对修习密法的执着和虔诚。

宁玛派用九乘和大圆满法来说教，宣传用寂静极乐来帮助世人从痛苦中解脱出来，用自我修身来超脱社会存在、周围的环境顺逆变迁、社会生活中的苦乐困扰，求得解脱等等。

迪庆宁玛派持守戒律不严，他们多数都娶妻生子，饮酒食肉，甚至活佛亦有娶妻生子的，但也有少数宁玛派僧人及活佛严格持守戒律，不娶妻，不饮酒食肉。至于各教派都必须持守的"五大戒"或"六戒"，除了娶妻生子、饮酒食肉以外，宁玛派僧人也是持守的。

噶举派

迪庆藏区和丽江纳西族地区噶举派的教义是传承应成中观论的，它最主要的教法是讲"大手印"。噶举派重视密宗，采取口耳相传的传授方法。大手印法有显密之分，显宗大手印注重修身。迪庆和丽江噶举派主要是密宗大手印，主要内容是从类似气功的修炼入手，修到一定的程度能得到一种感受，再把这种感受和佛教唯心主义哲学的某种境界结合起来，其步骤是从"拙火定"入手，从调整呼吸做到全身发热，以至不畏严寒酷暑。通过修拙火定，使自己的心（思想）不趋散乱。这样持久地修下去，就会得到"禅定"。得到禅定以后，再观察一下自己安住一境的心到底在身内还是在身外，如果在哪里也寻不到这颗心，于是就会明白心是"空"的，即达到所谓"空智解脱合一"境界。这就是迪庆和丽江等地噶举派修习的大手印法。

迪庆和丽江的噶举派由于重修密宗，在其主要分布地区中甸、维西、德钦、丽江等地寺庙中，皆修建有专供密宗用的静坐堂，迪庆藏语称之为"都扣"；而修密宗的岩穴，则称之为"扎仓"。迪庆和丽江的噶玛派举行静坐，最初是在天然石洞内进行，以后才发展到寺内建静坐堂。如维西县的达摩祖师洞最初就是噶举派修习密宗静坐的石洞，以后才扩建为寺庙。还有丽江福国寺，初称太极庵和钵盂庵。《光绪丽江府志》记载说："太极庵旧址在府城北之山巅，明时建，僧得天的敬白痴习静处，景最清幽，今毁。"当地噶举派的静坐期为三年三个月三天零三刻。静坐期修习的经典按年和季度安排。静坐实为一种苦修，一日三餐皆为茶水和粑粑，每天鸡鸣即开始静坐，中午稍事休息，即继续静坐到晚间，静坐时禁止与外人接触。迪庆藏区以及丽江、贡山等地的噶举派各支系，即达垅噶举、止贡噶举或噶玛噶举，其修习方法和内容基本上是相同的。静坐修习三年中，第一年修习《门度经》《江卢经》《瑜珈咒》《梅雷咒》；第二年修《度伦年经》即《金刚经》；第三年修《召龙图控经》《那卢除都经》《堪地法经》《长寿经》《金刚亥母经》。

迪庆藏区和丽江纳西族地区的宁玛派、噶举派以及格鲁派都重视密宗的修习方法，其中尤为重视修习特殊的瑜珈密法。此种密法也称"金刚亥母"，初为印度瑜珈密宗的一种秘修法，实际上是印度的一种男女双身修法，其中的女神即表现为猪头之形。噶举派祖师米拉日巴为弟子们作过金刚亥母灌顶，噶玛巴黑帽系就曾为元顺帝父子作过金刚亥母灌顶。噶玛巴派历来继承金刚亥母密法。明、清两朝至中华人民共和国建立之前，中甸、德钦、维西等地的藏传佛教寺庙中都有"欢喜佛"，形象为男女两性裸体交媾。《三省入藏程站纪》对此记述说："又五十余里至大中甸，番名结党，出塞第一部落，有营官，番名碟巴，（碟巴之下，有木瓜神翁、头人等名色），有喇嘛寺，（念经则宰牛羊，佛像庄严，与中国略相似。最重欢喜佛，裸体交媾，礼拜者皆进哈达，哈达者，手帕也，以下见上用此礼，如中国之用手本名帖也）。居民皆板屋。"还在中华人民共和国成立前，德钦寺中也供有男女交媾的欢喜佛，不孕妇女经常来此朝拜欢喜佛，祈求生育繁育。现今迪庆藏区并及丽江纳西族地区的藏传佛教寺庙壁画中亦多见这类欢喜佛画像，这就是密宗的金刚亥母佛。

萨迦派

藏传佛教萨迦派在云南仅流行于宁蒗县永宁地区。明、清时期当地萨迦派僧侣人数、信教群众、寺院都比较多，清末至民国时逐渐衰弱，而今寺院都已毁灭，仅有少数僧侣散存在民间。

永宁摩梭人和普米族地区萨迦派的教义核心是"道果法"。认为修法者断除一切"烦恼"，就可得到"一切智"，从而达到"涅槃"境界之果。其修习次第有三个，首先要抛掉"非福"，即坏事恶业，专心致志于行善做好事，来世即可投生在天、阿修罗、人"三善趣"之中。此外，还要断除"我执"。因为升入"三善趣"固然是好事，但仍未脱离苦恼，超脱轮回。要彻底脱离轮回之苦，还必须断除"我执"，即从思想上断除一切事物；同时还要断除"一切见"，即所谓"常见"（物质的存在）和"断见"（一切皆空），才能真正领悟佛法，获得解脱之果。永宁、菠蕖摩梭人和普米族萨迦派僧侣的教义特点是只重修"三善趣"，即不做坏事恶业，专心致志行善做好事，为群众禳灾祛殃，祈丰延年是他们的主要职能，指望来世投生在天、阿修罗、人"三善趣"中是他们修习的最高宗旨。至于断除

云南文库·学术名家文丛

"我执""常见"和"断见"等教义教法，他们理解不深，亦不注重。这是因为偏居川滇交界边沿地区的萨迦派僧侣多为摩梭人和普米族，由于受交通、经济条件的限制，以及他们本民族传统文化比较落后，因而对佛教理论理解不深，同时也是根据他们的实际精神需求来理解和修习佛教的教义教法，所以与西藏萨迦派的教义就有所不同了。

格鲁派

云南藏族、纳西族、摩梭人和普米族地区的格鲁派的教义与西藏格鲁派一脉相承。是以"缘起性空见"为主要教义，其理论本于龙树的《中观论》。所谓"缘起"，即"待缘而起"，也就是说一切法的产生都是有原因的，一切法的出现并能够让人们认识，都是从缘起而来。性空是说一切法都没有自性，一切法都是从众缘而生。宗喀巴认为，懂了缘起性空的道理，就可以从无明到明（智慧），缘起性空是佛教教义，也是藏传佛教教义的"心要"。此外，格鲁派还有它独特的"六度"和"四摄事"，其内容包含教义也包含戒律。"六度"是：布施、持戒、忍辱、精进、禅定、智慧，与"六度"相对的有"六戒"，即悭吝、破戒、瞋恚、懈怠、散乱、邪慧，"四摄事"是布施摄、爱语摄、利行摄、同事摄。

二　戒　律

云南藏族、纳西族和普米族的藏传佛教的戒律与西藏及其他藏区藏传佛教的戒律相同。一般而言，藏传佛教主要持守大乘戒（或称"菩萨戒"）。不同等级的僧侣必须持守不同的戒律。一般的戒律有"五戒""十戒"，这是各种等级的僧侣都必须持守的。"五戒"为：（1）不杀生；（2）不偷盗；（3）不邪淫；（4）不妄语；（5）不饮酒。"八戒"中除了包括"五戒"以外，还有三戒，即（6）不眠坐高广华丽之床；（7）不装饰、打扮及观听歌舞；（8）不食非时食（正午过后不吃饭）。"十戒"中除包括"八戒"以外，还有二戒，即（9）不涂香料脂粉；（10）不蓄金银财宝。此外，还有"具足戒"，别称"大戒"。因与一般的沙弥、沙弥尼，即一般僧侣的"八戒""十戒"相比，戒品具足，故称"具足戒"。具足戒包括比丘尼戒348条。在藏传佛教各教派中，格鲁派的戒律比其他教派要严，对犯戒行为有相应的惩罚措施。此外，格鲁派还重视戒律经籍的研习，并规定《戒律本论》为格鲁派僧人必读的论著。此外，格鲁派禁止僧人娶妻生子，禁止僧人参加生产劳动。但是，云南格鲁派并不严格遵守这条戒律，多数僧人参加一定的生产劳动，并从事商业活动，少数僧人娶妻生子。至于永宁地区的摩梭人、普米族僧人与俗人一样，结交女阿注，过阿注婚姻生活，而且不脱离生产劳动，多数僧侣还是家长，操持家庭生计。这是永宁摩梭人僧侣与他们传统的母系制家庭婚姻生活相适应的一种表现。永宁摩梭人僧侣与当地俗人一样过婚姻生活，这在藏传佛教中是特殊现象，其原因主要是永宁摩梭人的传统的母系制婚姻根深蒂固，它渗透到社会生活的各个方面，宗教生活也不例外。就母系制婚姻观和伦理观而言，僧侣与俗人一样过阿注婚姻生活是符合母系制婚姻伦理观念的，是正常之举。虽然藏传佛教戒律禁止僧人过婚姻生活，但在永宁这一特殊的母系制生活环境里，这一戒律没有实际效力。从而可知，宗教的某些戒律一旦与社会实际生活相抵触时，宗教戒律就会逐渐演变，使宗教戒律、宗教生活与现实的社会生活相适应。永宁摩梭人僧侣的婚姻证明了这种客观规律。

三　典　籍

分浩繁庞杂，除各类正式的典籍佛经外，在民间尚流传着许多经书咒文。现将云南藏传佛教的中心，迪庆藏族自治州各寺院的藏经情况和各种场合中常用经咒的种类分述如下。

寺院藏经

迪庆州各寺院藏经以《甘珠尔》和《丹珠尔》为主并以所藏数目之多而为荣耀。由于语音的关系，迪庆藏语称《甘珠尔》为"甘炯"，称《丹珠尔》为"丹炯"。

迪庆州各寺院所收藏的《甘炯》和《丹炯》以归化寺最为丰富名贵。据《中甸县志稿》记载："（归化）寺有拉萨精印甘炯一部，计108函贝叶，丹炯一部，计三百余函贝叶，皮藏于大寺下层经堂左右夹墙复室，及大寺上层小佛堂左厢，其为大寺所藏经藏，其活佛以下均各藏有名贵经藏，其为历世达赖班禅所念诵或供养者，每函贝叶，可值万金。"此外，在东旺康村藏有金粉汁写的《甘炯》一部，卓康村藏有铜版印刷的《甘炯》一部，大佛寺亦藏有金粉汁手写的《甘炯》一部。其他的各个寺院亦至少藏有《甘炯》或《丹炯》一部。

藏传佛教的典籍种类十分丰富，除《甘珠尔》和《丹珠尔》这一套典籍总汇集成外，尚有许多零星经典的单行本流传世间。此类典籍除各寺院择其名贵而珍藏外，僧侣个人和贵族人家以及富裕百姓也有大量收藏，其间数目实难统计。1966年以后，由于人为的毁坏，各寺院和僧侣个人及百姓人家的藏经数目锐减。有材料表明，仅在中甸县的一次群众大会上，即有各种典籍3吨之多被当众烧毁。各种典籍遭毁之概况，由此可见一斑。1980年以后，迪庆州各寺院相继修复并恢复活动，各寺院所藏的典籍也逐渐有所增加。但由于经济条件的限制，各寺院所藏的《甘炯》和《丹炯》仍然十分有限。据统计，至目前为止，迪庆州已开始活动的21座寺院中，仅归化寺、东竹林寺和寿国寺这3座寺院分别藏有《甘炯》和《丹炯》各一部。

除《甘炯》和《丹炯》在少数寺院有所珍藏外，目前迪庆州各寺院的藏经，以一部被称之为"摸"的经书为主。关于此书的详情目前仍不甚了解，从前的史籍文献中亦未见有此书的记载。据称，"摸"是《甘炯》中常用经典之集成，分为"努阿""努底""煨巴"和"吉"四个部分，有十二册和十六册两个版本之分。因其是常用经典汇编而且价格又令人能够接受，故无力置备《甘炯》和《丹炯》的寺院和个人，均购置"摸"作为替代，各寺院均有所藏。其中归化寺大寺和各康村公有的有六部、僧侣个人所有的有二十余部。

常用经籍

迪庆州各寺院或民间经常使用的经典咒文种类繁多，各教派在不同的宗教场合所使用的经典咒文亦各不相同，例如，民间的居家僧侣"仓巴"和宁玛派僧侣要在收获谷物时为群众念《勒堆》经，过年节时念《依来》经，驱虫害时念《德哥》经，阻灭冰雹时念《虽寡》经，祈雨时念《依困拉》经，结婚时念《来颂》经，丧葬仪式时念《景祖》经，庆丰收活动时念《扎则》经；格鲁派僧侣在三月初十至十二日举行的"撒戛娜瓦会"（又名哑巴会）上要念除秽经，在七月初十至八月二十日举行的"卓巴茨日会"（又名丫娃会）上要念风调雨顺经，在十一月初五至初十日举行的"日杂措会"上要念安灵经以祈求地方太平，举办跳神活动时则念《抽奔》经；噶举派僧侣在正月初一至初四举行的"哈木会"上要念金刚经，在二月初八至初十举行的"东玛会"上要为纪念观音菩萨而念诵千佛观音经，在三月初十至十二日举行的"祈巴会"上要念长寿经，在四月二十五日至二十八日举行的"施通会"上要念安灵经，在七月二十八日的玉皇会上要念除秽经，九月初五的长寿会上要念长寿经，在十一月十五日的护法会上要念护法经。

　　由于各教派和民间僧侣在各种活动场合所使用的经典咒文不尽相同，种类繁多，不能一一详记，故仅将迪庆州僧俗所常用的经典咒文记录如下：

　　　　《虽寡》经，即为地方百姓阻灭冰雹，消除冰雹灾害的经。

　　　　《赤龙》经，即在干旱时祈求雨水所用的经。

　　　　《安杂》经，用于诅咒宿敌仇家，使其遭殃祸。

　　　　《含波》经，用于为死者安灵招魂等活动。

　　　　《纳堆安都》经，用于除去污秽杂垢，以保清静安宁。

　　　　《茨贴》经，是在放赎生物、积德祈福时念的经。

　　　　《虽倒》经，即"投灵品"经。

　　　　《哈木》经，即"金刚经"。

　　　　《东玛》经，即"观音菩萨经"，用于纪念观音菩萨的活动中。

　　　　《门类缀》经，即"千佛观音经"，用于纪念观音菩萨的活动中。

　　　　《祈巴》经，即"长寿经"，为人祈寿时所念的经。

　　　　《施通》经，即"丧葬经"，用于各种丧葬活动中。

　　　　《三都》经，即在纪念莲花祖师活动中所念的经。

　　　　《抽奔》经，用于各种跳神活动中。

　　　　《多史生松》经，是"多格""史尼""生东玛"三者的简称，用于消灾避难、祈求平安健康。

　　　　《米朗》经，用于为死者超度亡灵。

《永仲》经，用于祈求福禄富贵。

《扎史赤巴》经，《内拉央炯》经和《吉才重母崩间》经，均属喜庆活动时所念的经，用于祈求平安，永保福禄寿喜、万事吉祥，其中《内拉央炯》经亦可用于为牲畜消灾祛病。

《茨荣》经和《都玛》经，均为求长寿保平安活动中所念的经。

《格都》经，用于每年农历八月二十九日举行的"送瘟神"活动中所念的经，祈求地方百姓平安康宁。

《占巴拉》经，即"火塘经"，用于祭祀"火塘神"以保合家安宁、吉祥如意。

《依左赤哇》经，各村落信徒每年6次集中到公共经堂念诵，祈求风调雨顺。

《赤苗》经，春耕前夕所念的经，祈求风调雨顺、四季平安。

《时庄罗》经，每年五月青稞成熟，荞子发绿时所念，以防庄稼的各种病虫害。

《麦居》经，每年秋收完毕，牦牛从高山返回平坝时所念，欢庆平安太平。

《锡主》经，每年庄稼顺利收完后所念，感谢神佛保佑。

《时沾罗》，是防止冰雹灾害发生时念的经。

《申青主古》经，是为防瘟疫，保平安所念的经。

《西撮主古》经，是防旱求雨经。

《续乃》经，是用于消灾避难的经。

此外还有《底松》经、《护法》经、《格定》经、《吹舍》经等等。

云南纳西族、摩梭人和普米族地区各寺院亦有丰富的经典，其中永宁扎美戈寺和者波萨迦寺的藏经最为丰富，但在20世纪60年代的"文化大革命"中，两寺均被毁坏，经典亦被烧毁，现在永宁扎美戈寺虽已基本修复，但藏经较少，兹不详述。

第七节　法　会

云南藏传佛教各教派，除了每天固定的念经拜佛以外，各教派的主要寺院每年都有定期的佛教节日或说法会（亦称庙会）。各寺院通过定期的法会，联系广大的世俗信徒，并通过法会接受广大善男信女的布施捐赠，以增加寺院经济收入。

云南藏族、纳西族、摩梭人和普米族藏传佛教各教派的法会内容及其举行的日期虽然不尽相同，但其宗教意义则是相同的。比较而言，云南藏区的中心，迪庆藏族自治州藏传佛教的法会规模较大，内容亦较丰富。法会的主要内容有：祈求佛保佑地方太平祥和、人口兴旺长寿、消除各种自然灾害，农业丰收、畜牧业发展，超度死者、纪念释迦牟尼佛、观音菩萨、莲花祖师、噶玛巴祖师、宗喀巴、历史上的宗教大师等。

格鲁派法会

格鲁派法会以归化寺东竹林大寺最为典型，每年有如下法会和活动：

咪诺会

纪念释迦牟尼佛传统节日之一。会期从正月（农历，以下同）初一到初五。初一和初二两日，在寺庙举行祈祷法会。每日从启明开始，全寺僧人便集中在大经堂内，在克母主持下，念诵经典、供佛，旨在期望佛教得到弘扬，祈求众生幸福，世界太平。从初三到初五，僧侣欢度新春佳节。在这3天内，僧侣可以和世俗群众一样，自由活动。

默郎钦波

意为"大祈愿"法会，汉语称"传昭"法会。明永乐七年（1409年），藏传佛教格鲁派创始人宗喀巴为纪念释迦牟尼，在拉萨大昭寺组织了一次发愿祈祷大法会，集结了各地区、各教派僧人万余名，发放布施，弘扬佛法。这是一次使佛教重振旗鼓、扩大影响的誓师大会。通过这次法会，宗喀巴的主张得到藏族僧俗大众的热烈响应。宗喀巴圆寂后中断了十九年，根敦嘉措时又恢复，以后年年举行，成为惯例。

迪庆藏族自治州藏传佛教格鲁派每年都要举行一次"默郎钦波"法会，会期从正月初六到二十日，持续15天。在此期间，寺院所有僧人每天都集中到大经堂，由克母主持，举行供佛、诵经等宗教活动。默郎钦波的核心意义，在于纪念释迦牟尼佛用神妙能力征服外道。据传说，正月初一到初八，释迦牟尼故意与外道辩论失败，但是在正月初九到十五日，则用了真正功力驳倒外道，以后有的外道被焚或被淹死，有的堕入悬崖。外道灭亡以后，佛教才顺利地在全世界传布。

迎佛节

这是僧俗大众共同举行的一个传统节日，在默郎钦波期间，日期为正月十五日。清晨，寺院举行酥油花展，以五色酥油塑造各种人物、动物、花卉，高者数尺，小者数寸。接近中午时开始进行盛大游行。穿着节日盛装的游行队伍抬着一尊巨大的强巴佛（未来佛）像，在乐队引导下，从大经堂走出，按顺时针方向围着寺院转游一圈。其后跟随着数以千计的世俗群众，以求得到佛的恩佑，得享长命百岁。

根据佛经记载，有不同劫数，说明世界的存在和毁灭。在贤劫一世有4佛统治世界：生死佛时，生命八万年；永生佛时，生命有四万年；保光佛时，生命二万年；释迦牟尼佛时，生命一万年。可是释迦牟尼佛统治时代，实际只有五千年。所以贤劫并没有结束，到了贤劫二世，未来佛出现时，生命又是八万年。

迎佛节的游行象征一种信念，表示欢迎未来佛的来临。

二月初三纪念日

二月初三是七世达赖喇嘛格桑嘉措（公元1708—1757年）的圆寂纪念日。

格桑嘉措与迪庆藏族自治州藏传佛教格鲁派"法缘深厚"。1706年（清康熙四十五年）六世达赖为清康熙皇帝解送北京，不幸途中飞升。三大寺僧众祈神求卜，派人寻访，在理塘寺找到六世达赖灵童。但此事很快为蒙古和硕特部藏王拉藏汗得悉，急遣亲信来到理塘查询，策划迫害灵童。在理塘暗中保护灵童的"三塘"即巴塘、理塘、建塘（中甸）喇嘛在夜晚把灵童母子转移到中甸噶丹松赞林（归化寺）避难。灵童在中甸住到危机过去，又由"三塘"喇嘛护侍到塔尔寺供养，直到康熙皇帝认可支持，于藏历铁鼠年（清康熙五十九年，公元1720年）由清朝派军护送到拉萨，在清政府钦差大臣主持下行坐床礼，并加封"宏法觉众"之尊号。为此，格桑嘉措对中甸僧人备极关注，当他知道扩建归化寺后，大力扶持；归化寺扩建完成后，七世达赖从布达拉宫宝库内选出神态优美、精致无比的释迦铜像1尊，金银供器全套及唐卡、锦缎法饰等，布施归化寺，并报请清王朝又赏赐"拉丢"（神民庄户）70户农奴；而归化寺扩建后，在大殿内供奉3尊大铜像，右为宗喀巴、中为弥勒佛，左即为七世达赖。这体现出迪庆藏传佛教与七世达赖有着根深叶茂的"甘苦法缘"。

每年，在七世达赖涅槃吉日（二月初三），归化寺都要举行法会，以示纪念。

充曲法会

二月二十一日，是五世达赖喇嘛阿旺·罗桑嘉措（公元1617—1682年）的圆寂纪念日。

五世达赖时期，格鲁派在迪庆地区后来居上，获得绝对优势。并决定兴建"十三林"大寺之一的归化寺。落成之后，达赖五世又亲赐寺名为"噶丹松赞林"，并使供八尺包金释迦牟尼佛铜像1尊，五彩金汁精绘佛像唐卡十六轴、历代达赖、班禅念诵及供养的贝叶经等作为传寺珍宝。

每年，从达赖五世涅槃吉日（二月二十一日）起，到二十九日止，归化寺僧众都举行聚会，以示纪念。其中，二十二日这天专门念一天除秽经，祈求地方太平，人畜兴旺。

三月祈祷会

这是纪念释迦佛的重要法会。据传说这一时期是释迦佛第一次宣讲密宗的时日。故此在这一个月内，寺院全体僧人，每天都要在经堂举行4次聚会，集体诵念经典。

萨噶达瓦会

这是迪庆地区藏传佛教格鲁派把释迦牟尼的"诞生""出家"和"涅槃"并在一起纪念的节日。从四月初六开始，到十五日，寺院举行10天诵经法会。据传四月十五日是释迦诞生的日子，故此第一天最为隆重。届时，僧人要戒食一天，并供奉酥油花。

结夏法会

为"夏安居"的开始阶段，寺院举行诵夏经法会。会期从五月二十七日到六月初三日。

竹巴慈希

"竹巴慈希"为藏语音译，意为"六月四日"（藏历）。藏传佛教纪念释迦牟尼初转法轮（即开始宣讲显宗）的节日。是日，要举行朝拜，礼佛进香。

夏安居

从六月十五日开始，到七月底结束，一共持续进行45天诵经法会。

夏安居，也叫"雨安居""安居"。这一制度起源于印度，原指游方僧人在雨季到来之际安居寺院，专门以闭门修行为业，直到雨季结束。

在迪庆地区，佛教寺院每年都进行安居，对此十分重视。在安居期间，凡寺院僧人禁止走出寺院，严禁杀生甚至连草都不能拔一棵。寺院从僧众中挑选部分僧人，举行长净、闭门修行直到解期。此期间内，这些僧人甚至连楼梯都不能下，每天除吃两餐（早、午两餐）外，都坐着念经，祈求风调雨顺，人畜兴旺。

僧受岁日

安居期满的第二天，是庆祝安居结束的节日，这一天对僧人来说是开禁的日子。是日，寺院僧众纷纷出寺来到草地上，支起帐篷，尽情欢乐，吃丰盛的食物。这一天，寺院还要施僧施民，寺院掌教布施全寺僧人及百姓一次酥油茶。

增值节

东竹林大寺极为隆重的传统跳神大法会，时间为每年八月二十八日和二十九两日。法会期间，举行庄严的诵经、讲经等法事活动及热烈奔放的大型跳神舞会。这一传统大法会1957年时被迫中断，于1987年恢复。法会期间各方面僧俗人士云集东竹林大寺，他们不仅来自迪庆藏族自治州境内3县，还有州外其他地区的来宾；不仅进行盛大宗教活动，还形成了一个繁荣热闹的贸易市场，人们同时进行各种各样商品的买卖交易。

拉巴堆钦

据传说藏历九月二十二日，释迦牟尼为生母说法33天以后返回人间，为众生"转法轮"，寺院从九月十四日开始，至二十二日举行诵经法会。最后一日要请19名喇嘛念《扎克》经，祈求村人平安，牲畜繁衍。

息却安却

息却，是色拉寺创建者降青曲结，于藏历十月二十四日圆寂。

安却，是格鲁派祖师宗喀巴，于藏历十月二十五日圆寂。

"息"藏语"四"，指二十四日；"安"藏语"五"，指二十五日，"息却安却"即降青曲结和宗喀巴的圆寂纪念日。迪庆地区藏传佛教格鲁派寺院习惯把这2个纪念日合并称呼。

降青曲结（1352—1435年），宗喀巴八大弟子之一。原名"释迦益西"，《明史》作"释迦也失"。明成祖永乐七年（1409年）派钦差4人进藏，迎请宗喀巴至北京传法，宗喀巴固辞未去，派降青曲结代行。明永乐十六年（1418年）利用从内地带回来的钱财兴建色拉寺于拉萨北郊，成为格鲁派三大寺院之一。后又在蒙古地区传播格鲁派，据说是藏传佛教格鲁派僧人到内地活动的第一人。明宣宗宣德九年（1434年）封其为"大慈法王"。于明宣德十年（1435年）藏历十月二十四日，在从内地回藏旅途中圆寂。

宗喀巴（1357—1419年），藏传佛教格鲁派创始人。本名"罗桑扎巴"。生于青海省湟中地方。藏语称湟中一带为"宗喀"，罗桑扎巴成名后，人们为了表示对他的尊崇，称他为"宗喀巴"。宗喀巴7岁出家，跟随噶当派著名僧人顿珠仁钦学了9年佛经，精通显密经论。16岁赴藏深造，先后在前后藏各地投师求法，在噶达，萨迦诸大师指导下研习五论、五明、兼通显密，造诣颇深。鉴于当地佛教戒行废弛，僧侣生活放荡，遂以噶当派教义为立说之本，结合自己的见解，建立体系，从倡导戒律入手，进行改革。著《菩提道次第广论》《密宗道次第广论》等书，阐明显密两宗修行次第，提倡不分显密都必须遵守戒律，形成一代宗风。明永乐七年（1409年）在帕竹地方政权资助下，在拉萨大昭寺创办大祈愿法会（藏语音译"默郎钦波"，汉称"传召大会"），同年又在拉萨东郊建立甘丹寺，标志格鲁派的体系业已形成。其诸大弟子纷纷在各地建寺弘法。以其逝世日十月二十五日为宗教节日，扩大影响。

每年十月二十四日、二十五日，格鲁派寺院举行隆重纪念典礼。信徒在室内、房内等处供灯、念经、诵祖师传经、以示纪念。

阶冬节

又称"跳神节"。每年冬月末，格鲁派寺院均举行这种大型跳神驱鬼宗教活动。会期从冬月二十六日至二十九日。二十六日为跳神预演，在寺院内进行；二十七、二十八两日为诵经法会，也在寺院内进行；二十九日为跳神面具舞会，具有群众性的僧俗大众共同参加的民族盛会。跳神面具舞会在寺院大殿前举行，面具多种多样，有马、鹿、猴、牦牛、乌鸦、猪、狗、虎等。跳时有乐队伴奏。

宁玛派法会

正月初一新年节，举行祈祷大会。

正月十八、十九两日是金刚杵预演神圣舞蹈，叫作小杵。二十八、二十九两日正式演出大杵。

二月二十二日，举行崇拜舞蹈，化装八十方位保护神。

三月举行向山神、水神献祭仪式，祈求地方平安顺利。

四月初一到十五，是默斋期间，祷念十一面观音。对受戒的僧人来说，在此期间有个受戒机会。

六月或七月的初十，有十日礼，用舞蹈表现宁玛派祖师班马撒姆巴瓦

（莲花生、亦称"乌金大师"）八化身。据说这位大师喜欢每月十日到人世间来，造福于众生。

每年九月十八、十九两日举行"降伏魔鬼典礼"，在舞蹈中，将酥油花毁掉，象征将鬼邪毁掉。据僧侣解释，这类酥油花代表贪、嗔、痴等鬼邪。经降服魔鬼典礼后，毁掉酥油花，即象征制服了鬼邪，来年地方太平，人畜安康。

十一月十四日、十五两日，举行冬至典礼。

十二月二十九日举行典礼，纪念年末月末。意思是一年已经幸福度过，要感谢众神保佑，应向众神献祭，以求来年平安，收成丰足。

噶举派法会

哈木会，念金刚经，会期在正月初一至初四日。

东玛会，纪念观音菩萨，念千佛观音经，会期在二月初八至十日。

祈巴会，念长寿经，为人祈寿，在三月初十至十二日。

施通会，念安灵经，为死者安灵祭奠，在四月二十五至二十八日。

白观音会，不孕妇女求子祭祷，在六月十五日。

玉皇会，念除秽经，在七月二十八日。此会原为道教节日，后与藏传佛教融合，为释、道融合的节日。会期祭东西南北中五方鬼，世俗群众参加，向寺院捐赠粮油、香料等供物。

长寿会，念长寿经，为人祈寿，在九月五日。

护法会，念护法经，在十一月十五日。

莲花祖师会，纪念莲花祖师，念《三都经》，会期举行僧侣晋升仪式，在五月初十至十二日。

古东会，又名跳神会。庆祝地方太平、人畜兴旺、谷物丰收，在十二月二十三日。

萨迦派法会

云南藏传佛教萨迦派现今仅存在于宁蒗县永宁、菠蒗等地，僧侣人数较少。该教派的法会主要有"堆曲"会（祈丰禳灾）。会期在正月初一日至十五日。另有"格度"会（跳神除秽）。会期在九月初十日至十五日。

十世班禅示寂回向千供法会

1989年1月28日，中华人民共和国人民代表大会常务委员会副委员长、中国佛教协会名誉会长、藏族人民的宗教领袖第十世班禅额尔德尼·却吉坚赞在日喀则圆寂。为悼念十世班禅，云南藏族、纳西族、摩梭人和普米族藏传佛教僧俗，在各地佛寺举行了示寂回向千供法会，会期持续数天，祝愿大师乘愿再来，早日转世。

举行法会的寺庙有：归化寺、东竹林寺、承恩寺、云登寺、祖师洞、则木寺、觉顶寺、必顶寺、茂顶寺、扎衣寺、德钦寺、红坡寺、禹功寺、布功寺、拖拉寺、玉珠顶寺、云仙寺、东竹林尼姑寺、寿国寺、永宁扎美戈寺等。

各地寺庙安放班禅大师遗像，供桌摆满各种供品和酥油灯。僧侣诵经慰藉班禅大师英灵，并祈祷班禅大师早日转世。此外，僧侣个人也在各自的静室举行诵经活动，表示对大师的怀念之情。各族信教群众也纷纷入寺叩拜大师遗像，深切表达对大师的怀念之情。各地僧侣表示决心继承大师的遗志，高举爱国爱教的旗帜，维护祖国统一。

第三章 纳西族、摩梭人
和普米族的藏传佛教

藏传佛教的形成和发展不仅深刻影响我国藏族的社会生活和精神文化，而且还广泛传播到藏、滇、川三省（区）交界的纳西族、摩梭人和普米族地区，对他们的社会生活、精神文化和风俗习惯等方面亦产生了不同程度的影响。纳西族、摩梭人和普米族的族源属我国古代氐羌族群，他们自古以来与藏族毗邻而居，藏传佛教形成后便自然传播到纳西族、摩梭人和普米族之中，以后逐渐发展成为他们的主要宗教。纳西族、摩梭人和普米族的藏传佛教与我国藏区的藏传佛教基本相同，但在纳西族、摩梭人和普米族地区长期的传播发展过程中逐渐形成了一系列地方民族特色。本编主要研讨藏传佛教在纳西族、摩梭人和普米族地区的传播、发展、寺院制度、僧侣组织、活佛转世制度以及藏传佛教对纳西族、摩梭人和普米族精神文化和风俗习惯等方面的影响。

第一节 传入年代及教派

一 传入年代

云南纳西族的聚居区——丽江，从公元678年（唐仪凤三年）到794年（唐德宗贞元十年）的百多年间，是吐蕃王朝直接统治的地区。前已叙及，当时吐蕃称丽江、中甸及大理的部分地区为"绛域"，直接经营多年，因此，松赞干布时期的前弘期佛教及本教小规模传入丽江纳西族地区是有可能的，但因史料阙如，目前尚不能断定。藏传佛教大规模地、正式地传入云南丽江、宁蒗永宁并及四川木里、盐源等纳西族、摩梭人、普米族地区当应在公元11世纪至15世纪的三百多年间。这是因为公元11世纪以后，西藏佛教各教派次第形成，造成一种佛教文化欣欣向荣的局面，为了扩大自己的势力范围，争取获得更多的信徒，各教派先后向与西藏接壤的滇、川交界的纳西族、摩梭人和普米族地区传播和发展。

一种宗教的发展和传播一般需要两个方面的条件，一方面是宗教自身的发展，另一方面是统治阶级的需要和人民群众具备信仰这种宗教的条件。公元11世纪以后，藏、川、滇交界地区的纳西族、摩梭人和普米族相继进入封建制社会，各地封建割据的势力次第形成。封建制社会中新兴的封建领主阶级觉得需要借助于一种统一的宗教来维持他们的统治，因此，藏传佛教传入之始便得到当地封建领主阶级的支持，从而得到进一步的发展。佛教作为阶级社会的宗教，无论是在奴隶社会还是封建社会，都是有旺盛的生命力的。封建领主阶级为维护他们统治的实际需要，大力扶持藏传佛教在纳西族、摩梭人和普米族中传播，这是与封建领主制政治、经济相适应的。此外，封建社会的生产力发展水平比奴隶社会相对先进，人们的精神生活的需求比奴隶社会高，本民族固有的原始宗教已逐渐不适应人们精神生活，所以藏传佛教也就得以迅速植根于人们的社会生活中，并逐渐成为他们信奉的正统宗教。

藏传佛教传入藏、川、滇交界地区的纳西族、摩梭人和普米族中的时间有先有后，而且各教派传播的路线也各有不同。由于传播的地区和时间不同，彼此的规模和声势也略有差异。

首先研讨藏传佛教传入纳西族和摩梭人地区的年代及路线。

纳西族主要分布在云南、四川和西藏交界的金沙江流域，居住地区以北向南，自然形成东西两个居住区域。西部区域的纳西族分布于云南省丽江、中甸、维西等县区，自称"纳西"；东部区域的分布于云南省宁蒗县和四川省盐源、盐边等县，自称"纳日""纳汝"等，即"摩梭人"。

据有关史料和实地调查的材料看，藏传佛教约宋末元初传入藏、川、滇纳西族和摩梭人地区。20世纪50年代末，对藏传佛教噶举派在西康德格县的母寺八蚌寺（今属四川甘孜藏族自治州德格县）的调查证明，元、明两代康区的噶举派与云南纳西族的噶举派有密切的联系，从中可以探索噶举派传入这些地区的大致年代。调查报告说："白教约于宋宁宗时由僧都松钦巴自西藏传入康区，经元、明两代，得到发展。该寺系由第一代斯笃活佛所建，因得到历代封建统治者及德格土司的大力扶持，势力大大发展，该寺即为德格土司五大家庙之一。该寺在白教中地位很高，仅次于主寺——后藏粗卜寺，同为白教在康区之圣地。寺辖分寺约70—80座，分布于德格、邓柯、康定（如贡呷寺）、丹巴、稻、云南丽江以及青海等地。"①中华人民共和国成立前，云南丽江纳西族的噶举派僧人一般都按传统到康区德格县的八蚌寺和后藏粗卜寺去修习噶举派的经典和教义。

藏传佛教传入丽江纳西族地区的年代略晚于永宁、蒗蕖摩梭人地区，这是因为两地传入的路线不同，丽江纳西族地区的藏传佛教是从西藏传入；永宁、蒗蕖摩梭人地区的藏传佛教是从四川藏区传入。此外，永宁、蒗蕖地处偏僻，摩梭人受藏族文化和风俗习惯的影响较深，而丽江在历史长河中，不仅是中原与吐蕃互相争斗的要冲，而且还是汉、藏、白、纳西等民族进行经济文化交流的通道。因此，丽江纳西族除了受藏族文化的影响以外，还深受汉、白、彝等民族文化的影响，所以永宁、蒗蕖摩梭人接受藏传佛教就比丽江纳西族深远，这是由历史、地域和文化等多种原因造成的。

藏传佛教约明代传入丽江纳西族地区，至清代迅速发展。清人《徐霞客游记》中有"庚戌年，二法王曾至丽江、遂至鸡足"的记载，说明在明代万历三十八年（1610年），西藏地区的藏传佛教领袖二宝法王曾来到丽江，稍作停留后至鸡足山进香朝拜。故在丽江地区现今还流传许多有关此行的传说。当二宝法王抵达丽江时，备受丽江木氏土司的热烈欢迎和殷勤款待，二宝法王对此十分满意，当他拜毕鸡足山返藏时，在沿途精选6名纳西族子弟带回西藏，加以精心培养。当这6名纳西族子弟修成佛法后便返回丽江，弘扬藏传佛教，陆续修建了许多佛寺。此虽传说，不足为信，但二宝法王曾至丽江弘扬藏传佛教则是有史可稽的。此外，丽江五大寺之一的福国寺便是明末土知府木氏所建。《丽江府志》记载说："在府城西北二十里芝山上，旧名解脱林，明熹宗赐名福国寺。同治甲子年正月，毁于兵。光绪壬午，寺僧重修。"此外，寺中现还存有《丽江府芝山福国禅林纪胜记》碑文，叙寺之沿革云："……雪山自西绵亘，层出叠嶂而秀异特钟者，芝山也。……当山之腹，孕为胜地，延长数里，松阴千重，盘桓爽垲，是为解脱林。林中梵刹，名楼飞观，绘椽薄栌金碧辉映者为福国寺。寺旧名安乐，因隐公为太椒人遣使诣阙，以请龙藏，天子嘉其寺也，御赐今额。……隐公为谁，累晋中大夫致仕参政木候讳增号生白是也。"从而可知，福国寺原先为木氏之家庙，以后改建为藏传佛教寺。该寺是丽江纳西族地区兴建最早的藏传佛教寺，规模为丽江五大寺之冠，最盛时寺僧达200多人。丽江五大寺之其余4个寺，均建于清代，反映了明、清两代藏传佛教在丽江纳西族地区得到广泛传播和发展。

云南永宁、蒗蕖以及四川木里、盐源等地由于处在川滇交界地区，这片地区的摩梭人和普米族远在唐代便与藏族毗邻杂居，因而他们受藏族文化的影响极为深远，藏传佛教传入摩梭人和普米族中的年代也略早于丽江纳西族地区。据文献记载，云南宁蒗永宁并及四川盐源左所一带，即泸沽湖地区是历史上吐蕃居住的地域。永宁唐代称"搂头赕"，又称"答兰么些域"，"赕"乃川原之意，"答兰"乃藏语"探览"之译音，意为"到涅槃的道路"，语意出自藏传佛教。《元史·地理志》记载说："永宁州地名答蓝，磨些蛮祖泥月乌逐吐蕃，遂居此赕。"从而可知，川滇交界的永宁地区唐代以前为吐蕃居住的地方，唐初么些部落从金沙江和雅砻江流域迁徙至永宁，么些泥月乌部落逐出吐蕃，遂定居于此地，传至元初为三十一世，约七百多年。摩梭语称永宁为"吕底"，元世祖忽必烈南征大理，途经此地，始定名为"永宁"，含"永久安宁"的意思。永宁从元代开始建立永宁州，后升为永宁府。由摩梭阿氏世袭土司职，历经明、清、民国至1956年民主改革时止，共传38任土司。

藏传佛教约宋末元初经四川巴塘、里塘传入永宁、蒗蕖、木里、盐源等摩梭人和普米族地区。最早传入这片地区的是藏传佛教的萨迦派和噶举派，最早兴建的藏传佛教寺是永宁者波萨迦寺。该寺建于元至正十三年（公元1353年）。以后又在蒗蕖、挖开建造了两座萨迦寺。这三座萨迦寺的僧人主要是当地的摩梭人和普米族。至清代，格鲁派传入永宁、滇蕖以及四川木里、盐源等摩梭人地区，其中，由于格鲁派受到当地封建统治者的扶持，势力和影响居各教派之首。

藏传佛教传入滇、川普米族地区的年代大致与纳西族、摩梭人地区相同。前已叙及，从远古至唐宋，吐蕃与"西蕃"即为现今普米族的先民。元代以后，关于西蕃的记载比较详明，周致中的《异域志》记载说：西蕃"无王子管辖，无城池房舍，多在山林内住。"又说："奉佛者皆称喇嘛。"西蕃以信仰奔布（西藏的本教）为主，其次是信仰喇嘛教。这与蒙古族统治者提倡喇嘛教有关。元代以前，西蕃人主要居住在川西一带。公元1253年，元世祖忽必烈兵分两路南征大理，西蕃所居之地是必经之地。当时，有许多西蕃人跟随蒙古军进入云南，扩大了西蕃人居住的地域。清人余庆远《维西见闻纪》载说："巴苴，又名西蕃，亦无姓氏。元世祖取滇，渡自其宗，随从中流亡至此者，不知其为蒙古何部落人也，澜沧江内有之。……信佛与么些无异……。"明代天启《滇志》对西蕃人的分布记述说："永宁、北胜、滇蕖凡在金沙江北者皆是。"即今云南省的维西、丽江、兰坪、宁蒗、永胜、中甸和四川省的木里、盐源等县区都有分布，与现今普米族居住地域大致相同。从而可知，普米族与藏族、纳西族、摩梭人有着不可分割的历史渊源关系，藏传佛教传入普米族中的年代与纳西族、摩梭人大致相同，即元代传入，明、清两代广泛发展。据上述史料探索，藏传佛教约于公元11世纪中叶，即宋末元初传入藏、川、滇交界的普米族地区。普米族自古以来与藏族生活在同一地域，历史上又受吐蕃王朝的长期经营，因此，不论本教或藏传佛教传入普米族地区的年代都应与当地的藏族、纳西族和摩梭人相同。

二　教　派

据有关史料和实地调查材料看，藏传佛教在藏、川、滇纳西族、摩梭人和普米族地区的教派主要是噶举派（白教）、萨迦派（花教）、格鲁派（黄教），其中格鲁派的势力和影响最大，居于主导地位。现分述于下：

噶举派

噶举派主要流行于云南丽江、维西纳西族地区，除纳西族而外，当地普米族亦信仰该教派。噶举派在丽江纳西族地区盛极一时是与丽江木氏土司的极力扶持有关。明洪武十五年（1382年），明军平云南，纳西族首领阿得归附，置丽江府以阿得为土知府，翌年，明朝赐姓木，且于十八年（1385年）予世袭，阿得即为第一任木氏土司。从此，历代木氏土司得到明朝中央扶植，封赏诰命，备享殊荣。丽江木氏家族与西藏噶举派噶玛巴系在历史上很早就有密切的联系。早在公元15世纪时，噶玛巴红帽系二世活佛喀觉旺布（1350—1405年）的弟子曲贝益西的一名徒弟支梅巴便充当了木氏土司的"帝师"，从那时起木氏家族就已信仰藏传佛教，特别是噶玛巴系。同时，木氏家族与噶玛巴黑帽系活佛也关系密切。公元1473年夏，黑帽系七世活佛曲扎嘉措（1454—1506年）收到丽江木氏土司的一份厚礼，数年后，在1485—1487年间，木氏土司写信邀请黑帽系七世活佛到丽江弘扬佛法，但七世活佛未能前往。以后，黑帽系八世活佛弥觉多杰（1507—1554年）应丽江木氏第七任土司木定之邀于明正德十一年（1516年，藏历火鸡年）到丽江与土司木定举行了会晤。八世活佛弥觉多杰被尊称为热振巴丹洛，与其随僧共同担任木土司的大师或喇嘛。藏文《历辈噶玛巴法王传记总略·如意宝树史》记载有此次会晤的情形。兹引于下：

"是时，法王（弥觉多杰）应姜洒当结布（土司木定）之请前往。火鸡年（1516年）在加噶庄园（ja-ka-bzhis）为主一万多兵之迎下至姜地（丽江）王宫近地下榻……翌日晨，姜结布乘坐轿子，其教父及弟弟各骑坐大象一头，侍仆牵引大象，众人骑马执举佛伞、幡、幢等供品簇拥而来，行至法王住地纷纷下马磕头，并由腊卡察美（La-kha-tsha-smon）任翻译向法王询安、献礼。大象亦跪下磕头呜呜巨叫，法王询及其之情由，象倌当即答曰：'法王莅临，象悦下鸣。'时，空中喜降甘露（地形雨），祥合万分。姜结布即令于每日晚在法王驻地四周跳舞献技，以庆法王大驾。法王向姜结布献上佛像、显密佛经、佛舍利、高级藏药'结拉'（rgyal-lag）、犀角、金器、坐骑等厚实礼品。接着盛大迎请，法王被请上轿子，与随僧官员一同驾往木天王宫大殿。姜结布行至宫殿大门之间予法王恭献哈达，尔后，一同步入金殿上金宝座，随僧或坐次座，或坐下座。座前俱设饰以金银花纹精雕细画的方桌。继而，向法王敬茶，恭献珠宝、绸缎等一百件礼物。之后，敬献各种食物饭茶，举行盛宴。其后，姜结布从库房取出神珠等'轮王七宝'、三妃所用诸饰品一同献上，甚为悃诚，且派人送礼至法王榻地。次日，复请法王入宫殿款恰如意。姜结布并答应，自此十三年内不发兵西藏，每年选送五百童子入藏为僧，且度地建一百寺庙云云。以后，法王又住了七天。在此以前姜结布并不信奉佛教，然而从此以后，姜结布对佛教尤其对噶玛教坚信不移。法王答应七年后再来相会，法王返去。同年（1516年）姜王子去世，祈祷超度，给众僧每人布施金子一两，向卫地（前藏）红帽系献去金子五百两、茶五十包以塑灵塔费用，又献铜三十垛、金一千两以塑金身铜像之用。……法王自姜地去传教于康定等藏区。"① 藏文史料还说明，纳西族地区信奉的藏传佛教主要是噶举派（白教）四大系之一噶玛巴系。沿至中华人民共和国成立前夕该教派一直在纳西族地区占统治地位，至今丽江地区遗存的寺庙或一些宗教活动多属噶玛巴。纳西族（主要是领主阶级）信仰噶玛巴教派早自十五世纪初叶，但有明确记载的历史和普遍信仰（普及民间）应在丽江第七任木氏土司木定时期，即十六世纪初叶，木定（1476—1526年）字静芝，本名阿牙阿秋。明弘治十六年（1503年）授封为中宪太夫，正德五年（1510年）晋封为中宪大夫。木定在位期间，进一步密切了与西藏统治阶级的关系，极力提倡信奉藏传佛教，特别是噶举派噶玛巴系，使噶玛巴成为纳西族的主要宗教。至清代，由于在政治与宗派斗争中失利，噶举派在西藏及其他藏区声势低落，但在丽江纳西族地区却得到广泛发展，并除丽江以外普及到维西、贡山等纳西族、普米族和傈僳族地区。清人余庆远《维西见闻纪》载云："红教喇嘛，相传有13种，维西唯格马巴（指噶玛巴）一种。格马长五人，谓之五宝轮回，生番地，均十余世不灭，人称活佛。维西五寺，红教喇嘛八百人，皆格马四宝喇嘛之法子也。"有关史料多有记载，清代噶举派在滇西纳西族、普米族及部分傈僳族中广为传播，成为他们信奉的藏传佛教主要教派之一。但是，这里要明确指出，前人史料中所记载的"红教"并非真正的红

---

① 藏文《历辈噶玛巴法王传记总略·如意宝树史》（chos-rje-kamapasku-vphreng-rim-hyon-gyrnm-tha－mdor－bsdus－dpag-bsam-khri-shing）第145—151页、257—268页。

教宁玛派,而是多指噶举派的红帽系。有的史料中的"红教",甚至包括除格鲁派(黄教)以外的各种教派,其中亦包括真正的红教宁玛派。这是史料中的一大谬误,后人以讹传讹,直到现今仍有文章称云南噶举派(白教)为"红教",这是必须澄清的事实。历史上,噶举派的四大系之一——噶玛巴与红教宁玛派有着密切的联系,但笔者经过实地调查和查阅喇嘛教宗派源流记载后发现,文献史料记载的云南藏区和丽江、维西、贡山等纳西族、普米族、傈僳族地区的噶玛巴不是"红教",而是白教噶举派的四大系之一。在前有关章节中曾已阐明,噶举派是藏传佛教各教派中支系最为繁多的一个教派。云南迪庆藏区并及丽江、维西、贡山等纳西族、普米族、傈僳族地区的噶举派属于塔布噶举系统。塔布噶举的派系很复杂,有"四大八小"的说法。"四大"是指从塔布噶举中分出的四个大支系,即帕竹噶举、蔡巴噶举、拔戎噶举、噶玛噶举;"八小"是指从帕竹噶举中分出的八个小支系,即止贡巴、达垅巴、主巴、雅桑巴、绰浦巴、修赛巴、叶巴、玛仓巴。丽江、维西、贡山等纳西族、普米族、傈僳族地区的噶举派多数是塔布噶举系统中的噶玛噶举。主要寺院是丽江的福国寺、指云寺、文峰寺、普济寺、玉峰寺,这丽江五大寺是四川德格县八蚌寺,即噶玛巴派母寺的分寺。另有维西县的寿国寺、兰经寺和贡山县的普化寺。

关于噶玛噶举的两个小支系,即黑帽系和红帽系在丽江纳西族地区的传承情况,在前云南迪庆藏区的藏传佛教中已作过介绍,但为了使读者对纳西族的藏传佛教有全面系统的认识,在此仍有必要再作补充。据有关史料记述,噶玛噶举的黑帽系和红帽系都与丽江纳西族地区发生过密切联系。如明正德年间,明朝廷派遣太监刘允往请的噶玛派中的黑帽系第八世活佛弥觉多吉(1507—1554年)来丽江,备受木土司的尊礼。自木增在位(1597—1646年),噶玛巴在丽江更为得势。明崇祯十二年(1639年)徐霞客旅滇到木土司家作客,也说到大法王、二法王,应即噶玛巴派黑帽系和红帽系,且说"庚戌年二法王曾至丽江"。而红帽系第六世活佛却吉汪秋确应木土司邀请,来过丽江,丽江版《甘珠尔》(大藏经)是木土司请他编纂校刊的。明末和硕特部蒙古自青海进入喀木、卫、藏、支持黄教格鲁巴,几乎统一了全部藏区。当时反抗颇为激烈的有黑帽系第六世活佛却英多吉(1604—1674年),他因力不能支,遂间关避难,逃来丽江。《庭闻录》

即记清顺治十七年（1660年）二月，"西番大宝法王因构讼被逐移居丽江中甸，遣喇嘛由滇通，求入贡。"大宝法王是明朝统治者封给噶玛巴派黑帽系活佛的称号，故此处正指第十世黑帽活佛。据有关史料记载，第十世黑帽系活佛却英多吉是先到中甸，然后才移居丽江木氏土司家中的。可是他在木土司家住不惯，先退隐到一座安静的寺庙里，后来又想一个人越过康区到青海的果洛去，半路遇到强盗，被劫掠一空，最后被人找到又接回木土司家中。公元1673年，却英多吉回到拉萨，仰承达赖喇嘛庇护，次年圆寂。

据笔者近年实地调查，丽江、维西、贡山等纳西族、普米族和傈僳族地区除了噶玛噶举这一大派而外，还有帕竹噶举大派分化的止贡噶举小支流行。止贡噶举的创始人是帕木竹巴的弟子止贡巴仁钦贝（1143—1217年），他是四川邓柯县人，属居热氏家族。他于1179年到墨竹工卡县的止贡地方，在原有小寺的基础上增建了许多建筑，成为一座大寺，这就是著名的止贡替寺。止贡巴的名称就是由他建止贡寺而得来，他所传的教派也就被称为止贡噶举。现今维西县塔城乡其宗村的来远寺和达来寺属止贡噶举寺，贡山县的普化寺亦属止贡噶举寺。现今，噶举派在这些地区仍有传承，但声势低落，僧侣人数少，已处于衰竭状况。

萨迦派

在云南，萨迦派主要分布于永宁、蒗蕖摩梭人和普米族地区，信仰该派的民族主要是摩梭人和普米族。萨迦派传入滇、川交界的永宁、蒗蕖摩梭人和普米族地区的年代大约是萨迦派第五祖八思巴时代。1253年，忽必烈征服云南大理，途经今四川省的盐源、木里、甘孜、阿坝以及云南宁蒗永宁等藏族、摩梭人和普米族地区。忽必烈为了利用和争取藏族宗教上层人士，派人去凉州召萨班（萨迦第四祖）到六盘山和他会见，因萨班年老未去，而由八思巴代替前往六盘山会见忽必烈，此后八思巴一直追随忽必烈左右。忽必烈征大理经过这片地区时，当地的摩梭和普米土酋随军参战有功，以后元皇朝便分封了一些摩梭和普米土酋为当地世袭土目。由于元皇朝的扶持和八思巴的宗教活动，萨迦派在摩梭人和普米族地区兴盛起来。

　　摩梭人和普米族地区的萨迦派主要寺院有：永宁格姆山（汉称狮子山）下的则波萨迦寺，该寺建于元至正十三年，僧额500名，另外是滇蒗萨迦寺和挖开萨迦寺，僧额各为200名。这三座寺的寺主历来由当地土司之弟世袭，宗教活动受土司的管理，这与其他地方藏传佛教的制度略有差异。

　　元代，萨迦派在西藏、康区以及藏、川、滇交界地区处于鼎盛的主要原因是由于元朝中央政权的扶持，所以它的兴衰是与元皇朝的势力强弱密切联系的。元朝中期以后，蒙古皇室的统治力量衰弱了，萨迦派在各地的声势、地位也很快低落下来。至清代，格鲁派（黄教）传入藏、川、滇交界的摩梭人和普米族地区，萨迦派被排挤，从而声势地位每况愈下，寺院多被毁坏，僧侣逐年减少。现今，永宁、滇蒗两地的萨迦派僧侣已极少，近年虽有发展，但仍处于衰竭状态。

　　由于萨迦派在永宁、滇蒗等地有悠久的传承史，因而对当地摩梭人和普米族的社会生活和精神文化起着深刻的影响。凡自然灾害、患病、丧葬、出行、修房盖屋等，都要请僧侣念经做法事。凡有三个以上男儿的家庭，都有一至二个男儿削发当僧侣；多数家庭建有自己的小经堂，供本家僧侣念经修习。此外，衣食住行以及生子命名、宗教节日等各方面都不同程度地受萨迦派的影响。因此，永宁、木里一带的普米族尚自称"藏族"，其主要原因是受藏传佛教的深刻影响。

格鲁派

　　藏传佛教各教派中，格鲁派是最有势力的一个大教派。同样，格鲁派在藏、川、滇交界的纳西族、摩梭人和普米族地区的势力最大，影响最广泛。新中国成立前，格鲁派在云南维西、宁蒗永宁以及四川盐源、木里等纳西族、摩梭人和普米族地区的政治、经济力量和寺院僧侣人数以及拥有的信教群众，都居各教派之冠。现今，格鲁派在纳西族、摩梭人和普米族中仍有深刻和广泛的影响。

　　格鲁派约在公元15世纪末传入藏、川、滇交界的永宁、滇蒗、维西、木里、盐源等纳西族、摩梭人和普米族地区。传入路线一从西藏，二从四川巴塘、理塘等藏区。据《明实录》记载，三世达赖索南嘉措于1578年接受云南丽江木土司的邀请到云南纳西族地区传教。在此之后，他又于1580

年到达康区的巴塘、里塘一带传教，并在里塘主持建立了里塘寺，然后就从里塘直接回西藏哲蚌寺去了。现今迪庆州中甸县旧称"建塘"，藏语称"建塘宗"，与四川藏区的巴塘、理塘地域犬牙交错，同称"三塘"。在"三塘"地域内居住的主要是藏族，其次是纳西族和普米族，所以格鲁派传入纳西族和普米族中的年代与当地藏族中的年代相同，即三世达赖索南嘉措掌教时期。至清康熙时，格鲁派在维西、永宁、滇葮、盐源、木里等纳西族、摩梭人和普米族地区已有相当规模和声势了。清人余庆远《维西见闻记》记载有格鲁派活动情况："黄教喇嘛，番僧也……阿墩子之寿国寺、杨八景寺，奔子栏之东竹林千余人皆是也……礼佛诵经，其经译似华语，皆与中土同，唯无《楞严经》，盖佛产天竺，即缅甸与吐蕃界，相传达摩阐教于其地而佛教兴，至今已千六百余年矣。黄教喇嘛起最多，阔袖长衣，隆冬亦露两肱，著古宗靴而不衣裤，衣黄衣，冠黄冠，故谓之黄教。初红教强欺黄教。第五世达赖喇嘛顶识我大清之必抚有中土也，于太宗文皇帝时，取道蒙古，入贡盛京，获封号，延至今。黄教在维西者，皆达赖喇嘛法子。"从上述资料得知，清代，格鲁派在藏、川、滇交界的纳西族、摩梭人和普米族中广泛传播和发展，并占据统治地位，其规模、声势和影响都居其他教派之冠。

　　格鲁派在纳西族、摩梭人和普米族地区的寺院主要有：云南永宁的扎美戈寺，该寺最初由明代噶玛巴派活佛所建，清雍正年间扩建改宗为格鲁巴黄教，僧侣定额700名，是藏、川、滇纳西族、摩梭人和普米族地区规模最大的寺院。其次有滇葮衙门村的格鲁巴寺院和挖开格鲁巴寺院，两寺僧侣定额分别为200名。此外，四川盐源县左所区和前所区分别有两座格鲁派寺院，僧侣定额分别为300名。新中国成立前，维西县亦有几所格鲁派小寺，但规模较小，影响不大。

　　总之，散居于藏、川、滇交界地区的纳西族、摩梭人和普米族的藏传佛教教派，主要有噶举派（白教）、萨迦派（花教）、格鲁派（黄教）。噶举派主要传承于丽江纳西族地区，萨迦派主要传承于永宁、滇葮摩梭人、普米族地区，格鲁派主要传承于维西、永宁、滇葮、盐源、木里等纳西族、摩梭人和普米族地区。而宁玛派（红教）在丽江、维西纳西族地区虽有传承，但多与噶举派混杂，没有正宗的宁玛派寺院，影响亦不大。故不成为纳西族、摩梭人和普米族藏传佛教的主要教派。

第二节 寺院分布及建筑艺术

纳西族、摩梭人和普米族的藏传佛教寺院主要分布在云南丽江、维西、贡山、菠蕖、永宁以及四川盐源左所、前所等地区。寺院建筑既保持了传统的藏族建筑风格，又广泛吸收了汉族、白族、纳西族的建筑艺术，形成了多样化和地方民族化的建筑特色。除藏传佛教寺院以外，永宁、左所、前所等地的摩梭人和部分普米族还建有别具一格的家庭经堂以及地区性的藏传佛教神山。现分述于下。

一 寺院分布

福国寺：（旧名"解脱林"）藏名"俄命囊珠林"，意为"色究竟天解脱林"，噶举派寺院。位于丽江白沙岩后芝山上，明万历二十九年（1601年）初建，原名"解脱林"（和尚庙），后由明熹宗赐名为"福国寺"。清康熙十八年（1679年）改为喇嘛寺，曾于清同治三年毁于战乱，后于清光绪八年（1882年）重建，有僧侣90余人。寺属"五凤楼"（又名"法云阁"），建筑极其精致，在国内外享有盛名。现大寺已毁，"五凤楼"及"解脱林"门楼迁至丽江黑龙潭玉泉公园。

玉峰寺：藏名"扎西曲批林"，意为"吉祥弘法寺"，噶举派寺院。位于距丽江城十三公里的玉龙山南麓，建于清康熙年间（约1700年）。光绪《丽江府志》载其建造年代云："在府城北三十里雪山麓，清康熙间喇嘛僧建。"寺中还存有知府孔继炘题写的"苍芝荫玉"四字额及数行跋语。寺院内有一棵珍贵的"万朵茶花"，被誉为"环城第一树"。原有僧侣数十人，现寺院建筑多已颓毁，僧侣极少。

文峰寺：藏名"桑昂嘎泽林"，意为"密乘喜祇园"，噶举派寺院。位于丽江城西南的文笔山腰，距城八公里。建于清乾隆四年（1739年），清光绪《丽江府志》载其建造年代云："（文峰寺）在府城十五里许文笔峰下。旧有灵寿寺，久废。雍正十一年番僧嘎立布结苑（聚会讲经）于此。乾隆四年，四宝喇嘛至丽江求知府管学宣倡捐，五年落成。至道光八年增修大殿，今改为文峰寺。"另据其建寺执照载："查此山原系古刹倾坏，乾隆四年二月有西藏喇嘛到寺。恳请本府倡修，工程浩大，急难完竣。兹据该僧禀请给照，以便掌管。……右牌给喇嘛僧明具准此。"从而可知，该寺为西藏噶举派活佛所倡议，并在知府管学宣的倡捐下，由僧侣筹建而成。该寺原有僧侣百余人，在藏、川、滇藏传佛教地区颇有盛名，而且在印度、尼泊尔、缅甸等国的佛教界中也有一定影响。

指云寺：藏名"额敦品措林"，意为"了义圆满园"，噶举派寺院。位于丽江县拉什坝西部秣度山麓，距城18公里。始建于清雍正五年（1727年）。清光绪《丽江府志》卷九十七载其建造年代云："（指云寺）在城西三十里刺什里秣度山。雍正五年，知府元展成捐助，喇嘛僧立相等募建，后毁于兵，光绪五年，住持喇嘛修复。"丽江流传着该寺创建者立相喇嘛和寺名由来的传说：立相（又名罗僧），本姓和，原为丽江束河人。原以编竹器为业，后到福国寺剃度为僧。某年，西藏大宝法王到丽江弘法，召见所有僧侣考核修习功夫，因立相功夫颇深受到大宝法王赞许。事后大宝法王携立相到西藏深造佛学。立相学成返回丽江弘扬佛法，并选择建寺地址。传说有个异人，又说即大宝法王，手指山后白云深处说："此可建寺。""指云"寺的名称便由此得来。该寺僧侣尊立相为本寺开山祖师，他是丽江历史上的著名高僧。该寺原初僧侣较多，以后寺院建筑多颓毁，现僧侣极少。

普济寺：藏名"塔白列争林"，意为"解脱修行院"，噶举派寺院。位于丽江城西北普济山上，距城50公里。始建于清乾隆三十六年（1771年），嘉庆十一年（1806年）重修，至道光十四年（1834年）整修。（见清光绪《丽江府志》。）寺内有两株百年云南樱花，枝干虬蟠，笼罩满庭，景色优美。

普化寺：藏名"桑珠达结林"，意为"如意成就兴盛地"，噶举派寺院。位于贡山县北部的丙中洛菖蒲桶村。该寺建于清乾隆四十八年（1783年）。传说该寺是丽江木土司的子孙康普土司的女千总禾娘捐资建造的，贡山一带原是丽江木土司的世袭领地。该寺为土木结构，具有藏、白民族的建筑风格。三层大殿，金碧辉煌。南面为僧舍，原有僧侣一百余名，现有二十余名。该寺的僧侣有藏族、怒族、傈僳族、独龙族。该寺是滇、川怒族、独龙族、傈僳族地区唯一的藏传佛教寺，其寺院制度、宗教活动都具有怒

云南文库·学术名家文丛

族、独龙族、傈僳族的特色。

扎美戈寺：格鲁派寺院。位于云南省宁蒗县永宁镇。该寺是藏、川、滇三省（区）摩梭人和普米族规模最大的藏传佛教寺院。该寺由明代噶玛巴活佛所建，属噶举派寺院，以后清雍正年间扩建，改宗格鲁派，现属格鲁派寺院。（具体建寺年代不详。）全寺占地100余亩，建筑为土木结构，富丽宏伟，具有藏、汉、白民族结合造型特点。原有僧侣700余名，均为摩梭和普米族。该寺在"文化大革命"运动中被毁坏，现基本修复，有僧侣百余人。

则波萨迦寺：萨迦派寺院。位于云南宁蒗县永宁镇则波村。该寺初建于元至正十三年（1353年），以后清光绪元年（1875年）重修。原有僧侣300余名，均系摩梭人和普米族。该寺在"文化大革命"运动中被毁，现在修复之中。

菠蒗萨迦寺：萨迦派寺院。位于云南宁蒗县大兴镇（旧名"菠蒗"或"白脚坝"）。建于清代（具体年代不详）。原有僧侣200余名，均为摩梭人和普米族。该寺与永宁则波萨迦寺有密切的联系，该寺僧侣常到永宁则波萨迦寺研习经典，宗教法会受永宁萨迦寺的指导。

左所寺：格鲁派寺院。位于四川省盐源县左所区。建于清光绪年间（具体年代不详）。新中国成立初期重建，具有藏、白民族的建筑风格。原有僧侣300余名，均系摩梭人和普米族。该寺在"文化大革命"运动中被毁，现在修复之中。

前所寺：格鲁派寺院。位于四川省盐源县前所乡。建于清光绪年间（具体年代不详）。原为前所摩梭土司的家庙，后改建为格鲁派寺院。具有藏、白民族的建筑风格。原有僧侣200余名，均系摩梭人和普米族。该寺在"文化大革命"中被毁。

据藏文《历辈噶玛巴法王传记总略·如意宝树史》记载，藏历火鼠年（1512年），噶玛噶举黑帽系八世活佛弥觉多杰应木氏土司之邀请，前往丽江，与木定举行了具有历史意义的会见。木定当时答应，"自此十三年内不发兵西藏，每年选送五百童子入藏为僧，且度地建一百寺庙。"滇西纳西族地区是否确实建了"一百寺庙"，目前史料阙如，不得而知。但在藏区广为流传纳西族地区有十三座著名的噶举派寺院，有关史料也述及此说，然而这纳西族地区的十三座噶举派的寺院名称及所在地却有许多争议，据多数研究者的意见，这十三座寺院是：

（1）文峰寺，（丽江县）藏名"桑昂嘎泽林"，意为"密乘喜祇园"。

（2）指云寺，（丽江县）藏名"额敦品措林"，意为"了意圆满园"。

（3）普济寺，（丽江县）藏名"塔白列争林"，意为"解脱修行院"。

（4）福国寺，（亦名解脱林）（丽江县）藏名"俄命囊珠林"，意为"色究竟天解脱林"。

（5）玉峰寺，（丽江县）藏名"扎西曲批林"，意为"吉祥弘法寺"。

（6）林昭寺，（建寺地名不详）藏名"噶参林"，意为"欢喜园"。

（7）喜化寺，（建寺地名不详）藏名"特钦达结林"，意为"大乘兴盛林"。

（8）答来寺，（维西县）藏名"达结林"，意为"繁荣兴盛林"。

（9）寿国寺，（维西县）藏名"扎西达结林"，意为"吉祥兴盛林"。

（10）来景寺（维西县）藏名"扎西绕丹林"，意为"吉祥美妙林"。

（11）普化寺，（贡山县）藏名"桑珠达结林"，意为"如意成就兴盛地"。

（12）达摩寺，（维西县）藏名"丹培林"，意为"教义弘扬寺"。

（13）来远寺，（维西县）藏名"绕介林"，意为"殊胜寺"。[①]

---

① 十三寺的藏名据习煜华、王晓松《术氏土司与藏传佛教噶举教派法缘关系浅谈》，载《迪庆方志》1992年第2期。

　　上述十三座噶举派寺院多数建在丽江县和维西县境内，属于纳西族聚居区，建寺年代多在明末清初，丽江木氏土司鼎盛时期。此外，德钦、中甸等藏区亦建有许多噶举派寺院，如德钦县奔子栏乡夺通村的玉仙寺（达垅噶举寺院，又称桑主林）、中甸县大中甸乡的承恩寺（又名哈匹衮巴、大宝寺、仁昂乃）等。除这些现存的噶举派寺院外，还有一些噶举派寺院则在清初时被和硕特部捣毁或被格鲁派兼并。如中甸县"衮钦寺"，又名霞佳寺，原为中甸噶举派一大寺院，据《徐霞客游记》载，该寺有"三丈高镀金弥勒佛像"，在当地甚为有名，后因该寺僧侣反叛，被彻底捣毁。另有大宝寺、色日寺等被改宗格鲁派。

　　明末清初，噶举派在丽江木氏土司的扶持下，在滇西北地区确盛极一时，当时曾"建寺一百"之说虽是夸张，但也反映了当时噶举派在纳西族地区寺院林立，香火鼎盛，宗教势力得到极大发展。但至清中叶，格鲁派势力迅速发展，噶举派则渐趋衰弱，清末至民国时期，噶举派在滇西北地区举步维艰，香火萧条，濒于消亡状态。

　　以上是纳西族、摩梭人和普米族地区的主要藏传佛教寺院。此外，维西县亦有许多藏传佛教寺院，但维西县除了纳西族和普米族而外，还有藏族居住，故维西县的藏传佛教寺院已在云南藏区藏传佛教寺院中介绍了，兹不赘述。

　　纳西族、摩梭人和普米族地区，除了藏传佛教寺院以外，还有许多静坐堂、家庭经堂、烧香台、神山、神林等藏传佛教设施、场所等。现择要叙述于下：

　　静坐堂：纳西族、摩梭人和普米族藏传佛教的静坐堂类型有寺院内设的静坐堂和岩穴静坐堂两种，供僧侣"静坐"修习之用。寺院静坐堂一般设在经堂附近，一般为三至五间木结构的小静室，无特殊设施。岩穴静坐堂建于山中岩穴内，一般利用天然岩穴，稍作修饰便可作为静坐堂。在丽江地区比较著名的是位于丽江文笔峰之巅的灵洞静坐堂。此灵洞可容纳十多人静坐修习。依灵洞之旁建有亭台阁楼。灵洞附近，另建有一院静坐堂，内设23间小静室，供噶举派僧侣静坐修习，信教群众亦来烧香朝拜。此灵洞静坐堂是清嘉庆年间当地商人李荫孙所建。其兄李洋在灵洞岩壁上题有"南洲第一灵洞"六字以及跋语数行。兹引如下："尝考文笔山灵洞，其洋见四宝法师语录，乃金刚嬉戏金刚亥母常位之区。其见于大理海边石上者，又为观音菩萨统摄之境。商周时，真国通于西天，凡西天五通得道之侣，在此洞焚修者，代不乏人。汉唐而后，人迹罕到，树林荫翳，榛莽荒秽。自四宝法师三渡金沙，搜索胜地，灵洞始现，乃南瞻部州二十四灵洞之一。今则灵洞之外，有亭台，四周环以楼阁，登而望之，俨然花马一大观也。因题额曰：'南洲第一灵洞。'"[①] 从而可知，此灵洞是在四宝法王的倡导下兴建的。体现了此灵洞在藏传佛教中的重要地位以及与西藏佛教的密切联系。

　　家庭经堂：在摩梭人和普米族地区，凡有僧侣的家庭都建有供本家僧侣念经修习的家庭经堂。家庭经堂一般设在楼上，专辟一间洁净的房间，根据家庭经济状况而装饰。经堂神龛上供奉菩萨造像，板壁上绘莲花、海螺、火焰等图像。案桌上供长年油灯和净水碗，每日清晨换一次。摩梭人和普米族的家庭经堂建筑结构受藏族的影响，与藏族家庭经堂大致相同，不同的是摩梭人和普米族的家庭经堂一般为木结构，即全为木料垒成的木墙，四壁为木板，当地俗称"木楞房"，而藏族的家庭经堂一般为土石木结构。家庭经堂经常保持清洁，除僧侣和贵宾外，其他人均不得使用。

　　转经亭：摩梭人和普米族地区有许多供僧侣和信教群众使用的转经亭。这里的转经亭有两种形式：一种是手动转经亭，转经筒上有拉环，转经时人与转经筒一起顺时针转动；另一种是封闭转经亭，经亭四周封闭，无门。转经者顺时针方向，手捻珠串，口诵"唵、嘛、呢、叭、咪、吽"六字真言，绕行转经亭。转经亭一般建在村寨里，方便村人转经。

　　嘛呢堆：亦名"祈祷石"。嘛呢堆的用途比较广泛，既可作为消灾祛病的法物，又可作为祈福的转经场所。嘛呢堆是用石块垒砌而成的石堆，石块上刻画六字真言。嘛呢堆一般砌在来往行人较多的山道隘口，过往信徒不断往上添加石块，日久成堆而得名。凡信徒行路见嘛呢堆，多按顺时针方向绕数圈，如此认为一能积功德，二能消除旅途疲劳和病患。此外，居家信徒若患病，亦可把患者的衣物丢弃在嘛呢堆上，这样做的目的是把病患或灾难转嫁给嘛呢堆，即嘛呢堆有消灾祛病的作用。嘛呢堆上一般都

---

① 赵银堂《玉龙旧话新编》。

插有经幡，即用白布或纸上印刷六字真言或其他经文，系在竹竿或木竿上。永宁、蒗蕖、木里、左所、前所等摩梭人和普米族聚居区，嘛呢堆数量很多，经幡林立，举目可见，具有浓厚的藏传佛教色彩。

烧香台：供信教群众烧香拜神的专门设施。烧香台为灶炉形式，由基座、炉膛、烟囱三部分构成，建筑材料为泥土和石块。这里的香料是柏香枝或松树枝，再加少量玉米、青稞粒、粗沙。烧香时将香枝填入炉膛内点燃，洒少许青稞或玉米粒，待浓烟冲天时，再洒几滴净水。烧香者诵经、祈告。需要指出的是摩梭人和普米族的烧香台的作用不仅是烧香拜佛，还有烧香祭拜原始宗教神祇的作用。烧香者先拜藏传佛教诸佛、菩萨，然后拜天地、日月、山川、祖先等诸神，祈祷诸神保佑地方太平，村寨及家庭人畜繁衍，谷物丰产。

神山圣地：摩梭人和普米族地区有许多固定的神山圣地，作为本地区或本村社烧香拜佛的公共场所。神山圣地最初是氏族或部落宗教的活动场所，以后藏传佛教传入，神山圣地便逐渐成为藏传佛教和原始宗教相互融合，共同使用的场所。神山中有山神，圣地中有地神，但也有藏传佛教的诸佛、菩萨，形成原始宗教和藏传佛教神祇共同享受教徒香火的状态，也是藏传佛教和原始宗教相互融合的典型现象。

摩梭人和普米族的神山圣地中比较著名的是永宁格姆女神山和阿沙男神山。格姆女神山（汉称狮子山），位于宁蒗县永宁坝和泸沽湖之间，座西向东，形似女性，故崇奉为女山。"格姆"一词是藏语名词，全称为"探览斯根格姆"，"探览"在藏文经典中的含义是"涅槃之地"，"斯根"义为"狮子"，"格姆"义为"高大的女子"。汉文献是根据藏文经典的词义译为"狮子山"，而摩梭人则取"高大的女子"词义而取名"格姆"山（女神山），并沿用到现在。

永宁坝和泸沽湖地区的摩梭人及普米族信奉"格姆"山为他们的女神山，笃信"格姆"女神司管当地摩梭妇女的生育和疾病，并能保佑当地人畜繁衍、谷物丰产、风调雨顺。当地摩梭人中流传着许多关于格姆女山的起源神话，其中优美动听的是她的婚姻传说。传说远古时代，泸沽湖畔没有山，而格姆女山、则支男山、阿沙男山等众山神是从北方的"古介哩"（青海境内的一山名）飞来泸沽湖畔洗澡的。他们经常在夜里飞来湖里洗澡，谈情说爱，雄鸡报晓时又飞回北方。某夜，格姆女山姗姗来迟，众男山等候了一夜，格姆女山终于飞来了，他们正要嬉戏叙谈，可是雄鸡报晓，东方发白，他们飞不回去了，于是格姆女山便座落在泸沽湖畔，变成了现在的格姆女山。众男山簇拥在她的周围，分别变成了哈瓦男山、则支男山、阿沙男山等。还传说，格姆女山和她周围的男山结交"阿注"（情侣），过着自由的阿注婚生活。某夜，格姆女神和则支男神睡在一起，但这夜阿沙男神也来寻访格姆女神偶居，阿沙男神见此情景，勃然大怒，挥刀把则支男神的生殖器砍掉。传说现今永宁达波村后的山岗就是则支男神被砍掉的生殖器。

格姆女神山的南麓松林中，建有一所神龛，依山面湖，龛内供一披发跣足、骑牝鹿的格姆女神画像。此外，泸沽湖畔冷格岛上也有一神龛，内供一骑马张弓的格姆女神泥塑像。这些格姆女神的画像或泥塑像都具有藏传佛教的风格，这是摩梭人的原始宗教与藏传佛教融合的现象。

此外，永宁境内的阿沙男山神也如此，他原初是原始男山神，被摩梭人崇奉为格姆女山神的阿注（情侣），藏传佛教传入后，阿沙男山神也演变为藏传佛教神，是男人的保护神，并居于统治女神的大男神地位。摩梭人的母系氏族社会是尊重妇女的，原初盛行女神崇拜，但随着母系氏族的解体、父权制的出现，以及藏传佛教的传入，他们的宗教也发生了巨大变化。女神地位逐渐下降，男神地位迅速上升。新中国成立前，永宁摩梭土司大力鼓吹男神的威风，永宁土司和当地的藏传佛教活佛都亲自到阿沙男山烧香祭拜，目的是为父权制的统治制造舆论。当地传说，格姆女神已不再是阿沙男神的阿注（情侣），而是正式的妻，阿沙男神要永远按住格姆女神的头，否则格姆女神一抬头，永宁坝就会发生自然灾害，人畜患病，谷物歉收。男神崇拜的兴起，主要是元代以来川、滇摩梭人的母系氏族逐渐解体，元皇朝因当地摩梭土酋归附元朝并征战大理有功而封为当地的世袭土司。土司由男性传递，因而土司家族一般实行父系制，正式娶妻，以确认土司的父系血统。由于土司率先实行，百姓中也有一部分实行男娶女嫁，实行父系制婚姻，因而原初的女神占统治地位逐渐改变为由男神占统治地位。另外，元代藏传佛教传入摩梭人地区，藏传佛教中男神居主要地位，因而促使摩梭人的女神退居次要地位，原始宗教依附藏传佛教，这就是摩梭人宗教发生变化的社会原因和宗教原因。

神山圣地既是宗教场所，又是民俗场所，二者是融合在一起的。永宁摩梭人每年农历七月二十五日都要举行祭祀朝拜格姆女神的活动，摩梭语称之为"格姆刮"，意为"转女山"。祈求格姆女神山保佑当地人畜繁衍、谷物丰产、风调雨顺。届日，太阳初升，各村寨的青年男女衣着盛装，携带供品和饮食，络绎入山朝拜格姆女神。人们在格姆女神庙里焚香、升篝火、献祭品、叩头祈祷，并往篝火上撒酒、丢鲜花。祭祀完毕，或转格姆山一周，或下山转泸沽湖一周。入夜，就地露宿，跳锅桩舞。这已成为他们一年一度的狂欢盛会，即"转山节"和"转湖节"。

总之，纳西族、摩梭人和普米族地区有许多神山圣地、灵洞，这些原初都是原始宗教的活动场所，自然诸神的象征，藏传佛教传入后吸收和融合了地方民族的自然神祇、祭祀仪式、宗教场所，使之藏传佛教化，并成为具有纳西族、摩梭人和普米族特色的藏传佛教场所和景观。

二　建筑艺术

纳西族、摩梭人和普米族藏传佛教寺院的建筑，一般在总体结构上都保持着藏族地区传统的藏传佛教建筑风格，但由于受汉族、白族、纳西族建筑艺术的影响，其寺院建筑风格较多的体现出多民族建筑艺术交融的特点。

纳西族、摩梭人和普米族的寺院建筑可分为两种形式，一种是以丽江为中心的纳西族藏传佛教寺院建筑，另一种是以永宁为中心的摩梭人和普米族藏传佛教寺院建筑。

丽江纳西族的寺院建筑受汉族、白族建筑的影响颇深，明显不同于藏区碉房式建筑，而与汉族、白族地区的庙宇式建筑相似。一般采用土木砖结构，有大殿、僧房、小静室。寺顶覆瓦，雕梁刻柱，壁画优美。整个建筑外形精巧，内部庭院花树茂密，环境幽静。丽江纳西族藏传佛教寺院文化中，最有特色的是壁画，它被誉为"国之瑰宝"，是汉族、藏族、纳西族文化交融的结晶。壁画的内容主要是宣扬藏传佛教、汉地佛教、道教、东巴教的神祇、仪式和有关的神话故事，突出地反映了以藏传佛教为主的宗教对纳西族精神文化的影响。丽江纳西族的藏传佛教寺院可以说是藏族藏传佛教寺院与汉族庙宇相结合的建筑,是一种别具一格的藏传佛教"寺庙"。丽江许多寺庙的壁画都有多种宗教的内容,例如丽江白沙大宝积宫的12堵壁画上不仅有藏传佛教的密宗,而且有藏、汉文的款议。其中最大的一幅12号壁画绘有百余尊神像,中为释迦牟尼坐像,上列十八罗汉,两侧画有道教神像,下端正中为密宗三大金刚,外侧画有四大天王,绘制精细,画笔流畅,线条匀称,色彩鲜明,立体感强,反映出鲜明的藏传佛教画风格。9号壁画上绘有金刚亥母的裸体像,上方正中为无量寿佛,两端则为金刚亥母各时期的变化像,外侧为红、黄、蓝、白四亥母的法身,是一幅典型的密宗藏画。5号壁画上绘有29尊神像,中央是坐龙椅、戴黑帽、披袈裟的大宝法王,下方为大黑天神。7号壁画中间绘有戴七冠,合掌坐于莲花上的宁玛派(红教)祖师莲花生像,其周围是百工之神。另外在大定阁十九幅壁画中,5号壁画绘有喇嘛金刚宝塔,塔中还坐有一佛。9号壁画上端绘有藏传佛教欢喜佛三组。[①]诸如此类的藏传佛教壁画还有很多,兹不赘述。

总之,丽江纳西族的寺庙壁画受到汉、藏、白等民族宗教的影响,表现为藏传佛教、汉地佛教、道教、东巴教等多种宗教融合、并行不悖的态势。在艺术风格上,反映了既继承汉族洗练、匀称、色彩鲜艳等绘画手法,又吸收了藏传佛教粗犷、色彩对比强烈、线条流畅等画风。出现这种情况的原因是丽江纳西族接受汉文化较早,同时受藏文化的影响,所以寺庙建筑及其壁画形成兼收并蓄,风格多样的特色。

永宁摩梭人和普米族藏传佛教寺院建筑却与丽江纳西族稍有区别,而与四川藏族相近。永宁摩梭人和普米族的寺院一般都依照藏传佛教寺院传统的布局形式,主殿居中,经堂和僧舍环绕四周,形成以主殿为中心的建筑群。其中主殿建筑巍峨高大,耸立于寺院中心,周围的经堂、僧舍相对矮小,立体轮廓十分鲜明。大殿一般有三层楼阁,木土结构,瓦覆顶,竖有镀金铜顶,金碧辉煌,蔚为壮观。

永宁藏传佛教寺院附近一般都建有藏式佛塔、藏经阁、转经亭等各种建筑物,配套设施比较齐全。寺院壁画为典型的藏传佛教壁画,内容与四

① 和在瑞《明代丽江壁画》,载《玉龙山》1979年国庆刊。

川藏区壁画相同，未受汉地佛教和道教壁画的影响。永宁地处偏僻，交通闭塞，摩梭人和普米族保持着与藏族悠久的亲缘关系，因而他们的藏传佛教寺院及壁画基本上保持着藏式传统的寺院建筑及壁画风格。

概括而言，纳西族、摩梭人和普米族藏传佛教寺院的建筑是以地区的不同而各具特色。丽江纳西族的藏传佛教寺院建筑体现出汉、藏、白、纳西建筑艺术交融的特色，永宁摩梭人和普米族的藏传佛教寺院建筑体现出藏族、摩梭人和普米族建筑艺术交融的特色，这些不同地区民族的寺院建筑成为我国藏传佛教寺院建筑之瑰宝，具有珍贵的宗教建筑价值和显著的地方民族特色。

第三节　寺院制度和僧侣组织

纳西族、摩梭人和普米族藏传佛教寺院制度和僧侣组织与云南藏区藏传佛教寺院制度和僧侣组织基本相同，但由于纳西族、摩梭人和普米族的社会政治、经济、文化发展不平衡，因而形成了各自的一些特色。

纳西族、摩梭人和普米族的寺院制度和僧侣组织因地区的不同而可分为两类，一类是以丽江为中心的纳西族的寺院制度和僧侣组织，另一类是以永宁为中心的摩梭人和普米族的寺院制度和僧侣组织。现分述于下：

一　丽江纳西族的寺院制度和僧侣组织

丽江纳西族由于社会政治、经济、文化发展较快，迄至新中国成立前，丽江纳西族的经济已基本上处于封建地主经济阶段，历史上木氏土司的封建统治权力已消亡，由国民党地方政权统治。在这种社会政治、经济条件下，丽江纳西族藏传佛教寺院制度和僧侣组织不同于云南藏区政教合一制度的寺院制度和僧侣组织。丽江纳西族藏传佛教与当地政权组织是分流的，没有形成寺院势力，僧侣无特权，寺院经济较薄弱，当地藏传佛教基本上是纯宗教的事业，这与藏区的寺院制度和僧侣组织是迥然不同的。

丽江纳西族的藏传佛教主要是噶举派（白教）。丽江五大寺（福国寺、指云寺、玉峰寺、文峰寺、普济寺）的组织为：每个大寺是独立的宗教单位，各个大寺之间没有隶属关系，宗教地位是平等的。在大寺之下是扎厦（僧人家庭）。每个扎厦基本上是一个血缘家族单位，以辈数最大的僧侣为其户主，户主以下多为兄弟姐妹的子孙，由2至3代僧侣组成师徒关系。师公称为"阿楼玛"，师叔称为"阿叔玛"，徒弟称名"给头"。各扎厦内设经堂、僧舍、会客室、马厩以及面积不大的菜园。各寺院拥有的扎厦数量以僧侣多少而异，最多的福国寺有24个扎厦，有僧侣200余名；最小的普化寺有9个扎厦，有僧60余名。各扎厦每年从大寺领取分配的粮食，此外自己种庄稼和蔬菜，并饲养猪鸡。由于持守不杀牲的戒律，因而请俗人代杀，腌后才食。

丽江纳西族的寺院，有一定的寺院经济，但比较薄弱，没有藏区那样雄厚和发达的寺院经济。丽江五大寺均有各自的寺产，田产数量以各寺而异，其中以福国寺最多，新中国成立前约有千余亩。土地来源主要是木氏土司、富商、地主及入寺僧侣捐赠，另以各种手段向民间购买或兼并。地租收入成为寺院经济的主要成分，用以支付宗教费用和供给寺中僧侣生活费用。地租收入少的寺院，宗教费用和僧侣粮食靠信教群众和僧侣家庭供给。

僧侣等级分为活佛、克母、常住、格龙、奔扎共五级。寺内地位最高的是活佛。其承袭如同藏区的活佛一样皆以"转世"方式产生。若在寺活佛圆寂，五大寺便要立即派人到西藏大宝法王或甘孜德格的四宝法王处报告，并请示该活佛"转世"之地址。待寻找到该活佛的转世灵童后，再报西藏大宝法王或甘孜德格四宝法王批准认定。由于丽江纳西族的藏传佛教与当地封建政权是分流的，没有形成政教合一制度，多数人不愿入寺为僧。活佛亦如此，当寺庙僧人按法王所指示的地址寻觅到活佛转世灵童后，常被其父母婉言拒绝，致使寺中活佛常空缺数代。如文峰寺曾连续有三世活佛灵童不愿入寺为活佛。这是丽江纳西族藏传佛教的特殊现象。丽江五大寺的掌教活佛中，指云寺的活佛地位最尊贵，权力也最大。据说西藏白教领袖大宝法王曾指定丽江为滇西北藏传佛教噶举派（白教）的中心，并指定指云寺活佛为滇西北白教十三寺的领袖，位尊于诸活佛之首，倍受十三寺僧侣之推崇。此虽传说，不足为信，但在一定程度上反映了指云寺的宗教地位。丽江五大寺的首任活佛，均由西藏噶举派大宝法王委派，故都是藏族，以后才由当地纳西族活佛继任，仍以转世制度产生。

克母的职责是负责全寺的宗教事务，主持全寺僧侣的念经修习，组织各种法会等。克母的地位仅次于活佛，为全寺的掌教者。克母一般由谙熟藏传佛教经典、仪规，并经考试合格者担任。

常住，俗称"管事"，其职能是管理寺内的经济事务。常住之下有数名办事员，称为"纽巴"，纽巴管理寺内杂役人员。

都巴，进过西藏或甘孜德格参拜过大宝法王或四宝法王的，又在"静坐堂"学经毕业后的僧侣。都巴是纳西族藏传佛教僧侣所特有的僧职。都巴有资格担任寺内除活佛以外的各种僧职。

格龙，正式僧侣名称。熟悉一般经典，并且到过西藏或甘孜德格朝拜过大宝法王或四宝法王的僧侣皆称为"格龙"。获得"格龙"僧职的僧侣才能进入静坐堂学习深造，然后晋升为"都巴"。

奔扎，最低等级僧侣名称。入寺不久的小僧侣以及虽年长但因经济贫困未能到西藏或甘孜德格朝拜过大宝法王或四宝法王的僧侣统称为"奔扎"。奔扎除了念经修习以外，要从事寺内的杂役。

入寺为僧的小奔扎要履行剃度仪式。由活佛或克母为小奔扎剃头，并将剃下的头发拿到释迦牟尼佛像前的香炉里烧焚，作为进入佛门的象征。奔扎进藏学经期满后升为正式僧侣格龙，升格龙时要请本寺活佛或克母举行灌顶仪式，即由活佛或克母在佛殿前烧香念经，用净水滴格龙的头顶并漱口，象征洗涤身上的罪孽，进入清净佛门。

丽江五大寺的僧侣，在寺中一般都有自己的僧舍，这与藏区的一般寺院是相同的。丽江纳西族僧侣大多数是因各种原因入寺为僧的，或因父母双亡，兄弟众多，或因患病许过愿，或因逃避兵役的穷家子弟等。出现这种情况是因为僧侣的社会地位不高，并受到汉地佛教和道教的影响。丽江五大寺的僧侣，一般是师父带着几个徒弟合住一家，与世俗社会的个体家庭相似。僧侣收徒人数不定，一般为三至五人。一旦结为师徒，两者关系便如同父子，师父对徒弟有抚养教育的责任，徒弟对师父则有赡养送终之义务。师父的财产包括住宅、土地、衣服、经书及其他财产皆由徒弟继承。

丽江纳西族僧侣除了为信教群众念经做佛事外，每日早晚念经修习。

另外，每年元月一日至四日，三月一日至三日，四月四日至十一日，六月十日至十六日，八月十四日至十六日，十一月冬至前后三日，十二月二十三日至三十日，僧侣要聚在一起集体念经，或由活佛、克母登坛讲经说法。每到十二月三十日举行盛大的跳神仪式。

丽江纳西族僧侣一生必须入藏朝拜大宝法王或四宝法王一次，否则不能成为正式的僧侣。凡进藏朝拜过大宝法王或四宝法王的僧侣便成为"格龙"（正式僧侣），才有资格进入静坐堂继续深造。僧侣进入静坐堂后，必须坚持苦修三年三月三日三时，其间不能随意出入，来访的家人或师父也只能隔门交谈，夜间只能直坐打盹，不能躺下睡觉。总之除吃饭和听活佛讲经以外，不论白天黑夜都要打坐苦修。

以上是丽江纳西族藏传佛教噶举派（白教）的寺院制度和僧侣组织的基本情况。居住在维西、中甸、德钦等地区的纳西族由于与藏族、普米族、傈僳族杂居，没有单独的纳西族藏传佛教寺院，而与当地藏族的藏传佛教寺院制度和僧侣组织基本相同。这些地区的纳西族依随当地的藏族，有的信奉宁玛派（红教），有的信奉噶举派（白教），有的信奉格鲁派（黄教）；除噶举派（白教）的寺院制度和僧侣组织与丽江噶举派大致相同外，其他教派的寺院制度和僧侣组织均与云南藏区的相同。兹不赘述。

二　永宁摩梭人和普米族的寺院制度和僧侣组织

摩梭人和普米族主要聚居在云南永宁、蒗蕖以及四川盐源、左所、前所等地区，由于这片地区的摩梭人和普米族跟藏族有悠久的亲缘关系，因而这里藏传佛教寺院制度和僧侣组织基本承袭了藏区的寺院制度和僧侣组织，但也保持着自身的一些特色。

永宁摩梭人和普米族的藏传佛教与当地的封建土司联系比较紧密，具有政教合一制度的色彩，但又不是严格的政教合一制度。当地藏传佛教活动，受当地土司的管理，寺院上层僧侣不能参与土司的统治，不准担任土司政权组织中的官吏，政教是相对分开的。然而寺院的行政大权又必须由土司的直系亲属，一般由土司之弟来掌握，并实行世袭制，使封建土司统治与宗教融为一体，相互利用，相互依存。

永宁、蒗蕖、前所、左所等地的格鲁派寺院组织机构，以永宁扎美戈寺最为严密，共分为"扎仓"和"康参"二级。"扎仓"是藏语，意为"僧院"，是众僧念诵经典，修习教义的地方，亦是寺院的最高组织机构。扎仓由"堪布"（寺主）主持，下设"翁则"（领经师）、"格贵"（执法僧）和"拉擦"（活佛替身）负责管理全寺的各项重大事务。

扎美戈寺"扎仓"的下属组织是"康参"，藏语意为"僧团"，即按僧人籍贯或来源地的地域划分，将大寺僧侣划分为若干团体，形成教区区域性组织，由康参老僧主持管理。由于永宁扎美戈寺位于永宁坝中心，僧侣多是当地的摩梭人和普米族，外地僧侣较少，所以康参这级组织比较松散，除每年几个月的集中习经修习外，平时僧侣多在本家庭经堂里习经修持。

永宁扎美戈寺的僧侣等级为：活佛——堪布——格西——拉擦——格规——翁则——格隆——哈尔巴——格初。

活佛：摩梭人和普米族借用藏语称活佛为"古入"，意为"化身"或"万世转生大喇嘛"。永宁扎美戈寺的活佛尚未形成独立的转世系统，该寺的活佛都是由永宁土司从四川藏区寺院的活佛中聘请来掌教的，该寺的历辈活佛都是藏族。只有现任寺主罗桑益史活佛是唯一的摩梭人。罗桑益史系永宁总管阿少云之弟，他3岁时被认定是四川稻城赤直咪活佛的转世灵童，12岁进西藏哲蚌寺学经，26岁获得哲蚌寺大活佛资格，28岁（1955年）返回永宁扎美戈寺任寺主直到现在。哲蚌寺是西藏拉萨著名的三大寺之一，在西藏佛教中占有重要的地位和深远的影响。罗桑益史作为云南永宁摩梭人，能成为哲蚌寺的大活佛是颇负盛名的。罗桑益史现为全国佛协委员、云南省佛协理事、云南省人大代表。

除永宁扎美戈寺以外，滚蒉、前所、左所等地的藏传佛教寺院均未形成独立的活佛转世制度，其寺院活佛都是从四川藏区寺院活佛中聘请来的，这是摩梭人和普米族藏传佛教活佛转世制度发展不完善的表现，也是当地寺院制度的一个特点。

永宁摩梭人和普米族的活佛在寺内宗教地位最为尊贵，但对寺内的行政、经济和宗教等各项事务并不参与，终日闭户修持，间或寺内有庄严法会，才亲临坛坫。

堪布：藏语名称，意为"掌教"。堪布是寺内各项事务的最高负责人，总揽全寺的行政、经济、宗教和对外交际等一切事务大权，虽然在宗教地位上低于活佛，但在各项重大宗教活动中，虽有活佛亲临法坛，仍由堪布担任主持人。永宁摩梭人和普米族藏传佛教的堪布是世袭制，一般由当地土司之弟担任，这是不同于藏区堪布的主要特点。由于永宁堪布实行世袭制，无须进藏学经和深研佛学知识，所以历辈永宁堪布的佛学水平都不高，此外，永宁堪布像俗人一样可以娶妻，不受其他戒律约束，不穿僧服，是封建统治者在寺院中的代理人。

格西：名称与藏区格西相同。永宁摩梭人和普米族藏传佛教的格西，必须到西藏拉萨三大寺中学经多年，经过考试获得格西称号。永宁格西可在寺中供职，亦可在自己家庭经堂研习经论，凡寺院有重要法会才去登坛讲经。

拉擦：摩梭语，意为"佛的替身"。拉擦是永宁摩梭人和普米族藏传佛教寺院特有的僧职。拉擦的职责是由他个人负责供应全寺僧侣及各种法会的全部费用，包括僧侣的口粮、茶、盐、酥油、糌粑面、肉、钱及法会所用的布、香料、颜料等物资，并负责发放钱粮等高利贷物资和收取寺院土地的粮租、钱租等。拉擦卸职后，寺院的本金必须移交给下届拉擦，而其利息则归本届拉擦所得。拉擦任期一般为三年，个别资产富裕的能连任两届。卸职后的拉擦相当于名誉寺主，由寺内供养终生。由于出任一届拉擦需要支付相当多的钱粮物资，所以普通家庭的僧侣无力出任这一僧职，只有贵族家庭的僧侣轮流担任此职。当地宗教观念认为，出任一届拉擦对佛功德无量，不仅拉擦本人，其家庭乃至家族都能得到佛的保佑，使其家族兴盛。担任拉擦需履行一定的手续和仪式，即先由僧侣报名申请，由堪布审查其财产后批准，然后由众僧扛着披红挂绿的活佛座床去迎接新任拉擦，并扛着拉擦座床串村绕寺，沿途敲锣打鼓，鸣枪放炮，以示荣耀。

格规：藏语名称，俗称"铁棒喇嘛"，因其博带巍冠，手持空心铁棒，故名。格规专管法规戒律，全寺僧侣念经之勤惰。如佛殿内全体僧人中，有衣冠整肃，身心端凝，字音清晰，句读明了，终年无倦容者，格规能依据日记之记载，将其提升前座，若不守法规，私擅出寺，或夜间不点灯诵经，不响动法器者，即使是活佛，亦膝行而前，顶礼规净，甚至追究活佛教师职责。至于其他僧侣，动辄以铁棒惩之。格规职务是三年一届。

翁则：藏语名词，意为"领经师"。翁则的职责是为众僧念经领诵。

云南文库·学术名家文丛

念经时，先由他领个头，其他众僧随后跟上。翁则由寺内众僧中选举声音宏亮，句读清楚的僧侣担任。翁则职务为五年一届。

哈尔巴：摩梭语。永宁摩梭人和普米族僧侣进西藏本宗寺院学经达五年以上的统称为"哈尔巴"。

格隆：摩梭语。永宁摩梭人和普米族僧侣进西藏本宗寺院一年左右返回的僧侣统称"格隆"。

格初：永宁摩梭人和普米族僧侣终生未进过西藏本宗寺院学经的统称"格初"。能否进西藏本宗寺院学经和获得相应的学位，主要在于僧侣的经济条件，家庭富裕的僧侣能支付进西藏学经的费用，因而能获得相应的学位，家庭贫困的僧侣因无力支付进西藏学经的费用，故即使在本寺多年的老僧也不能取得学位。从而可知永宁摩梭人和普米族藏传佛教僧侣学位制度受西藏佛教僧侣学位制度的深刻影响。

永宁、滇蒗地区的萨迦派（花教）寺院制度与僧侣组织与当地的格鲁派（黄教）大致相同。该派最大的寺院是永宁则波萨迦寺，没有本寺的转世活佛，举行重大法会时，到西藏本宗寺院请活佛来短期讲经。堪布为寺主，其次是拉擦、格规、翁则、集罗、集初，共六个等级。集罗相当于格鲁派的哈尔巴，集初为刚入寺的小僧侣。

永宁、滇蒗、前所、左所等地的藏传佛教寺院都有比较雄厚的寺院经济，寺产数量以扎美戈寺为最多，新中国成立前约有千余亩土地。土地来源主要靠土司捐赠及由寺院向民间购买。地租收入是寺院经济的主要来源，用以支付宗教费用及供给寺中僧侣粮食。此外，当地信教群众也给一定数量的物资捐助。

僧侣在社会上有较高的地位，受到人们的尊重。永宁摩梭人僧侣持守戒律不严，除法事活动外，平时饮酒食肉，普通僧侣不脱离生产劳动，并从事经商或其他副业，农忙时帮助家庭劳动，农闲时在本家庭经堂念经修习。由于永宁、左所、前所、滇蒗等地摩梭人实行古老的母系制阿注（情侣）婚姻制度，当地僧侣也不可避免地受其影响，多数僧侣有性伴侣——女阿注。社会舆论认为僧侣结交女阿注属正常之举，僧侣世俗化受到当地群众的支持，僧俗关系融洽，这是永宁摩梭僧侣所独具的生活特色。

由于永宁、滇蒗、左所、前所等地区所特有的地理环境及社会条件，当地摩梭人及普米族群众虔诚信仰藏传佛教。《永昌府文徵》卷四十说："摩娑为永宁府之土著，秉性温柔，崇敬喇嘛教，一切以模仿西藏为荣，……及之喇嘛塔，家家户户供敬……"。时至现今，狮子山下月月有法会，泸沽湖畔日日响鼓声，村庄山林经幡飘拂，山隘路旁嘛尼堆栉次鳞比。当地群众信奉藏传佛教的风尚极盛，为其他纳西族地区所不及，是藏区以外受藏传佛教影响最深的地区，摩梭人及普米族的社会生活和精神文化具有藏传佛教的浓烈色彩。

第四节　典籍　法会

　　纳西族、摩梭人和普米族的藏传佛教教义、教理、经典、戒律、法会等都与西藏佛教是基本相同的，特别是教义、教理、戒律完全遵循西藏佛教，这在前述的云南藏区藏传佛教篇中已作阐述，兹不赘述。以下主要阐述丽江、永宁地区的藏传佛教典籍和法会。

一　典　籍

　　纳西族、摩梭人和普米族地区的藏传佛教寺院都藏有不同数量的典籍，其中永宁扎美戈寺的藏经数量最多，内容最丰富。其次，丽江五大寺也藏有一定数量的经典。据实地调查材料，永宁扎美戈寺藏有精印《甘珠尔》一部，计108函贝叶，《丹珠尔》一部，计372函贝叶。除这套《甘珠尔》和《丹珠尔》经典外，尚有许多不同门类的经典。丽江木氏土司曾出资刊刻过《大藏经》，木刻版（明崇祯至清初）被称为"丽江版"，藏族学者公认该版是所有《大藏经》木刻版中最好的版本，原藏于云南境内某寺院，传说是霞佳寺。清初，木氏势力衰弱，刻版便被运往格鲁派势力所辖的大堡垒理塘长青春科尔寺保存，后于1908年毁于战乱。如今尚有该版印本保存在西藏拉萨大昭寺内，被视为珍本。清代，丽江五大寺均藏有许多经典，至民国以后藏经数量已较少。除寺院藏经以外，各地居家僧侣也藏有相当数量的经典。纳西族、摩梭人和普米族各寺院和居家僧侣经常使用的经典种类繁多，各教派在不同的宗教场合所使用的经典亦不相同。例如永宁、蒗蕖、左所、前所等地的格鲁派僧侣在“撒戛娜瓦”会（又名哑巴会）上要念除秽经，“卓巴次日”会上念风调雨顺经，“日杂措”会上念安灵经；萨迦派僧侣在“堆曲”会上念祈丰禳灾经，“格都”会上念驱鬼经；丽江噶举派僧侣在“哈木”会上念金刚经，“东玛”会上念千佛观音经，“祈巴”会上念长寿经，“施通”会上念安息经等。

现据实地调查，将丽江、永宁、蒗蕖、前所、左所等地各教派僧侣常用的典籍记述于下：

《虽赛》经，消除冰雹灾害。

《赤龙》经，祈雨经。

《安杂》经，诅咒宿敌经。

《含波》经，为死者安灵招魂经。

《纳堆安都》经，清静安宁经。

《茨贴》经，放赎生物经。

《虽倒》经，投灵品经。

《哈木》经，金刚经。

《东玛》经，观音菩萨经。

《门类缀》经，千佛观音经。

《祈巴》经，长寿经。

《施通》经，丧葬经。

《三都》经，纪念莲花祖师经。

《抽奔》经，跳神驱鬼经。

《多史生松》经，即“多格”“史尼”“生东玛”三者的简称，用于消灾避难，祈求安康经。

《米朗》经，为死者超度亡灵经。

《永仲》经，祈求福禄经。

《扎史赤巴》经，喜庆祝福经。

《内拉央炯》经，喜庆祝福经。

《吉泽重母崩间》经，喜庆祝福经。

《茨荣》经，祈求长寿经。

《都玛》经，祈求长寿经。

《格都》经，驱瘟疫经。

《藏巴拉》经，火塘经。

《侬左赤哇》经，祈求风调雨顺经。

《赤苗》经，祈求禾苗生长茂盛经。

《时庄罗》经，驱虫灾经。

《麦居》经，祈求牦牛健壮经。

《锡主》经，谷物丰产经。

《时沾罗》经，消除雹灾经。

《申请主古》经，驱瘟疫经。

《西撮主》经，防旱求雨经。

《续乃》经，消灾避难经。

此外，还有许多经典及口诵经咒，兹不详录。

二　法　会

纳西族、摩梭人和普米族的藏传佛教各教派，除了每天固定的念经拜佛以外，各教派的主要寺院每年都有定期的宗教节日或称法会（亦称庙会）。各寺院通过定期的法会，联系广大的世俗信徒，并通过法会接受广大善男信女的布施捐赠，以增加寺院经济收入。

各教派的法会虽不尽相同，但其内容基本上是一致的，并与藏区藏传佛教法会基本相同。法会的主要内容有：祈求佛保佑地方太平、人口兴旺和长寿、消除各种自然灾害；农业丰收、畜牧业发展、超度死者亡灵、纪念释迦牟尼佛、观音菩萨、莲花祖师、噶玛巴祖师、宗喀巴等等。

永宁、蒗蕖、左所、前所等地格鲁派寺院每年举行的法会有："咪喏"，会期12天（纪念释迦牟尼佛诞辰）。"撒戛那瓦"（亦名"哑巴会"），会期5天（祈丰收）。"卓巴茨日"（亦名呀哩），会期45天（祈丰消灾）。"安定安去"（纪念宗喀巴诞辰），会期7天。此外，还有两次愿会，大愿会在农历正月间举行，会期21天，小愿会在农历三月间举行，会期15天。愿会内容为还四种愿，即众生无边，誓愿渡；烦恼无尽，誓愿断；法门无上，誓愿学；

云南文库·学术名家文丛

佛道无上，誓愿成。

萨迦派的法会有："堆曲"（祈丰禳灾），农历正月初一日至十五日。"格都"（跳神除秽），农历九月初九日至十五日。

丽江噶举派的法会有："哈木"（金刚会，念金刚经），农历正月初一日至初三日。"东玛"（观音会，念千佛观音经），农历二月初八日至初十日。"祈巴"（长寿经会），农历三月初十日至十二日。"施通"（定葬经会），农历四月二十五日至二十八日。"桑都"（纪念莲花祖师会），农历五月初十日至十二日。"都召"（护法会），农历十月初一日至初五日。

纳西族、摩梭人和普米族藏传佛教法会内容除了僧侣集中在大殿念经以外，还组织僧侣跳神。跳神是配合经典内容说教的舞蹈，但也是宗教和民族风俗习惯相结合的节庆活动。跳神的僧侣主要是年轻的僧侣，并要到西藏或四川德格同一宗派的寺院作专门训练。各教派的跳神都有成套系统的舞蹈动作和准确鲜明的舞蹈语汇。跳神的道具主要有：鹿、猴、牦牛、乌鸦、狗、猪等家禽野兽的面具。跳神在大殿前跳，由寺院乐队伴奏，乐器主要有：大号、小号、唢呐、大鼓、铙、钹等。

藏传佛教的跳神不仅是宗教活动，而且是民俗节日。届时，当地各族群众络绎不绝汇集寺院，善男信女点灯、烧香、拜佛、捐钱赠物，之后观看跳神。群众在寺院跳神场附近摆摊设点，进行骡马、药材、百货交易。青年男女身着艳装，谈情说爱，结交情侣。传统的宗教法会现已注入新的内容，成为各族人民群众喜爱的民族传统节庆活动。

第五节　藏传佛教对纳西族、摩梭人和普米族社会生活和精神生活的影响

藏传佛教传入纳西族、摩梭人和普米族中以后，对他们的社会政治、经济、文化及生活习俗等方面产生了极为深刻和广泛的影响。

新中国成立前，藏传佛教与纳西族、摩梭人的封建领主是密切联系的，藏传佛教依附于封建领主势力，而当地封建领主又竭力扶持藏传佛教，即政权支持神权，神权维护政权，形成了类似于藏区"政教合一"制度的统

云南文库·学术名家文丛

治。这在永宁、蒗蕖、前所、左所等摩梭人地区表现比较突出，这些地区的寺院最高行政领导——堪布，通常由当地土司之弟担任，实行世袭制。堪布管理当地的宗教事务，并协助其兄长土司利用神权统治当地各族人民。藏传佛教被封建领主利用，在一定程度上成为封建领主巩固其统治地位，扩大统治势力的思想工具。

纳西族、摩梭人和普米族的藏传佛教虽然与当地封建领主有密切的联系，但尚未形成"政教合一"制度，它与藏区的"政教合一"制度是有较大差别的，不能相提并论。其理由如下：（1）不论是丽江纳西族的藏传佛教，或是永宁摩梭人和普米族的藏传佛教都是在当地封建土司的统治下活动的，神权不能凌驾于土司政权之上，不能干预土司统治。（2）这里的藏传佛教寺院没有形成寺院僧侣集团势力，没有本寺院的活佛转世系统，除堪布以外，各等级的僧侣并无封建特权，没有对世俗群众进行封建统治的权力。（3）这里的藏传佛教寺院虽占有一定数量的土地，但不占有农奴，寺院土地出租给群众耕种，收取地租用以维持本寺僧侣的生活和法会费用。寺院没有农奴，寺院上层僧侣构不成农奴主阶级。据实地调查材料，丽江五大寺以及永宁扎美戈寺这些当地的大寺院都没有农奴，只有数十个寺院的差役，用以看护寺院和催交地租和高利贷，这些差役不是寺奴，而是贫民。（4）这里的藏传佛教寺院没有寺院衙门，永宁扎美戈寺的堪布虽有审理百姓侵犯寺院利益案犯的权力，但没有审理其他世俗案犯的权力，当地的各种案犯是由土司衙门和土司属下的总管衙门来审理的。各级僧侣倘若反对土司的封建统治，都要受到惩处。例如新中国成立前，永宁扎美戈寺的堪布为争夺土司的某些权力，煽动僧侣和当地群众反抗永宁土司，结果被永宁土司借用彝族奴隶主的力量进行了残酷的镇压，僧俗死伤众多，最后以土司取得胜利而告终。

总之，丽江、永宁等地的纳西族、摩梭人和普米族藏传佛教与当地封建土司有密切联系，封建土司扶持藏传佛教，利用神权来巩固和扩大封建土司的统治，藏传佛教亦依附封建土司的扶持而求发展壮大，但始终未形成政教合一制度。向来研究滇、川纳西族、摩梭人和普米族社会历史的论著，称纳西族、摩梭人和普米族藏传佛教与当地封建土司的关系同藏区一样是"政教合一"制度，这种认识显然是不正确的，实际情况是纳西族、摩梭人和普米族的藏传佛教与当地封建土司并未形成"政教合一"制度，而是政教相对分流的制度。纳西族、摩梭人和普米族的藏传佛教基本上是单纯的宗教信仰，单纯的宗教事业。

　　藏传佛教对纳西族、摩梭人和普米族的社会生活和风俗习惯影响极为深刻，特别是摩梭人及普米族的社会生活和风俗习惯与藏传佛教有密切的联系，具有浓厚的藏传佛教色彩。摩梭人和普米族凡患病、死亡、年节，都要请僧侣念经做佛事。永宁摩梭人亡故时，要请僧侣为死者举行一系列的丧葬仪式，即人死后，僧侣念安灵经，停尸期间念超度经，焚尸时念送魂经。凡人畜患病要请僧侣占卜问卦，根据卜卦的结果举行相应的佛事活动，以驱邪禳灾。妇女生育要请僧侣念消灾经，并请僧侣为婴儿取名。建新房要请僧侣念经，乔迁新居亦要请僧侣念经。每家正屋火塘上方都有泥塑浮雕的藏巴拉火塘神，家长一日三餐都要举行简单的祭仪，即放少许食物在火塘铁三角架上，以示祭祀火塘神。年节时，家家户户要在房顶上插经幡，门上悬挂经咒符，早晚烧松枝香，点酥油灯。总之，摩梭人和普米族的衣食住行、婚丧嫁娶、生育死亡都受到藏传佛教的影响。

　　藏传佛教对永宁、蒗蕖、左所、前所等地的摩梭人及部分普米族的婚姻家庭产生了深远的影响。藏传佛教在当地母系制的环境中传播发展，它一方面维护封建制的伦理道德，鼓吹男尊女卑，歧视妇女，与母权制妇女至上的伦理道德相对立，这在一定程度上冲击了妇女的统治地位，并为男人所接受，从而促进了当地流行的阿注婚姻向父系制一夫一妻婚过渡。但另一方面，僧侣们又凭着他们特殊的社会地位，优厚的经济条件，与当地摩梭妇女偶居，建立阿注婚姻关系，使阿注婚姻与母系家庭得到藏传佛教的认可，这样，僧侣本身又成为阿注婚姻的支持者和拥护者，阻碍了阿注婚姻制度向父系制一夫一妻婚过渡。这是永宁、左所、前所等特定地区藏传佛教与摩梭人传统婚俗相互影响，相互融合的产物。此外，藏传佛教密宗的修行仪轨也在一定程度上维护了当地的阿注婚姻。例如，新中国成立前，永宁地区每年到西藏学经的僧侣，在临行前五月初八日，集中到开基村前的日月潭草坪上，搭帐篷露营，当晚每个僧侣要带上自己的女阿注在帐内同居，若当时没有女阿注，也得花大量钱财临时找一个漂亮的少女过夜。据说经此仪式便能顺利到达拉萨，圆满修成功业。当地僧侣结交女阿注，过阿注婚姻生活，而且不脱离家庭生活及生产劳动，这是与藏传佛教戒律相悖的，但是对保持当地的人口生产及劳动力的平衡是有积极意义的。此外，宗教向民俗化、世俗化演变是社会发展的必然趋势，这是因为宗教的发展和社会的发展是枝叶关系，宗教的演变必须适应现代社会的物质条件和精神条件，这是一切宗教演变的必然规律。

藏传佛教对纳西族、摩梭人和普米族原始宗教的影响，亦是很突出的，并在相当程度上融合了他们的原始宗教，促使其原始宗教向人为宗教发展。纳西族信奉的东巴教，摩梭人信奉的达巴教，普米族信奉的汗归教，其形态皆属于原始宗教。藏传佛教传入后对这三种原始宗教都产生了深刻的影响，主要表现在：（1）这三种原始宗教都吸收了藏传佛教的许多神祇，如观音菩萨、大黑天神等。此外，使原始宗教的神鬼冠上藏传佛教神鬼的名称，并赋予其相应的功能。（2）借用藏传佛教的某些法衣法器，如东巴巫师、达巴巫师、汗归巫师做法事时头戴五佛冠，身穿长袍，摇铜铃、供镇邪塔等。这类法衣法器都是仿造藏传佛教的法衣法器，用以提高原始宗教的地位。（3）这三种原始宗教都不同程度地吸收了藏传佛教的某些简短经咒，如"祈福经""求寿经""驱邪经""火塘经"等。原始宗教某些口诵经咒中也适当增加了藏传佛教经咒的内容，使之藏传佛教化。总之，这三种原始宗教受藏传佛教的影响是极为深刻和突出的，特别是纳西族的东巴教已发展到进入人为宗教的门槛，与藏传佛教的影响是分不开的。由于受藏传佛教的深刻影响，纳西族、摩梭人和普米族的原始宗教逐渐摒弃了杀牲血祭的仪式，避免了大量宰杀牲畜，这对信教群众而言是有一定积极意义的。

藏传佛教对纳西族、摩梭人和普米族的文化艺术也产生了重要的影响。纳西族、摩梭人和普米族中流传着大量丰富的神话传说、民间故事、民间诗歌，这些民间文学吸收了藏传佛教的内容，使本民族的民间文学与藏传佛教文学融合在一起，使之更具吸引力。许多神话故事宣扬因果报应、天堂地狱等宗教思想，许多神话故事反映佛教、道教与原始宗教的斗争。例如传说之一：藏传佛教的米拉日巴与东巴斗法，东巴说，只要你的袈裟所能覆盖的地盘，我都让予你，结果米拉日巴一抖袈裟覆盖了除哈巴山脚一小块地方以外的大片地区，所以东巴教被挤到哈巴山脚。传说之二：古时候，玉皇大帝来拜访东巴教主丁巴什罗。丁巴什罗提出与玉皇大帝斗法比试，争做竹那保洛神山的主人，并说太阳刚照到竹那保洛神山顶时，谁先到达山顶，谁就做此神山的主人。玉皇大帝欣然应允，并对丁巴什罗说：你早去三天，按约定的日期看谁先到，谁就做神山的主人。丁巴什罗手摇铜铃，扛着牛皮大鼓启程了。第三天早晨，太阳刚照到山顶，玉皇大帝骑着太阳到达。丁巴什罗也骑着牛皮大鼓同时到达。玉皇大帝说：丁巴什罗，你确实法力高超，但我俩同时到达山顶，不分胜负，所以你不能做此神山的主人。我愿选择一个最好的地方给你，你就做那地方神山的主人吧。丁巴什罗同意了。玉皇大帝从竹那保洛山顶抓了一把雪撒向大地，变成了今天的白水台。由于白水台山清水秀，气候温和，丁巴什罗很满意，便做了白水台神山的主人。这两则传说反映了纳西族原始宗教与藏传佛教、道教的斗争，表明藏传佛教、道教传入纳西族社会的过程中与纳西族固有的原始宗教经历了斗争，在斗争中求得协调与共存。由于纳西族、摩梭人和普米族的民间文学吸收了藏传佛教、道教、原始宗教的内容，使他们的神话、传说、故事、歌谣内容丰富，情节曲折，形式多样，从而在民间广为流传，经久不衰。

　　藏传佛教对纳西族、摩梭人和普米族文化艺术的影响，还表现在寺庙、经堂的壁画艺术方面。例如丽江纳西族的壁画多为藏传佛教、道教、汉传佛教的内容，突出反映了以藏传佛教为主的其他外来宗教对纳西族文化艺术的影响。壁画上不仅有藏传佛教的密宗，而且有佛教、道教的许多佛、菩萨、神仙画像。在艺术风格上表现出既继承了汉族洗练、匀称、色彩鲜艳等绘画传统，又吸收了藏传佛教粗犷、色彩对比强烈，线条流畅的绘画风格。此外，永宁、左所、前所等地的摩梭人和普米族还吸收了藏传佛教的泥塑浮雕技艺风格，他们的家庭经堂壁画图案主要是莲花、海螺、灼灼火焰。家庭正房的火塘前方一般都有泥塑浮雕的藏巴拉火神，图案多为一盘莲花底坐，上为一团灼灼火焰，周围几枚海螺。藏传佛教中，莲花象征纯洁无瑕；火焰象征生机蓬勃，生育旺盛，繁育多产；海螺象征腹大多籽、繁育多产、聚财敛宝。

　　综上所述，藏传佛教对纳西族、摩梭人和普米族的社会生活和精神文化的影响是深刻和广泛的，宗教意识影响民族意识，宗教制度影响当地民族的政治、经济制度，并影响当地民族的文化和生活习俗。总之，纳西族、摩梭人和普米族的藏传佛教具有许多不同于西藏及其他藏区的藏传佛教的特点，这些特点构成了纳西族、摩梭人和普米族藏传佛教丰富独特的内容。宗教是社会意识、社会现象，但又是文化现象。因此，要继承和弘扬纳西族、摩梭人和普米族优秀的传统文化，必须研究藏传佛教，同样，要提高中国藏学的研究水平，丰富中国藏学的内容，也要重视和加强对纳西族、摩梭人和普米族藏传佛教的研究。

　　新中国成立以后，人民政府在纳西族、摩梭人和普米族地区认真贯彻执行了宗教信仰自由的政策，切实保护藏传佛教寺庙及僧侣的正常宗教活动，保护各民族的宗教和风俗习惯。藏传佛教界也拥护人民政府的各项方针政策，藏传佛教废除了宗教的各种封建剥削制度，摆脱了封建土司的控制，完全成为"自传、自养、自办"的宗教，成为信教群众自己的信仰和事务。纳西族、摩梭人和普米族地区成立了县佛教协会，积极开展藏传佛教的各项正常活动。当地藏传佛教寺庙设立民主管理委员会，实行活佛为主的民主管理制度。寺庙遵照国家的方针政策，实行农禅结合，寺院僧侣农忙季节回家参加劳动，农闲回寺学经修持，坚持农禅两不误。有条件的寺庙，还积极开展农林牧副业生产，以求自给自足。此外，僧侣还经常维修寺庙园林，开展综合服务，积极参与现代化建设。

活佛传略

松谋·昂旺洛桑丹增嘉措

松谋·昂旺洛桑丹增嘉措是第十七世松谋活佛。据噶丹松赞林寺（归化寺）所颁松谋转世传记载前十四世松谋活佛是著者在每隔百余年提一名有名望者名字追认的。当地僧俗知道的只有三世，第一世生前不是活佛，是堪布，生于大中甸乡尼史行政村松谋村，故得名松谋。在此之前，中甸松赞林寺没有形成本寺的活佛转世制度。堪布死后可以转世为活佛也是从松谋开始的。

松谋·昂旺洛桑丹增嘉措1899年生于中甸县大中甸乡诺西行政村夏纳自然村作卡家。后由独克康参选为十六世松谋活佛的转世灵童，迎进寺内。幼时在松赞林寺学藏文，于1912年赴西藏学经，加入哲蚌寺崩拉康参，受比丘戒。在藏期间向拉萨各大寺知名格西求教，刻苦学习显密经典，深受色康巴钦布经师的影响，还潜心学习藏医药学。由于经济拮据，未能举行活佛升位仪式。1921年，松谋活佛从西藏回到中甸，协助松赞林寺掌教进行沙弥、比丘、居士等戒律教育，讲解经行道路次第和佛教经典传承，整顿寺内教规。并给僧俗治病，松谋活佛的名声逐渐在云南藏区传开。

1949年，中华人民共和国成立。1950年10月，松谋活佛当选为丽江专区联合政府副主席。1951年2月任丽江专区副专员。在此期间，松谋活佛在松赞林寺组织最高管理机构——拉西会议，主要商讨宗教事务和对僧众管理，加强教规戒律，计划修建佛寺等。主持扩建了松赞林寺。宗教事业较前昌盛，受到各界人士的敬重。

1954年，松谋活佛当选为全国第一届人大代表。同年12月，迪庆藏族自治州筹备委员会成立，他担任筹备委员会主任委员。他希望宗教前途光明，地方太平，人民幸福，建议自治州名称为"迪庆"，取"极乐""吉祥如意"之意，象征自治州和平、安定、富裕。

1956年，松谋活佛参加中央祝贺团，赴西藏祝贺西藏自治区筹备委员会成立。经陈毅副总理同意，发放布施，举行了活佛升位仪式。1957年9月6日，迪庆藏族自治州各界代表会议在中甸县城召开，成立迪庆藏族自治州，松谋活佛当选为州长。1958年到昆明参加上层整风学习，一直在昆明工作。曾任省人委委员，全国政协委员。1967年在"文化大革命运动"中被红卫兵领回中甸。同年6月圆寂。1986年5月，在中甸噶当松赞林寺举行了第十世松谋活佛灵塔安放仪式。

更觉·扎巴降参

更觉·扎巴降参，1927年生于中甸县大中甸乡诺西村当曲洛桑家。7岁被选为第三世更觉活佛转世灵童。1939年赴西藏色拉寺学经深造，受比丘戒。1949年回到中甸松赞林寺，为扎雅康参活佛。更觉·扎巴降参聪明好学，勤奋刻苦，深研经典、藏文，精通教理，佛学知识渊博，为僧俗大众所敬重。在松赞林寺协助松谋活佛整顿寺院教规，并讲授《大乘教义》。

1950年，中甸县人民政府成立，更觉活佛当选为中甸县政务委员会副主任。这时期，他主持松赞林寺的教务和行政。1957年4月，更觉活佛参加中国佛教协会第二次代表会议，当选为中国佛教协会理事。会后到东北、华北等地参观学习。返回后，组织僧侣学习佛经，提高佛学水平，并对僧侣进行了爱国爱教，遵纪守法等教育，受到社会各界的赞誉。

1957年9月，迪庆藏族自治州成立，更觉活佛当选为州政协副主席。1958年，到昆明参加上层整风学习。1959年，当选为第二届全国人民代表大会代表。更觉活佛先后担任过全国政治协商委员会第二、第三届委员会委员，全国人民代表大会第二届、第三届代表，全国佛教协会理事，云南省人委委员，省佛协副秘书长等职。1969年在中甸圆寂。

圣露

圣露，1871年生于丽江县黄山乡白华金龙村。丽江普济寺坦青活佛圆寂后，十五世大宝法王（噶玛巴）按照活佛转世制度找到他作为普济寺的活佛，取法名为圣露。圣露幼年时在普济寺年长经师的辅导下学经。1893年，圣露前往西藏拉萨粗卜寺朝拜噶玛巴受戒，学经深造。圣露博闻强记，德行皆优，深得噶玛巴的喜爱。三年学成后，被噶玛巴挽留在身边做事，在拉萨长达20年。1913年，圣露因拉萨宗教界纠纷离开拉萨，经印度辗转2年，于1915年回到丽江普济寺。圣露回寺后，利用他在宗教界的崇高声望多方奔走，争取地方当局、富户及民众的赞助支持，重修普济寺。此后，普济寺香火逐年兴旺，寺产和僧侣亦逐年增多。这时期，圣露名声大增，被滇西北十三大寺僧侣推选为"中华佛教总会云南丽维分部"会长。

　　1935年，圣露应省佛教会之邀，带领丽江七大寺僧侣十余人前往昆明讲经传教，先住在东陆大学（今云南大学），后移往圆通寺，历时三个多月。前来听经并愿皈依佛门的人甚多，其中不乏社会名流。时日本已侵占我国东北，爱国爱教的圣露活佛慷慨激昂地宣讲救国经、爱国经，受到各界的敬重。

　　1936年，应省主席龙云之请，书写藏文经4块，刻于大理石面后嵌入鸡足山楞严塔上层，驻鸡足山月余。1937年，为安抚西南边疆少数民族，国民政府特电邀圣露活佛代表信奉藏传佛教的蒙、藏、纳西等民族及宗教界到南京商谈国事，于是他带领普济、文峰、兴化三寺的世路、取此等6个僧侣，经昆明、河内、香港抵上海，刚下轮船就受到社会各界的欢迎，并由国民政府蒙藏委员会接至南京。圣露在南京广泛接触军政界上层人士。在各大寺轮流设坛讲经，着重宣讲爱国经，宣扬抗战，深得政府、宗教界及群众的崇敬，声望愈增，受到国民政府主席林森接见。接见时，圣露按藏族礼仪献哈达，林森对其爱国热情和学识加以勉励。不久，逢圣露66岁寿辰，蒙藏委员会为他祝寿，林森送来寿幛一幅，还拍了新闻记录电影片。圣露在南京时，朱培德将军病故，圣露参加葬礼，并在毗卢寺为其念经超度。

　　南京沦陷前，噶玛巴来电，邀圣露到西藏德格县八蚌寺（四宝法王住处）相会。圣露派世路等二人代其去德格。他自己返回丽江普济寺修复大殿，铺盖钢瓦。

　　1941年初，国民政府再次电邀圣露到重庆，一是请他主持超度抗日阵亡将士的法事；二是请他参加组织"蒙回藏联合慰劳抗日将士代表团"，并任该团副首席代表（正首席代表由蒙古族詹佳活佛担任，成员多系少数民族宗教界头人）。已满70高龄的圣露出于爱国热忱，不顾年老体弱，欣然带俗家侄孙和士义前往重庆，受到国民政府各院、部、会的隆重接待，并再次被林森主席召见，林森还为普济寺题了"灵宇慈云"四个字。此外，还由国民政府颁布国民政府令和册文，授予圣露"普善法师"名号，并由铸印局铸印颁给。同年秋，圣露活佛因病圆寂于重庆千佛寺，火化后其骨灰由政府专机空运回昆明，丽江各寺派人接回后，安葬于普济寺后，墓前立有《国民政府令》《国民政府册文》两块汉、藏文石碑（今存于普济寺）。

克斯

克斯，噶丹松赞林（归化寺）东旺康参活佛，噶丹松赞林主持。为第二世活佛。男，藏族。中甸县大中甸乡下那村人。1916年出生，1988年12月圆寂。

1918年被选为噶丹松赞林东旺康参活佛转世灵童，迎进寺院，并受沙弥戒。1921年行坐床典礼，立为活佛。完成10年基础佛学修行后，又到西藏深造。20世纪40年代回到噶丹松赞林，深居寺院，继续钻研经典教义。1984年选为州佛教协会副会长。从1984年起，担任中国佛教协会理事、中国佛教协会云南省分会常务理事，中国人民政治协商会议迪庆藏族自治州委员会常务委员，中甸县政协第七届、第八届委员会副主席。1988年12月25日在噶丹松赞林净室圆寂。1989年6月4日在归化寺举行了灵塔安放仪式。

崩主

崩主，中甸县噶丹松赞林东旺康参活佛。为第二世活佛。中甸县东旺乡公参卡村人，男，藏族，1952年生。现任迪庆藏族自治州政协委员，中甸县政协副主席，迪庆藏族自治州佛教协会副会长，归化寺管理委员会主任。

阿布

阿布，原属中甸县归化寺乡城康参活佛，为第二世活佛。男，藏族，四川省甘孜藏族自治州乡城县人。1961年病逝。

觉若

觉若活佛，原属中甸县归化寺独克康参活佛，为第一世活佛。男，藏族，1942年出生，中甸县大中甸乡觉若村人。1953年进藏学佛经，1959年随达赖喇嘛到国外，现住瑞士。

开占

开占活佛，原属中甸县归化寺东旺康参活佛，为第二世活佛。男，藏族，德钦县拖顶乡人。20世纪50年代初进藏学经，1959年到国外，现居印度。

昂吾

昂吾活佛，原属噶丹松赞林吉迪康参活佛，已还俗。为第一世活佛。男，藏族，中甸县中甸乡望池卡村人，1955年出生。1988年7月至1989年6月曾到北京中国藏语系高级佛学院学习。现任政协中甸县委员会委员，迪庆州佛教协会常务理事。

达垄

达垄活佛，原属中甸县归化寺乡城康参活佛，为第三世活佛。男，藏族，四川省甘孜藏族自治州巴塘县人。20世纪50年代初进藏学经，1959年流亡国外，现居住德国，从事文字编译工作。1986年曾回国探亲。

阿批

阿批活佛（王江），原属中甸县承恩寺活佛，为第三世活佛。男，藏族，1941年生，维西傈僳族自治县塔乡其宗村人。20世纪50年代进西藏学经，1959年随达赖喇嘛到国外，现住锡金。

向·初称江初

向·初称江初，中甸县云登寺活佛，为第三世活佛。中甸县东旺乡上游村人。男，藏族。现任云南省政协委员，迪庆藏族自治州政协副主席，迪庆藏族自治州藏医院院长，中国佛教协会云南省分会常务理事，迪庆藏族自治州佛教协会副会长。

噶达

噶达，德钦县东竹林寺活佛，为第十世活佛。云南省德钦县拖顶人，男，藏族。1931年生，出身土司家庭。现任云南省人大代表，迪庆藏族自治州人民代表大会常务委员会副主任，迪庆藏族自治州政协常委，中国佛教协会理事，中国佛教协会云南省分会副会长，迪庆藏族自治州佛教协会会长。

设义·钦洛

设义·钦洛，德钦东竹林寺活佛，为第十世活佛。男，藏族。德钦县奔子栏乡人，1966年圆寂。生前任中国人民政治协商会议迪庆藏族自治州委员会副主席。

青贡

青贡，德钦东竹林寺活佛，为第十世活佛。男，藏族。德钦县下若村人，1961年圆寂。

拖顶

拖顶活佛生前是德钦东竹林寺活佛，为第一世活佛。男，藏族。德钦县奔子栏乡人，1969年圆寂。

王永诚

王永诚，德钦县东竹林寺活佛，为第一世活佛。维西县塔城乡其宗人，男，藏族，1953年生。现任迪庆藏族自治州人大代表，迪庆藏族自治州佛教协会常务理事，副秘书长，东竹林寺管理委员会主任。已还俗。

把卡

把卡，德钦东竹林寺活佛，为第三世活佛。已还俗。男，藏族，德钦县奔子栏乡人，1955年生。现任迪庆州佛教协会常务理事，政协德钦县委员会委员。

云南文库·学术名家文丛

鲁主

鲁主活佛，原属德钦县东竹林寺活佛，为第七世活佛。男，藏族，德钦县奔子栏乡石义村人。20世纪50年代初进藏学经，1959年跟随达赖喇嘛逃亡印度。已还俗。1985年在印度圆寂。

扎浪·丹则尼玛

扎浪·丹则尼玛，原属德钦县东竹林寺活佛，为第七世活佛。男，藏族，中甸县拉农村人，1947年出生。于1955年进西藏色拉寺学经，现在西藏自治区人民广播电台工作。已还俗。

左立·洛茸益西

左立·洛茸益西，原属德钦县东竹林寺活佛，为第二世活佛。男，藏族，1939年出生，德钦拖顶乡左林村人。多年学经拜佛，深有造诣。1954年到西藏学经，因发生叛乱，转赴印度。1985年回乡探亲，经人民政府批准在左林村修建静室，自行修持至今。

瑞古汝

瑞古汝活佛生前系德钦县德钦寺活佛，为第四世活佛。男，藏族，德钦县佛山乡鲁瓦村人，1956年圆寂。

松东

松东活佛，原属德钦寺主寺活佛，为第十三世活佛。男，藏族，1938年出生，德钦县红坡乡南左村人。精通经典，佛学知识渊博，威望较高，在宗教界有一定影响。20世纪50年代初到西藏学经，1959年随达赖喇嘛逃亡印度，现居印度。

热合·土登

热合·土登活佛生前系德钦县茂顶寺活佛，为第七世活佛。男，藏族，德钦县奔子栏乡奔子栏村人，1983年圆寂。曾任迪庆藏族自治州政协委员会第四、五届委员。

达戛

达戛活佛系德钦布丁寺活佛，为第二世活佛。男，藏族，德钦县羊拉乡加贡鲁农村人，1928年出生。20世纪50年代初进西藏色拉寺学经，1988年回到布丁寺。曾任政协迪庆州委员会第一、二届委员，现任迪庆州佛教协会常务理事。

尼玛

尼玛活佛系德钦茂顶寺活佛，为第二世活佛。已还俗。男，藏族，德钦县羊拉乡茂南水村人，1933年出生。现任迪庆州佛教协会理事，德钦县政协副主席。

扎巴

扎巴活佛系德钦县红坡寺活佛，为第十三世活佛。已还俗。男，藏族，德钦县红坡乡六社村人，于1953年出生。现任迪庆州佛教协常会务理事。

孙那降才

孙那降才活佛系德钦县永珠顶寺活佛，为第三世活佛，已还俗。男，藏族，德钦县红坡乡左村人，1943年出生。现为迪庆州佛教协会理事。

阿吾扎巴

阿吾扎巴，德钦县云仙寺活佛。已还俗。男，藏族，中甸县大中甸乡望池村人，1943年生。20世纪50年代初进藏学经。现在西藏自治区佛教协会工作。

督噶

维西县达摩寺活佛，为第七世活佛。男，藏族。云南省丽江纳西族自治县巨甸乡人。1911年出生，1976年圆寂。生前任中国佛教协会理事，政协云南省委员会委员，迪庆藏族自治州人委委员，维西县人委委员。

王浩·吹扎

维西县来远寺活佛，为第四世活佛。维西县塔城乡其宗人，男，藏族。1921年12月出生，出身土司家庭。现任云南省政协委员，迪庆藏族自治州政协副主席，中国佛教协会云南省分会理事，迪庆藏族自治州佛教协会副会长。

王治·玉丹

维西来远寺活佛，为第四世活佛。维西县塔城乡其宗人，男，藏族，1927年出生，出身土司家庭。现任云南省政协委员，迪庆藏族自治州政协常委，维西县政协副主席，中国佛教协会云南省分会理事，迪庆藏族自治州佛教协会副会长。

木云龙·浪回

维西县来远寺活佛，为第五世活佛。男，纳西族，云南省丽江纳西族自治县白沙乡人。1910年出生，1967年圆寂。生前任中国人民政治协商会议迪庆藏族自治州委员会委员。

明觉

维西县寿国寺活佛，为第四世活佛。男，藏族，四川省德格县人。现住德格寺，任政协德格县委员会委员，1988年曾来过寿国寺。

哈咱·白玛丹增

哈咱·白玛丹增为四川省乡城县比日斯吾寺第三世哈咱活佛，云南省中甸县云登寺掌教。男，藏族，中甸县东旺乡跃进村人。1905年出生，1977年圆寂。他是一位藏医药水平很高，临床经验丰富的高僧，一生致力于弘扬和发展藏医药学，"医誉盛传"。

幼时被四川省乡城县比日斯吾寺选定为哈咱活佛第三世转世灵童，迎回比日斯吾寺学习藏文4年。他聪颖好学，曾多次到著名的德格寺求经深造，除佛教经典外尤对藏医学有浓厚兴趣，被立为比日斯吾寺第三世活佛。

哈咱·白玛丹增出身贫苦，本人身弱多病，遂为寺僧所排挤。但他性格耿直，成年后终因不忍为寺僧经常排斥刁难，愤而出走，游于山川之间，广交贤达，体察民情，长期游医于云南、四川和西藏交界边地。大多时间居住在得荣吾甲寺、巴塘竹吾寺读经讲学，并给僧俗大众治病。擅长藏医内科、妇科杂症，尤对治疗肾型水肿、中风、风湿性瘫痪、妇女不孕病等疑难病症有独到的临床经验。

哈咱行医一生，既继承传统藏医经典，又有所发展。他几十年来考察滇、川、藏交界地道药材，搜集民方，不断丰富自己的临床经验，集藏医学和藏学为一体。1987年，向·初称江措将哈咱·白玛丹增遗稿《藏医临床精要》贡献于世，经甘肃、四川等省藏医专家审查鉴定认为"通俗、实用，并对历代的藏医药学有独到的见解"。1988年，再经向·初称江措及迪庆藏族自治州藏医院文字加工整理，由云南民族出版社用藏文出版。同年，哈咱·白玛丹增被列入《全国名中医录》人物。

罗桑益史

罗桑益史，1927年生于云南宁蒗县永宁阿氏摩梭土司家庭，系永宁总管阿少云之弟。罗桑益史五岁时被认为是四川省稻城县赤直咪活佛的转世灵童。幼时在永宁扎美戈寺学习经文。1939年赴西藏哲蚌寺学经，受比丘戒。1955年举行活佛升位仪式。同年10月返回永宁扎美戈寺任寺主直到现在。罗桑益史活佛现为全国佛协委员、云南省人大代表、宁蒗县佛协主席、政协副主席。

附录二

地方志僧释辑录

　　谟勒孤喇嘛，红教十三教之一也。凡喇嘛禅学有得者死，投胎复生，皆不迷其前世，夷人均称为活佛。西藏谟孤喇嘛死，其徒卜其降生于维西之其宗。乾隆八年（1743年）喇嘛众乃持其旧器访之。至其宗日，么些头人子名达机甫，七岁，指鸡雏问其母曰："雏终将依母乎？"其母曰："雏终将离母也。"达机曰："儿其雏乎？"又顷，谓其父母曰："西藏有至此迎小活佛喇嘛数十辈，皆佛也，曷款留之，获福无量。"父母以为谵，不听，达机力言之，其父出视，而喇嘛数十辈不待延皆入。达机迎见，跏趺于地，为古宗语良久，众喇嘛奉所用钵、数珠、手书《心经》一册，各以相似者付之。达机审辨，均得其旧器，服珠、持钵，展经大笑。众喇嘛免冠罗拜而哭，达机释钵执经起，摩众喇嘛顶遍，于是一喇嘛取僧衣帽进，达机自服之，数喇嘛以所携绵茵重数十层，中庭护达机坐，头人不知所为，众喇嘛奉白金五百，锦缯罽各数十端，为头人寿曰：此"吾寺主活佛也，将迎归西藏。"头人以此独子不许。达机曰："毋忧，明年某月日，父母将生一子，承宗挑，我，佛转世也，不能留。"头人及妇不得已，许之，亦合掌拜焉。众喇嘛护达机于达摩洞佛寺，远近么些闻之，百千成群，顶香皈依，布施无算，留三日，去之西藏。明年，头人果如达机所言期生一子。

　　善知识喇嘛，格马四宝喇嘛之高弟子也。其前世死亡之年无考，乾隆己卯年（清乾隆二十四年，1759年）生于六村么些通事王永善家。夜王永善妻梦日光照胸，暖不胜，觉，遂生善知识。相貌俊丽，不类么些，能坐喜趺。能言告其母言："儿旧土寒，唯产杏、卜葡、䓛䓖之属，不足奉以母。虽然，数年后，可令母富也。"其母莫解，乾隆丁亥年（清乾隆三十二年，

1767年），四宝喇嘛数人，以金、银、马、骒值七百金之物，来王永善家迎焉。善知识见迎者，甚乐。与所用旧器，杂以相似者，亦能辨之。六村么些闻，皆赴，免冠拜。善知识跏坐，而么些者顶皆合度。王永善送入藏。每程未至之路，山川之状，善知识皆能先言之。善知识非名，其品弟也，以华语译之也。

（以立见余庆远《维西见闻录》，清乾隆三十四年（1769年）成书，1卷。云南省图书馆藏本。）

喇嘛东吹布乌，系中甸江边境北地人。披剃入寺，深通经典。进藏，达赖考取天下喇嘛第一僧，掌理黄教祖师。年63岁，康熙五十年（1720年）内坐化为佛。

喇嘛格堆林车，系中甸江边境人。披剃入寺，深通经典。进藏，达赖喇嘛考取天下喇嘛第一，掌理黄教祖师。年68岁，雍正十一年（1733年）内坐化西藏为佛。

喇嘛格丹初称，系小中甸人。年二十余岁，护法神王指点往西藏出家，深通经典。达赖喇嘛考取天下第一僧，掌理黄教祖师。年85岁，乾隆四十年（1775年）内坐化西藏为佛。

喇嘛、克木路苴洛丹，系中甸东旺人。入寺披剃，熟习经典。于乾隆年内往西藏西拉大寺掌教。年80余岁坐化为佛。

喇嘛、克木路苴兔皆，系中甸东旺人。披剃入寺，道德高深。轮回三世，现今转为打览活佛。时年18岁，现存。

喇嘛安悟春增，系中甸东旺人。披剃入寺，深通经典。在藏为师，教读十代达赖喇嘛。轮回二世，时年56岁，现存，尊为活佛。

喇嘛、克木降初扎巴，系中甸翁水人。披剃入寺。往西藏路色岭大寺掌教。年70余岁，嘉庆年间坐化为佛。

喇嘛东吹路苴，系中甸本城人。披剃入寺，能记诵藏经108部。达赖喇嘛封赠轮回一世，时年8岁，称回活佛，现存。

喇嘛、更稀（格西）林车培初，系中甸本城人。熟习经典。往西藏山中坐静修炼。雍正十年（1732年）内，肉身飞升北海为佛。

喇嘛、更稀格丹追巴，系中甸本城人。往西藏受戒。回时在归化寺后山内静坐修炼。道光十年（1830年）内观音菩萨度往南海普陀为佛。

喇嘛、克木路苴格丹，系中甸本城人。披剃入寺。往西藏折奔大寺掌教。年83岁，咸丰五年（1855年）内坐化。

喇嘛、克木公处降初，系中甸本城人。披剃入寺，深通经典，充当掌教大喇嘛。年80余岁，轮回一世，今名公处菊买，时年13岁，称为活佛，现存。

稀鹊、克木路苴西洛，系中甸人。熟习经典。西藏八代喇嘛委管藏务。年80余岁，嘉庆年间坐化。轮回一世，现今转西藏，称为活佛，现存。

喇嘛巴丹新更，系中甸人。披剃入寺，熟习经典，西藏达赖喇嘛委办藏务事件。咸丰三年（1853年）内坐化。

拉乌大喇嘛，系中甸结库人。披剃入寺，佛法广大。今轮回四世，年28岁，尊为活佛，现存。

喇嘛、更稀吐买夺哇，系中甸泥西人。披剃入山，静修40余年。嘉庆十八年（1813年）内坐化。

喇嘛安悟定柱，系中甸泥西人。披剃出家，熟习经典，西藏九代达赖喇嘛委协办藏务。年60余岁，道光元年（1821年）坐化。

（以上见吴自修《新修中甸厅志》，清光绪一年（1884年）成书，3卷，中甸县档案馆藏本。）

鲁苴宜鸣，江边境北地甲摩梭人。生性恬静。因愤东跋教邪说惑人，不修正法，乃入归化寺为喇嘛，精研黄教之义。后进藏留学25年，凡三藏大乘经典无不通晓，屡考得格协学位，年50余回寺，充现世松茂活佛师傅，戒律极严。松茂活佛经典湛深，修持严谨，皆得其指导之力。民国二十七年（1938年）四月十五日结跏坐化，玉筋下垂者五日，实归化寺修持密宗而得正果之第一人也。

崩龙寻巴客木，归化寺乡城堪布之第三世活佛也。生于西康定乡治，第二世崩龙活佛之灵根。聪慧过人，而修持尤为精。在拉萨留学16年，大乘显密诸经典莫不了彻如宿，民国二十七年（1938年）十月初八日圆寂。

以右手托腮，而以无名指塞入鼻孔，复以左手贴于左股，右背而不着枕者屡日。荼毗之际，白舍利飞出无数，多集于松茂活佛之胸襟，亦若将道统付托于松茂者。送葬僧俗数百千家，悉见灵异，莫不膜拜顶礼、流涕赞叹。县长段缓滋嘉其行谊，为之作传。松茂赠以舍利四枚，以志香火因缘焉。

班马春里同噶，承恩寺红教活佛也。生于县属东旺结布巴村。相貌奇异，留学德格多年，三藏经典极有研究。能晓过去未来，为人卜休咎，尤奇验。常雪心静坐静室，左右恒有猛兽蹲伏，远近信仰者颇众。民国二十八年（1939年）坐化。

（以上见段缓滋《中甸县志》民国二十八年（1939年）脱稿，凡5卷为1册。中甸县档案馆藏本）。

噶丹松赞林寺现存唐卡译文 [①]

达赖喇嘛之白杂达拉教言，成为多康与北方执政者窝居托执教人吐台告之。

指 令

寄给广阔世界一切众生和多康六岗地域之内的喇嘛、导师、大小长官、王及宗室、贵贱强弱、上宗管执事、大小地方头领。总之，上中下所有众生，特别是建塘地域的所有僧俗强弱者：

木虎（1674）年建塘黎明时，来自我多康地区激烈战场上战胜一切的军队，将建塘地方收于足下，献给五世（达赖）上师为庄园。由于该地人心所向噶（噶玛巴）、达（达垄巴）、宁（宁玛巴）、本（本波教）等教，按照那地方也需有一些庄户作为本方（格鲁教派）施主的打算，显现高和必定善的一切利益之根本是铭记佛法至宝。掌握那里的一切众生顶戴的圣贤文殊怙主法王宗卡巴，是往生三界之主，不遗地主宰世上大业者，能仁王（佛的异名）自己所诵咒曰："一切显密非一次修成，为使无垢之法源源不断地惠及众生，使之圆满，说修兜率之大海、掌握三学僧伽众，善言朗朗如雷嬉戏处，阿拉拉！六道众生积福田之所，何以供奉之所在。"据上偈言，在建塘田野净洁供奉地，于土羊（1679）年修建本方习咒（密宗）僧众的噶丹松赞林。恩典所佑护的僧源财源之善域是仓（仓巴）、东（东巴）之家户和各庄园、部落，每年从宗内乞得。供应寺院茶叶的商人，到任何

地方都不须承担差（税）。求学者起码的饮食大小开支，管事从册中所记支配设置用那里所寄放的米、酥油、青稞、粮食等。

经反复对照公文、条款、契约等的宗旨，给予永存的唐卡。尔等上述不分强弱者不得新添枝节，各自为今生来世之事慎重取舍，不要有错漏坠入恶薮，违反信仰。总之不能做丝毫有害的事情。在佛法存在之日，永远可执此照。

为明确上述而赐此"萨哇达拉嘛哈孜南玉督吾孜"，以掌握咱们这凉爽之地的凭证。土阳鼠吾年（1708年）吉月吉日。

青海赤术吉姆之旁写

学术年表

1982年

《摩梭人和普米族、藏族的女神崇拜》，载《世界宗教研究》1982年第2期。

1983年

《普米族的汗归教》，载《世界宗教研究》1983年第2期。

1985年

《略论我国民族教育的传统与改革》，载《教育研究》，1985年第3—4期连载。

《摩梭人传统生育观与人口规律试探》，载《云南社会科学》1985年第1期。

1986年

《摩梭人的达巴卜书及原始符号研究》，载《史前研究》1986年第3—4期。

《达巴教与东巴教比较研究》，编入《宗教论稿》（文集）1986年云南人民出版社。

调查撰写《宁蒗县洼黑村纳西族（摩梭人）家庭婚姻调查》，编入（中国少数民族社会历史调查资料丛刊），1986年云南人民出版社。

1987年

《论佛教在云南的传播及演变特征》，载《法音（学术）版》1987年第1辑。

调查撰写《四川省盐源县左所区罗洼村"纳日人"的婚姻形态和家庭结构调查》，编入（中国少数民族社会历史调查资料丛刊，1987年四川省社会科学院出版社。

1988年

《西藏佛教在云南的传播和影响》，载《西藏研究》1988年第1期。

《略论西藏佛教在云南的传播及演变特征》，载《云南社会科学》1988年第1期。

1989年

参加日本大坂国立民族博物馆民族宗教学术交流，提交《云南藏传佛教特点》文章，并交流发言。

1991年

《宁蒗县普米族宗教调查》，编入《云南少数民族社会历史调查资料汇编》，1991年云南人民出版社。

《小凉山彝族宗教》，编入《云南少数民族社会历史调查资料汇编》，1991年云南人民出版社。

《摩梭人的宗教》，编入《云南少数民族社会历史调查资料汇编》，1991年云南人民出版社。

杨学政、杨仲录、杨世光主编云南宗教文化研究丛书：

《原始宗教论》（杨学政　著），1991年云南人民出版社。

《宗教与民俗》（刘稚、秦榕　著），1991年云南人民出版社。

《宗教美术意象》（邓启耀　著），1991年云南人民出版社。

《火塘文化录》（杨福泉、郑晓云　著），1991年云南人民出版社。

《民族宗教经济透视》（徐亚非、温宁军、杨先明　著），1991年云南人民出版社。

1992年

《密教阿吒力在云南的传播及影响》，载《云南社会科学》1992年第6期。

杨学政、杨仲录、杨世光主编　云南宗教文化研究丛书：

《衍生的秘律—生殖崇拜论》（杨学政　著），1992年云南人民出版社。

《世界三大宗教在云南——地域宗教比较研究》（杨学政、韩军学、李荣昆　著），1992年云南人民出版社。

《知慧的曙光——民族宗教哲学探》（李国文、龚友德、杨国才　著），1992年云南人民出版社。

《幻想的太阳——民族宗教与文学》（蔡毅、尹相如　著），1992年云南人民出版社。

《祭舞神乐——民族宗教乐舞论》（周凯模著），1992年云南人民出版社。

1993年

《云南藏区的伊斯兰教特点》，编入《云南伊斯兰文化论文选集》1993年云南人民出版社。

1994年

《南传上座部佛教在中国与南业、东南亚各国文化、经济交流中的作用》，载《云南社会科学》1994年第2期。

杨学政、杨仲录、杨世光主编　云南宗教文化研究丛书：

《藏族纳西族普米族的藏传佛教》（杨学政　著），1994年云南人民出版社。

《白族本主文化》（杨政业　著），1994年云南人民出版社。

《云南宗教知识百问》（杨学政　主编），1994年云南人民出版社。

主编《迪庆藏族自治州宗教志》，（迪庆州志编撰委员会），1994年中国藏学出版社。

1996年

《指空弘杨中国西南禅学考》，载《云南社会科学》1996年第2期。

赴韩国国立精神文化研究院宗教学术交流，作《中国西南边疆宗教现状及特色》的讲座。

1997年
参加台湾佛光大学学术访问，作《云南佛教三大派系》的交流发言。

1999年
主编《云南宗教史》(云南省社会科学院宗教研究所　著)，1999年云南人民出版社。

主编《云南少数民族礼仪手册》(古文凤、李荣昆等撰写)，1999年云南民族出版社。

2000年
杨学政、杨仲录、杨世光　主编　云南宗教文化研究丛书：
《基督教与云南少数民族》(韩军学著)，2000年云南人民出版社。

2002年
主编《中国原始宗教百科全书》(中国原始宗教编撰委员会)。2002年四川辞书出版社。

2003年
《云南宗教形态及其文化特色》，编入《云南宗教情势报告》，2003年云南大学出版社。

主编中国原始宗教文化图文丛书：

《心灵的火焰——苯教文化之旅》(杨学政、萧霁弘　著)，2003年四川文艺出版社。

《大漠神韵——神秘的北方萨满文化》(王宏刚、于晓飞　著)，2003年四川出文艺版社。

《银苍玉洱间的神奇神仰——白族本主崇拜》(董建中　著)，2003年四川文艺出版社。

《走进图画象形文的灵境——神游纳西古王国的东巴教》(杨福泉

著），2003年四川文艺出版社。

《信仰的灵光——彝族原始宗教与毕摩文化》，（起国庆　著），2003年四川文艺出版社。

参加韩国精神文化研究院东亚宗教文化学术交流，提交《云南宗教的形态特点》文章，并在会上交流发言。

2004年

杨学政、邢福增主编：

《云南基督教传播及现状调查研究》（云南省宗教学会、云南省社会科学院宗教研究所、香港建道神学院基督教与中国文化研究中心编撰。2004年香港宣道出版社。

杨学政、熊胜祥主编：云南宗教知识丛书：

《云南佛教》（韩丽霞、董允　著），2004年宗教文化出版社。

《云南道教》（杨学政、刘婷　著），2004年宗教文化出版社。

《云南伊斯兰教》（马开能、李荣昆　著），2004年宗教文化出版社。

《云南基督教》（肖耀辉、熊国才　著），2004年宗教文化出版社。

《云南天主教》（刘鼎寅、韩军学　著），2004年宗教文化出版社。

《云南原始宗教》（杨学政、袁跃萍　著），2004年宗教文化出版社。

2005年

主编　云南宗教系列专史：

《云南伊斯兰教史》（姚继德、李荣昆、张佐　著），2005年云南大学出版社。

《云南天主教史》（刘鼎寅、韩军学　著），2005年云南大学出版社。

参加日本北海道大学东亚宗教文化学术交流会，提交《云南省传佛教现状及特点》的文章，并在会上交流发言。

2006年

参加香港中文大学宗教文化学术交流会，提交《中国南方民族宗教现状及特点》文章，并作学术发言。

2007年

《云南道教史》（萧霁虹、董允　著），2005年云南大学出版社。

《云南基督教史》（肖耀辉、刘鼎寅　著），2007年云南大学出版社。

参加香港建道神学院宗教文化学术交流，提交《简述云南伊斯兰教的历史与与现状》文章，并在会上交流发言。

2012年

主编《中国南方民族宗教小词典》（云南省社会科学院宗教研究所编撰），2012年中国书籍出版社。

2013年

主编《云南佛教史》（云南省社会科学院宗教研究所编著）待版。

主编《云南原始宗教史纲》（高志英、苏翠薇　编著），待版。

杨学政，马开能主编《云南省志·宗教志1978–2013年》（云南省宗教事务局、云南省社会科学院宗教研究所编撰），待版。

2015年

杨学政，马开能主编《云南大百科全书·民族宗教卷宗教编》（云南大百科全书·民族宗教卷宗教编辑委会），2015年待版。

云南文库·学术名家文丛

图书在版编目（CIP）数据

藏族 纳西族 普米族的藏传佛教 / 杨学政著. —
昆明：云南人民出版社，2016.4
（云南文库·学术名家文丛）
ISBN 978-7-222-14610-5

Ⅰ.①藏… Ⅱ.①杨… Ⅲ.①喇嘛宗—研究—西南地
区 Ⅳ.①B946.6

中国版本图书馆CIP数据核字(2016)第086850号

出 品 人：刘大伟
统筹编辑：马维聪
责任编辑：马维聪 李继孔 陈 亚
装帧设计：郑 治
责任校对：李继孔 陈文珍
责任印刷：洪中丽

书名 **藏族 纳西族 普米族的藏传佛教**
作者 杨学政 著
出版 云南人民出版社 云南大学出版社
发行 云南人民出版社 云南大学出版社
社址 昆明市环城西路 609 号
邮编 650034
网址 www.ynpph.com.cn
E-mail ynrms@ sina.com
开本 787mm × 1092mm 1 / 16
印张 13.25
字数 210千
版次 2016 年 4 月第 1 版第 1 次印刷
印刷 昆明卓林包装印刷有限公司
书号 ISBN 978-7-222-14610-5
定价 40.00元